U0934110

| 外国民事诉讼法译丛 |

主编 张卫平 齐树洁

FEDERAL RULES OF CIVIL PROCEDURE

美国联邦民事诉讼规则

齐 玎 译

厦门大学出版社 XIAMEN UNIVERSITY PRESS | 国家一级出版社 全国百佳图书出版单位

图书在版编目(CIP)数据

美国联邦民事诉讼规则 / 齐玎译. -- 厦门 ：厦门大学出版社，2023.7
(外国民事诉讼法译丛 / 张卫平，齐树洁主编)
ISBN 978-7-5615-9050-8

Ⅰ. ①美… Ⅱ. ①齐… Ⅲ. ①民事诉讼法—美国 Ⅳ. ①D971.251

中国版本图书馆CIP数据核字(2023)第124262号

出版人 郑文礼
责任编辑 李 宁
美术编辑 李夏凌
技术编辑 许克华

出版发行 厦门大学出版社
社 址 厦门市软件园二期望海路39号
邮政编码 361008
总 机 0592-2181111 0592-2181406(传真)
营销中心 0592-2184458 0592-2181365
网 址 http://www.xmupress.com
邮 箱 xmup@xmupress.com
印 刷 厦门集大印刷有限公司

开本 720 mm×1 020 mm 1/16
印张 18
插页 2
字数 306千字
版次 2023年7月第1版
印次 2023年7月第1次印刷
定价 135.00元

本书如有印装质量问题请直接寄承印厂调换

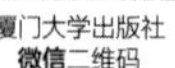
厦门大学出版社
微信二维码

厦门大学出版社
微博二维码

总　序

张卫平

一个伟大的民族应该是最善于学习和借鉴的民族。中华民族欲实现自己文明的伟大复兴就必须向世界学习，吸取社会发展的知识，以人类的智慧丰富自己。除了自然科学知识之外，社会管理、法律治理的知识和制度也是我们必须学习和借鉴的。中华民族具有悠远、伟大、灿烂的文明历史，但就近现代的法治而言，中国才刚刚起步。在我们下定决心走向现代法治之路时，我们便应该以无限开放的姿态和观念，学习、借鉴、接纳国外发达法治国家的理论和制度的精华。他国的实践和经验是人类最有价值的共同财富。

诚然，各国的历史、文化、观念、政治等有所不同，每个国家都有自己走过的路，中国亦有自己特定的历史发展路径和社会背景。但是，人类发展过程中总是有许多共性，在法律治理、依法治国、纠纷解决方面总是会面临同样的问题。这是作为人的存在、社会的存在的必然。人类社会发展的价值观总是有诸多共同的面相。这些共同的价值观决定了人们在处理纠纷解决的问题时，在其制度建构方面具有同样的追求，因而会设计和构建出充分体现其聪明才智的制度。于此，我们没有理由拒绝这些智慧，单凭自己的想象走一条完全陌生的道路。可以说，所有的制度创新，其前提都是学习和借鉴。没有学习和借鉴，就不可能有所创新，有所创造，民事诉讼制度亦是如此。

在民事诉讼法的制度建构方面，我国已有长足的进步，但与发达国家相比，依然还有很大的差距。尤其是对程序和程序正义，我们在传统和观念方面尚无足够的重视。民事诉讼法的制度建构远

远滞后于实体法的制度建设，远不能与实体法制度的建构相比。我们不得不面对民事诉讼法和民事诉讼程序还相当粗疏，尚有诸多缺失的现实。与此同时，我们却还常常质疑现代法律和程序的精致性。实质上这种精致和严密恰恰反映了人们对纠纷解决程序正义的追求，也体现了人类社会发展的大趋势。一个复杂的社会的纠纷解决机制不可能是简单和粗陋的。当然，我们没有必要将每一种程序都推向极致的严密，而应当从多元化、多样化角度考虑，使之呈现一种多元化和多样化的"树形"构建和布局。民事诉讼法的现代建构与现代农业的发展一样，离不开精细化的作业。

我们注意到，相对而言，实体法的发展更注重对先进制度的学习和借鉴，更充分地吸纳发达国家的实体法制度。由于司法制度的政治、历史原因，对域外民事诉讼法的学习和借鉴会遭遇更强烈的本土意识和传统意识的自觉抵制，因而更容易受到排斥。因此，我们更需要在观念上、心理上克服这种人为的封闭和自缚，以更开放的姿态学习和借鉴国外程序法制度的经验。只有这样，才能充分发挥我国在法治发展方面的"后发优势"，使我们的民事诉讼法成为一部先进的法典，成为一部最具现代法治精神和理念的民事诉讼法。

民事诉讼法典是民事诉讼规范的基本文本，对于域外民事诉讼制度的了解，重要的途径之一就是学习和研究该国的民事诉讼法典。对国外民事诉讼法典的学习和研究是我们了解国外民事诉讼制度的开端。厦门大学出版社组织翻译、出版这套"外国民事诉讼法译丛"无疑是有远见和气魄的。相信这套译丛的出版将对我国民事诉讼法学的发展和民事诉讼制度建设起到十分重要的作用。在此，我们要真诚地感谢厦门大学出版社。可以毫不夸张地说，厦门大学出版社已经成为我国民事诉讼法学发展的一个重要基地。

翻译是一种学术、艺术和科学的作为，更是一项十分辛苦的作业，尤其是在人们片面强调所谓创新，翻译作品不计入学术研究成果的当下，翻译对于青年学者更是缺乏进阶价值的作为。因此，从事法典的翻译无疑是一种牺牲和奉献。民事诉讼法典的翻译要做到严复先生提倡的"信、达、雅"，就绝不是语言的简单转换，必须准确理解诉讼制度的精神和结构，方能实现传意性、相似性和可接受性。其中既需要译者对域外诉讼制度的正确把握，也需要译者对我国诉讼制度的了解。为此，我们要向这些不计名利、辛苦劳作的译者们致敬。

就我国的近代历史而言，似乎呈现着这样一种现象：每当大量国外译介作品问世时，就有可能预示新一轮社会的改革和发展。我们相信，"外国民事诉讼法译丛"的问世也将助推我国民事诉讼制度和民事诉讼法学新一轮的兴盛。

2015 年 8 月 6 日

（作者系清华大学法学院教授，中国法学会民事诉讼法学研究会会长）

译者前言*

美国的正式名称为“美利坚合众国”(The United States of America),位于北美洲中部,北与加拿大接壤,南靠墨西哥湾,西临太平洋,东濒大西洋。其面积为937万平方公里,人口约为3.33亿(2021年)。全国共分为50个州和1个特区(哥伦比亚特区),有3143个县。①

美国的前身是英国在北美建立的13个殖民地。相对于英国而言,美国是一个年轻的国家,从1776年宣布独立至今,只有200多年的历史。由于美国和英国的特殊的历史渊源,美国法从一开始就被打上了英国法的烙印。独立之后,美国法进入了它的形成时期。尽管当时社会上存在着摆脱英国法的影响的呼声,但由于普通法的强大优势以及它的深入人心,美国最终还是继受了英国的普通法,并在此基础上开始了新的发展历程。②

诉讼制度是司法体制的重要组成部分。而司法制度的形成,取决于一个国家的政治经济体制和国家性质与结构,受到经济基础、政治体制、

* 译者齐玎,集美大学海洋文化与法律学院讲师,荷兰阿姆斯特丹大学法学博士,美国哥伦比亚大学、德国康斯坦茨大学访问学者,最高人民法院法律研修学者。

① 中华人民共和国外交部:《美国国家概况》,http://newyork.fmprc.gov.cn/gjhdq_676201/gj_676203/bmz_679954/1206_680528/1206x0_680530/,下载日期:2022年12月12日。

② [日]大木雅夫:《比较法》,范愉译,法律出版社1999年版,第256～257页。按照我国学者的观点,美国法最终保留在普通法系之中,有以下几点原因:(1)胜利的资产阶级要求迅速创立完备的法律制度,而18世纪和19世纪的英国法经过工业革命的不断推动,古老的法律原则被赋予了全新的资本主义的内涵,为美国提供了现成的法律规范;(2)英、美两国之间存在语言、风俗习惯和文化传统方面的渊源关系,便于英国普通法在美国的传播和适用;(3)独立后的美国人民同英国的民族矛盾逐渐缓和。参见林榕年、叶秋华主编:《外国法制史》,中国人民大学出版社2003年版,第220～221页。

社会需求、利益平衡、传统习惯、文化等社会因素以及特定的历史条件的制约。[①] 因此,研究美国民事司法制度,必须从它的"源头"开始。

一、美国司法制度简史

(一)北美大陆殖民地时期的司法制度

1492年哥伦布发现美洲大陆后,欧洲殖民者纷至沓来。在建立和侵夺北美殖民地的活动中,英国后来居上,至18世纪30年代,建立了13个英属殖民地。美国是一个移民国家,早期殖民地的移民主要来自英格兰,这就使得美国的司法制度与英国的法律传统有着千丝万缕的联系。

1607年,英国在北美建立了詹姆士城(Jamestown)。此后的100多年里,英国先后在北美大陆建立了弗吉尼亚、马萨诸塞、纽约等13个殖民地,逐渐取得了在北美大陆的霸主地位。这一状况导致了北美地区法律的相对统一,即以英国法为蓝本创设该地区的法律制度。[②]

在殖民地初期,美洲的法院组织非常简陋,无所谓司法等级,也没有共同的法院体系。随着殖民地的发展,各种法律纠纷和刑民事案件日益增多,法院组织开始形成并不断发展。1619年,弗吉尼亚州参照英国的模式建立第一个殖民地法院;1636年,马萨诸塞州殖民地建立了治安法院。至17世纪中叶,各殖民地逐渐形成了三级审判组织,即治安法院、郡法院和上诉法院。此外,如同英国分别设立普通法院和衡平法院一样,许多殖民地设立了衡平法院。一些术语也沿用英国的用法。[③]

殖民地时期的法院承担着多项职责,包括立法、司法与行政,这也反映了当时的政府极度非专业化的状况。例如,马萨诸塞州高等法院还负责制定该州的税收标准;弗吉尼亚州高等法院的法官同时还承担着州长的职责。[④] 当然,随着经济的发展,法院与其他政府机构开始出现专业上的分工,但仍然与今日法院的地位不可同日而语。同时,由于英国普通法语言晦涩且过于老旧,在适用过程中存在许多不便,殖民地时期的法院结

① 范愉主编:《司法制度概论》,中国人民大学出版社2003年版,第13页。

② 何勤华主编:《美国法律发达史》,上海人民出版社1998年版,第1～2页。

③ 例如,宾夕法尼亚将民事审判法院称为普通请求法院(Court of Common Pleas)。

④ Frederick G. Kempin, *Historical Introduction to Anglo-American Law*, Law Press, 2000, p.45.

合本地区的实际情况编撰了一些成文法规并作为审判时的依据。

英国枢密院(the Privy Council)对殖民地法院作出的判决具有司法审查的权力。殖民地的一些重大案件,如果当事人不服判决,最后还可以上诉到英国枢密院,但实际上诉到英国的案件很少。在殖民地法院,审判的依据主要是英国普通法,一般适用的是由英国普通法和衡平法所确立的诉讼程序,而在那些来自非英国的移民居住区,则尊重当地移民的习惯。大体上说,殖民地的诉讼程序虽然粗陋,且发展很不平衡,但它们都不同程度地吸收了英国诉讼制度中的一些基本方面,如陪审制、令状、抗辩以及作为地方司法制度的治安法官等。

(二)独立战争之后的美国司法制度

1. 独立战争至南北战争前的美国司法制度

经过几十年的发展,北美各殖民地在独立战争爆发之前已经各自形成了一套相对完整的司法制度,法院的独立性也得到了加强。独立战争时期,北美大陆并行两套司法体制:英国殖民者适用的法律旨在尽可能地掠夺财富并且惩治所谓的“叛国者”;而1777年第一次召开的“大陆会议”则起草了一系列法案,以肯定美国独立于英联邦的地位。

英国的战败标志着美国司法制度的真正建立,它也给北美大陆的法律体系带来了深刻的变化。美国宪法的颁布标志着孟德斯鸠所倡导的立法、司法与行政三权分立的政治模式得以确立,联邦最高法院享有独立的司法权。但是,殖民主义者的离开并未完全磨灭他们在法律方面留下的影响,事实上,除了普通法,刚刚建立的合众国几乎没有可以适用的法律。当然,这时的“普通法”已经不是“英国法”,它具有美国的特有属性。这样就产生了一个矛盾:一方面,美国人民努力摆脱英国的控制;另一方面,他们又需要利用英国人留下的法律制度制约刚刚成立的合众国政府。[①] 因此,有人主张彻底抛弃普通法体系。事实上,也确实有人试图改变法律渊源,这主要体现为对法典化的追求,具体而言,是对法国法的效仿。1822年,爱德华·利文斯顿(Edward Livingston)等人以《法国民法典》为蓝本编撰了《路易斯安那州民法典》,这部法典最终于1825年生效。但是,大多数美国人无法接受大陆法系的思维方式;同时,联邦党人也认为灵活的

① [美]卡尔·N.卢埃林:《普通法传统》,陈绪纲等译,中国政法大学出版社2001年版,第3页。

普通法制度更有利于促进经济的发展。直至今日,法典化运动仍然未能成功。[1]

普通法的盛行也带来了一些问题:各州都根据自己的实际需要确定普通法的渊源,联邦层面缺乏法制上的统一。在各州的审判实践中,法官和律师们也常常面对无法可依的状况,英国法学家威廉·布莱克斯通(William Blackstone)的著作《英国法释义》(*Commentaries on the Laws of England*,1765-1769)仍然常常被作为判决依据,律师有时甚至会引用英国的判例。[2] 为了克服这一弊端,各州于19世纪末先后建立了案件汇编制度(reporter system),将法院的判决统一出版;1879年,西部出版公司(West Publishing Company)建立了全国案件汇编制度(national reporter system),律师和其他法律界人士可以从中更方便地查找普通法的渊源。[3]

2. 南北战争后的美国司法制度

对于黑人地位这一重大问题,美国宪法并未作出明确规定,这也导致了南部各州奴隶制继续存在。联邦最高法院于1856年受理了Scott v. Sandford一案,首席大法官Taney在判决书中指出:黑人"无论在社会关系方面还是在政治关系方面都不宜与白人平等;他们比白人低等,因此他们不能享受白人所享受的权利"。[4] 这是美国法制史上最重要的事件之一,同时也被认为是联邦最高法院历史上最糟糕的判决。这一判决甚至成了引起美国内战爆发的原因之一。内战之后,虽然奴隶制在政治意义上已经被废除,但是黑人在法律上仍然遭受着种种歧视,南方各州通过种种法律限制黑人的自由和权利。[5] 为了改变这一状况,共和党人占多数

---

① Holning Lau, Identity Scripts & Democratic Deliberation, *Minnesota Law Review*, 2010, Vol.94, No.4.

② 在英国法学家的著作中,最受美国人欢迎的是18世纪后期的英国法官布莱克斯通的四卷本巨著《英国法释义》。布莱克斯通用带有文学色彩的语言将普通法的规则组合成一个有序的法律体系,而且巧妙地把法律的发展和英国的历史连接起来。他的著作对美国早期的法学家产生了很大的影响。参见汤维建主编:《美国民事诉讼规则》,中国检察出版社2003年版,总序第6页。

③ 何勤华主编:《美国法律发达史》,上海人民出版社1998年版,第14页。

④ Kathleen M. Sullivan & Gerald Gunther, *Constitutional Law*, 14th edition, Foundation Press, 2001, p.28.

⑤ Bryan H. Wildenthal, Civil War without End: The Sociology and Synergy of Law and History, *University of Illinois Law Review*, Vol.2001, No.2, p.629.

的美国国会于1866年通过《民权法》(Civil Rights Act),并于1868年通过了联邦宪法第十四修正案,确立了“平等保护”的原则;1870年通过了联邦宪法第十五修正案,赋予黑人平等的选举权。这一系列立法为消除种族歧视提供了良好的基础。①

为实现普通法法典化和各州法律的统一化,1878年成立的美国律师协会(American Bar Association,ABA)将推动通行于整个联邦的统一立法作为它的主要目标;1892年成立的美国统一州法全国委员会(The National Conference of Commissioners on Uniform State Laws,NCCUSL),对判例法和各州立法进行了系统整理,先后制定出100多部被称为“示范法”的法典;1923年美国法学会(American Law Institute,ALI)成立,其目标包括法律的净化和简化。② 可以说,19世纪末20世纪初是美国各部门法领域统一立法取得长足进步的时期。在这些机构组织的推动下,1890年,美国颁布了世界上第一个反托拉斯法——《谢尔曼反托拉斯法》,1914年又制定了《克莱顿反托拉斯法》和《联邦贸易委员会法》;1887年通过了《州际商业法》。1926年,第一部《美国法典》(*United States Code*,USC)正式出版,此后每6年修订一次,每年增加一个补编,收入当年国会通过的法律,直至现在。③

3.“新政”与二战中的美国司法制度

1929年,随着纽约股市的崩盘,经济大萧条(Great Depression)开始席卷全美乃至整个西方世界。1932年,民主党人罗斯福当选美国总统。上任之初的罗斯福试图通过国会进行一系列立法,使经济复苏,这些立法构成其“新政”(New Deal)的重要组成部分。然而,当时联邦最高法院的9名大法官中有7人是上一任共和党总统所任命的,他们在政治上普遍持较保守的观点,因此不断利用司法审查权,宣布国会的“新政”立法违宪。罗斯福对此深感不满,甚至一度威胁利用总统提名大法官的权力,对联邦最高法院进行“法院填塞计划”(Court Packing Plan)。在这个紧要关头,新上任的大法官Frankfurter采取了较为倾向于总统的态度,改变了联邦最高法院对于“新政”的排斥态度,使“改组”计划未能实施,这也在

① Thomas E. Patterson, *The American Democracy*, McGraw-Hill Company, 2001, p.128.

② 何勤华、李婧:《新编外国法制史》,中国政法大学出版社2010年版,第193～194页。

③ 何勤华主编:《美国法律发达史》,上海人民出版社1998年版,第15页。

客观上促进了现代经济法的进步。联邦最高法院的组织形式由此在“新政”期间得以保存,使得它能够继续在美国的政治生活中发挥重要的作用。①

20 世纪 40 年代,随着第二次世界大战的爆发,美国司法制度对公民权的保障又受到了考验。在日本后裔强制搬迁一案(Korematsu v. United States)中,联邦最高法院认定把日本后裔从太平洋沿岸地区迁走的命令合乎宪法。但是,Roberts 大法官提出了反对的意见,他认为宪法的效力并不能因为特殊时期的状况而被改变。② 二战结束后,美国司法制度中涉及种族歧视、性别歧视的规定都得到了改正。Renquist 大法官认为,联邦最高法院应当对社会的价值观有所吸收。以联邦最高法院为代表的司法制度作为一种社会存在,继续在美国历史的进程中扮演着重要的角色。③

(三)法典化运动

独立战争胜利后,美国的法律和司法制度获得了独立发展的空间,但美国并没有因为拒绝英国的统治而拒绝英国的法律遗产——普通法。相反,各州相继接纳了普通法,较为典型的是 1776 年的《马里兰州权利宣言》(Maryland Declaration of Rights of 1776)。该宣言规定,已为实践证明能够适用于地方和其他情况的英国普通法、陪审团审判以及诸如此类的英国制定法,追溯自 1774 年 6 月 1 日起被采纳。④ 进入 19 世纪后,普通法的传统仍在美国延续,并根据时代发展的需要进行相应的改革和调整。法典化就是这种改革和调整的表现之一。法典化是一个渐进的过程,也是一个宏大的工程,涉及诸多方面。下文仅介绍民事诉讼程序的法典化。

1848 年,由戴维·达德利·菲尔德(David Dudley Field)起草的《民

---

① William E. Leuchtenburg, FDR's Court-Packing Plan: A Second Life, A Second Death, *Duke Law Journal*, 1985, Vol.673.

② 1988 年,美国政府终于通过法律实现了对这些日本后裔的赔偿。参见任东来等:《美国宪政历程:影响美国的 25 个司法大案》,中国法制出版社 2004 年版,第 200～204 页。

③ James M. Burns, et al, *Government by the People*, Prentice-Hall Inc., 1990, p.185.

④ [美]William L. Reynolds, *Judicial Process*, 法律出版社 2004 年英文影印版,第 10 页。

事诉讼法典》(该法典又被称为“菲尔德法典”)为纽约州所采用。该法典合并了普通法和衡平法诉讼程序,并废除了复杂的诉讼形式和诉答制度,从而大大地简化了民事诉讼程序。此后“菲尔德法典”逐步为其他州所采纳,适用该法典的州超过了美国总州数的一半。由于各州情况差异较大且适用混乱,为了使民事诉讼制度系统化,美国国会于1934年6月通过《授权法》(Rules Enabling Act),授权联邦最高法院制定《联邦民事诉讼规则》(Federal Rules of Civil Procedure,FRCP)。《联邦民事诉讼规则》由此成为联邦与州民事诉讼法走向统一化、现代化的重要标志。[①]

《联邦民事诉讼规则》的制定有其特定的时代背景。自19世纪中叶以来,美国民事诉讼制度一直处于改革之中。改革的直接动因是从英国移植过来的民事诉讼制度与美国本土国情的兼容性不够,以及美国司法制度在运作过程中产生的诸多积弊。美国民事诉讼制度的改革又是与借鉴大陆法系的立法经验联系在一起的,这种联系包括法律的表现形式和法律的具体内容两个方面,前者为法典化运动,后者为对抗制的改造问题。[②] 1848年的“菲尔德法典”对民事诉讼的具体内容作出若干改革,简化了诉讼程序,在一定程度上扩展了合并当事人和诉讼请求的能力,不失为高瞻远瞩之举。然而,这部法典并非完美无缺,也存在一些需要改进之处,由此引发了再次改革的呼声,即制定一部统一的联邦民事诉讼规则。联邦最高法院在获得国会关于制定诉讼规则的授权后,将起草规则的任务交由时任耶鲁大学法学院院长的查尔斯·克拉克(Charles E. Clark)为首的由学者、律师和法官组成的委员会。该规则的草案经过多次讨论和修改,于1938年1月3日提交国会审议,1938年9月16日正式生效。《联邦民事诉讼规则》共11章86条,其中并不涉及证据规则,也不涉及上诉审程序。[③] 该法颁布后即处于不断改革之中,历经40余次修改。最新一次修订于2022年12月1日生效。

美国各州均受到《联邦民事诉讼规则》的极大影响。自1938年开始,各州在司法上逐渐采用了实质上是以《联邦民事诉讼规则》的形式和内容为主要范本的民事诉讼规则。截至2002年,在美国的50个州中,共有26

---

① 何勤华、李婧:《新编外国法制史》,中国政法大学出版社2010年版,第245页。

② 汤维建:《美国民事司法制度与民事诉讼程序》,中国法制出版社2001年版,第275页。

③ 证据制度另由《联邦证据规则》(Federal Rules of Evidence)加以规范,上诉审程序则由《联邦上诉程序规则》(Federal Rules of Appellate Procedure)进行调整。

个州的民事诉讼在很大程度上采纳了《联邦民事诉讼规则》的模式，法学院的学生主要通过研究《联邦民事诉讼规则》来学习民事诉讼课程。①

在美国，民事诉讼不仅是用来解决纠纷、平息争议的法律工具，也用作推动有感染力的政治理想实现的手段，这些政治理想包括法律面前人人平等，个人意思自治，从官僚主义政府及商业组织的罗网之中解脱出来的自由，公开性等。② 借助于经验主义哲学、基于自然正义演化而来的"法律的正当程序"是对抗制民事诉讼的基本理念。③ 为了实现上述理想，美国民事诉讼程序创设了许多引人注目的制度，例如，证据开示、案件管理、法院附设 ADR(court-annexed ADR)等。

应当说明的是，各国法律对于"民事"的概念并无统一的规定。这种差异主要源于各国在法律划分方面的不同。大陆法系国家将法律区分为公法和私法两大部分，民法和商法都属于私法，但有的国家实行"民商合一"，有的国家实行"民商分立"。在英美法系各国，并不存在一个统一的"民事"法律部门，有关民商法范畴的法律关系由普通法和衡平法调整。尽管各国对于法律部门的划分存在巨大的差异，但是在国际民事司法协助制度中，无论是国内立法还是国际条约，一般都是将整个民事领域的所有事项(包括商法)规定在一个统一的制度之中。在立法方式上，有的采用"民事或商事"的提法，也有的仅提及"民事"，将商事案件也包括其中。美国没有完整的行政法体系，其司法体制中没有独立的行政法院。行政裁判机构所受理的案件与普通法院所受理的民商事案件相互混杂和渗透，无法分清哪些是纯粹的行政案件，哪些是民商事案件。因而，美国坚持将行政案件列入民商事范围，以避免这类案件被排除在司法协助的范围之外。④

二、现行司法体制

(一)法院

1. 法院组织体系

---

① [美]史蒂文·苏本、玛格瑞特·伍:《美国民事诉讼的真谛:从历史、文化、实务的视角》，蔡彦敏、徐卉译，法律出版社 2002 年版，第 71～72 页。

② [美]杰弗里·C.哈泽德、米歇尔·塔鲁伊:《美国民事诉讼法导论》，张茂译，中国政法大学出版社 1999 年版，第 222～223 页。

③ 李响、陆文婷:《美国集团诉讼制度与文化》，武汉大学出版社 2005 年版，第 132 页。

④ 徐宏:《国际民事司法协助》，武汉大学出版社 2006 年第 2 版，第 15 页。

美国法院的二元分立模式起始于1776年独立战争之后的共和国初期,以及1789年美国宪法和《司法组织法》(Judiciary Act)的颁布。这种二元法院体系的存在造成了美国司法制度的复杂结构。为此,有学者指出:“在人类为管理自己而设计的全部有效制度中,美国的司法结构可能是最复杂的司法结构。”[①]其设计的意图在于:首先,在维护联邦政府的利益时,联邦法院会比州法院更容易被理解;其次,在不同州籍的公民之间的诉讼中,联邦法院会比州法院更少有利益上的牵涉。

美国联邦法院分为依照宪法设置的普通法院和根据法律设置的专门法院。在很长一段时期内,联邦法院的规模并不大。自1960年以来,联邦法院的案件数量出现了巨大的增长。为了应付这种增长,联邦法院体系不断扩大,法官和工作人员的数量都显著地增加了。[②]

联邦普通法院系统由地区法院(初审法院)、上诉法院和最高法院组成。初审法院是最低一级的法院,也是唯一实行陪审制的法院。上诉法院没有初审权,只有上诉管辖权。它不进行事实审,只进行法律审。与初审法院不同,上诉法院几乎将全部的注意力放在决定其他法庭的裁决是否应当确认、推翻或以某种方式加以修正等问题上。[③] 最高法院是联邦的终审法院,拥有违宪审查权和联邦法院规则的制定权,其受理的案件一般分为两类:一类是违宪审查案件,另一类是依法上诉案件。联邦最高法院由1名首席大法官和其他8名大法官组成。所有大法官均由总统提名并经参议院同意而任命。向联邦最高法院上诉有两种方式:直接依据上

---

① [德]K.茨威格特、H.克茨:《比较法总论》,潘汉典等译,法律出版社2003年版,第365页。

② Richard A. Posner, *The Federal Courts: Challenge and Reform*, Harvard University Press, 1999, pp.124-132.

③ 联邦上诉法院与初审法院还有一点差异:初审法院审理案件适用法官独任审判,而上诉法院则是通过多个法官组成的审判组织而集体地发挥功能,通常是由3位法官组成合议庭。根据上诉法院的类型和待决事项的性质,合议庭还可以是由9位法官组成的“全员合议庭”。正是上诉法院的这种合议庭审判方式,才使其能够承担司法审查干预政治事务的职能,并在避免法官个人的政治倾向或偏见方面发挥着独特的作用。

诉权的上诉(appeal by right)和申请最高法院发出调卷令[①]的上诉(appeal by application)。申请调卷令是向联邦最高法院上诉的最常见的途径,但通常只有1%的申请能够获得联邦最高法院的许可。[②]

联邦专门法院是出于减轻普通法院负担和应对案件增长的现实而设置的法院[③],主要包括以下六种类型:(1)联邦税收法院,专门负责审理涉及联邦税收的案件;(2)联邦关税法院,专门审理涉及联邦关税的案件;(3)联邦索赔法院,专门负责审理公民个人或社会团体因联邦宪法、法律、行政机关制定的规则等造成损害要求赔偿的案件;(4)国际贸易法院,专门审理与关税和贸易协议有关的民事纠纷;(5)军事上诉法院,专门负责处理军事法院有关高级军职人员和判处死刑的上诉案件;(6)破产法院,专门审理破产案件。

美国的州法院体系非常复杂,各州的法院组织很不统一。例如,对于州终审法院的名称,在纽约州和马里兰州称为上诉法院,在缅因州和马萨诸塞州称为最高司法法院,而在西弗吉尼亚州称为最高上诉法院。有的州按行政区划从低到高,由县至市镇再至州划分不同法院的职能;有的州则按犯罪性质,从轻微罪到重罪再到上诉案件来划分法院的层次。有的州只有审判法院和上诉法院两个层次,而有的州则有五个层次之多。又如,有的州设立了与具有普遍管辖权的初审法院权力平行的专门法院,如家庭法院、青少年法院、税务法院和遗嘱法院等。[④] 因此,对美国的州法

① 调卷令(writ of certiorari)是指上诉审法院基于自由裁量权发出的一种特别令状,即指令下一级法院提交有关案件的卷宗,以供上诉审法院审查。任何当事人不服联邦上诉法院或州最高法院的判决,都可以申请联邦最高法院发出调卷令,但是联邦最高法院只会针对涉及联邦法律问题的案件通过签发调卷令的方式受理上诉。上诉人申请联邦最高法院签发调卷令必须在上诉法院对上诉案件处理完毕并登记后的90日内提出。联邦最高法院法官将在每周一次的秘密会议中投票决定是否受理。依据"四票规则"(rule of four),最高法院的9名法官中只要有4名同意签发调卷令即可决定受理。上诉案件由9名法官,即"全体法官庭"(an en banc hearing)共同审理,并最终作出决定。

② James E. Clapp, *Dictionary of the Law*, Random House, 2000, p.76.

③ 历史上将专门法院从普通法院中划分出来的原因主要有三点:(1)保证简便、迅速地处理基本上不存在争议的一般性行政事务(如破产法院);(2)为解决困难的人与人之间的关系问题带来关心、同情与专家意见(如青少年法院);(3)在技术性非常高的领域培养一批专业法官(如税收法院)。对于美国而言,不能忽视的是专门法院在解决案件的增长压力方面的潜在作用和价值。参见最高人民法院司法改革小组编:《美英德法四国司法制度概况》,韩苏琳编译,人民法院出版社2002年版,第47页。

④ 何家弘主编:《中外司法体制研究》,中国检察出版社2004年版,第105页。

院而言,“不能简单地根据名称来判断法院的级别或比较不同州的法院体系”①。

2. 法院权限与作用

联邦法院的权力仅限于司法问题,主要是一些纠纷或案件的处理。根据《联邦宪法》第3条的规定,联邦法院管辖的案件主要包括两类:联邦问题案件和跨州案件。② 此外,联邦法院还有权管辖海事海商案件、两个或更多的州之间的纠纷等案件。可见,联邦司法管辖权受到一定的限制,这种限制“反映了对联邦主义和权力分立的关注”③。对于法院而言,确定对案件是否具有管辖权至关重要,因为这是宪法所规定的正当程序的要求。联邦宪法第十四修正案规定的“正当程序”包括两方面的内容:在实体法上,法院须对特定的财产或对特定的当事人具有使其承担责任的权力;在程序法上,法院必须已经给予被告有关该诉讼的足够的通知以及接受听审的机会。如果法院对没有管辖权的案件进行审判就意味着对正当程序的违反。除此之外,对管辖权的确定还涉及法律的适用。

在2018司法年度,上诉到联邦最高法院的案件总数从2017司法年度的6315件,增加到6442件。最高法院实际讨论案件73件,69件得到处理,66件签署了正式判决。联邦上诉法院受理的案件在2018司法年度下降2%,共48486件。联邦地区法院受理的民事案件增长了5%,共297877件;针对刑事被告人的案件数量(包括被告人系从其他地区转移过来的案件)上升了6%,为92678件。破产法院受理的案件数量增加了3299件(增长不到1%),共776674件。④ 联邦法院系统的作用无疑非常重要,但就案件数量而言,全国90%以上的案件是由州法院系统审理的。

美国法院享有司法审查的权力,这是美国与英国在司法制度上最显著的区别。所谓司法审查,是指法院有权监督政府其他部门的工作,有权

① 宋英辉等:《外国刑事诉讼法》,法律出版社2006年版,第151页。

② 基于联邦宪法、联邦法律以及美国缔结的国际条约而产生的案件称为联邦问题案件,联邦法院受理的大部分案件属于此类案件。跨州案件(diversity of citizenship,又译异籍案件)是指不同州的公民之间,或者一州公民与外国公民之间,其争议金额超过一定数额(jurisdictional amount,目前为75000美元)的案件,这类案件一般占联邦法院所受理案件总数的1/4。

③ [美]大卫·P.柯里:《美国联邦法院管辖权》,法律出版社2004年英文影印版,第9页。

④ [美]约翰·罗伯茨:《美国联邦法院2019年年终报告》,黄斌、杨奕译,载《人民法院报》2020年2月28日第8版。

制衡政府部门按照宪法确立的标准从事。由于美国存在联邦宪法和州宪法的分野，美国的司法审查不仅是联邦法院的职责，州最高法院也有权根据州宪法宣告本州的立法无效。

美国的司法权体系倾向于向协作型组织模式的方向发展。即使是现在，在美国也很难找出这样的一个司法管辖区：在其中，各个法院组成了一个明显的、有内聚力的科层。初审法院往往更加关注选民的意见而不是上级法院的意见，即使后者具有技术上的约束力。[①] 所以，与英国不同，美国的法院虽然采纳英国有关先例的做法，即认为法院应当跟随以前同类案件的判例，但一般来说，美国法院更加注重重新解释先例案件以使法律更能适应变动中的客观情况。而且，美国法院也从未接受英国认为的最高法院绝不能推翻其自身先例的理论。美国最高法院和各州法院有时会干脆宣布其较早的某种判决错误，因而不予照办。可见，美国法院"在司法裁判上享有更高度的伸缩性，因而更富创造性"。[②]

美国法院有联邦法院和州法院体系之分，故从总体上看，其诉讼程序最显著的特色就是二元制。除此之外，美国法院系统也有其他许多特点，其中值得注意的是，诉讼程序的制度设计在强调公正的同时，非常注重效率。这不仅可以从民事审前程序的案件管理中得到证明，在刑事诉讼程序中也有所体现。例如，在逮捕犯罪嫌疑人之后，法律上设置了各种案件分流程序，包括初次到庭程序、预审听证程序、大陪审团审查起诉程序等。通过这些程序，案件经过一次次的筛选、过滤，审判过程被尽可能地简化，从而提高了效率。

（二）法官与检察官

根据《联邦宪法》第 3 条[③]的规定，美国的法官可分为宪法第 3 条法官和非宪法第 3 条的法官。目前，非宪法第 3 条的法官非常多，如行政法法官，联邦行政机构的其他裁判官员、破产法官、军事法院和联邦治安法院法官，以及属于宪法第 1 条法院的法官。研究表明，宪法第 3 条法官在联邦司法体系雇员总数中的比例越来越小，并且这种趋势还在继续。与

---

① [美]米尔伊安·R.达玛什卡：《司法与国家权力的多种面孔》，郑戈译，中国政法大学出版社 2004 年版，第 69 页。

② [美]哈罗德·伯曼：《美国法律讲话》，陈若桓译，三联书店 1988 年版，第 9 页。

③ 《联邦宪法》第 3 条第 1 款规定："合众国的司法权属于最高法院及由国会随时规定与设立的下级法院。"

此相反，自 1960 年以来，非宪法第 3 条的法官的比例在不断增长。有美国学者指出，“实际上，联邦法院历史上最为重大的发展就是司法职能从宪法第 3 条法官向其他法官，特别是行政法官的逐步转移”①。

美国法律没有明文规定法官的任职资格，但在司法实践中，联邦法院系统的法官除要求取得竞争激烈、难度很大的法学博士学位以外，还必须通过严格的考试，取得律师资格，并且已经从事律师工作若干年。② 根据《联邦宪法》第 2 条第 2 款的规定，联邦法院法官先由总统提名并经参议院同意后，由总统任命。联邦法院法官实行终身任职制，非经弹劾不得免职。③

法官独立在现代司法理念中具有不可忽视的核心地位，因为“法官地位保持独立乃维护宪法及个人权利之必要条件”④。美国通过对法官身份进行切实保障，维护了法官的独立性。《联邦宪法》第 3 条第 1 款规定：“最高法院和下级法院的法官若行为端正，得继续任职，并应在规定的期间得到他们的服务报酬，该项报酬在他们继续任职期间不得减少。”显然，这种终身任职和薪俸不减少的规定在一定程度上保证了法官的独立性，从而使他们不受政府的另外两个权力部门和政治力量的影响。

在美国联邦司法系统中，检察官由总统提名，经参议院审查批准。每个检察官都配有一定数目的助理检察官。与联邦地区法院相对应，美国有 94 个联邦检察官。根据《美国法典》第 28 编第 547 条的规定，联邦检察官的责任主要包括：对所有违反联邦法律的犯罪行为提出起诉，在政府为原告或被告的民事案件中为美国政府辩护，在税收官或其他税务或海关官员因其工作关系成为被告的案件中为该官员辩护，在追收拖欠美国政府罚款、罚金案件中向被告提出诉讼。

在州一级设有州检察总长。其一般由选民选举产生，不直接负责案件的起诉工作，其责任主要是指导全州的执法工作，对法律条文的适用提

---

① Richard A. Posner, *The Federal Courts: Challenge and Reform*, Harvard University Press, 1999, p.7. 波斯纳进一步指出，这种转移不是联邦法院体系内的转移，而是从联邦法院体系向另外一个法院体系的转移。

② 周道鸾主编：《外国法院组织与法官制度》，人民法院出版社 2000 年版，第14 页。

③ 该程序主要用来惩治犯了罪(尤其是受贿或腐败)的法官。但实际上，该程序很少被运用，到目前为止，几乎没有一位法官被成功地弹劾过。

④ [美]汉密尔顿等：《美国宪法原理》，严欣淇译，中国法制出版社 2005 年版，第 115、117 页。

出一些指导性意见等。[①] 检察总长之下配备了一定数量的助理检察官。他们具体负责案件的起诉和控诉等工作。在县一级设有地方检察官。地方检察官是地区的主要执法官，他们的主要责任是制定本地区的执法政策和确定执法重点。同样，地方检察官配有一定数量的助理检察官，具体案件的调查和起诉由他们负责。在绝大多数州，地方检察官由选民选举产生，只有少数州是由州长任命的。经选举产生的检察官只对选民负责，不受州政府的州检察总长的监督，因此他们在执法时非常注重选民的意向。

（三）陪审团制度

严格地说，陪审团制度是一项司法制度，更是一项政治制度。陪审团审判是美国司法制度的基石。现代的陪审制度虽然诞生于英国，但在美国获得充分的发展和运作。这不仅表现在“美国也许比世界上的任何其他国家都更多地使用陪审团”[②]，还表现在美国陪审团审判的范围大大超过英国。所以，虽然在英国法学家眼中，陪审团审判似乎无足轻重，但在美国人看来，陪审团审判却是普通法的精髓。[③]

当我们以他者的眼光审视美国司法制度时，总能发现陪审团扮演着举足轻重的角色。1995 年，在轰动世界的“辛普森谋杀案”中，陪审团认为定案的主要证据不足，进而判定辛普森的犯罪事实不存在，法官因此没有量刑的余地，辛普森最终被当庭释放，全球舆论为之哗然。[④] 2000 年 1 月，在迈阿密，陪审团再次成为世界瞩目的焦点。在一起集团诉讼中，由 6 位美国公民组成的陪审团作出裁决，要求 5 个最大的烟草公司向原告支付总额高达 1450 亿美元的赔偿金，从而作出美国法律史上赔偿数额最

① 在较小的州或人口较少的州，如特拉华州，州检察总长办公室也直接负责刑事案件的起诉。当然，即便如此，检察总长本人也不亲自参加起诉工作，因为检察总长办公室设有助理检察官，具体案件的调查和起诉工作由他们负责。

② ［美］迈克尔·D.贝勒斯：《法律的原则》，张文显等译，中国大百科全书出版社 1996 年版，第 69 页。

③ ［美］格伦顿等：《比较法律传统》，米健等译，中国政法大学出版社 1993 年版，第 143 页。

④ 蔡彦敏：《从 O.J.辛普森刑、民事案件评析美国诉讼制度》，载《中外法学》1998 年第 3 期。

大的判决。[①] 2006 年 4 月 3 日，大陪审团作出一致裁决，认定卡里亚斯·穆萨维与“9·11”恐怖袭击有直接关系，且符合被判处死刑的条件。[②]

在刑事案件中，陪审团有大陪审团(grand jury)和普通陪审团(petty jury)之分。美国的大陪审团制度仿照英国的规定，该制度曾在反对英国王室的斗争中发挥了巨大作用。联邦宪法第六修正案也给予大陪审团极大的尊重，其主要职能是调查重罪行为以便提起刑事诉讼。随着检察官制度的发展，大陪审团这种具有检察性质的职能日渐失去其必要性和重要性，呈现出逐渐萎缩的趋势。至 1930 年，已经有 24 个州放弃了大陪审团程序，几乎所有的刑事案件都由检察官起诉。目前大陪审团制度继续走向衰弱，其适用范围进一步缩小，仅在具有广泛社会影响和在政治上具有重大影响的特殊案件中使用大陪审团调查起诉。[③]

陪审团由不懂法律的普通公民组成，而陪审团作出裁定又有很强的“无因性”，它甚至可以置成文立法的规定而不顾，因此，它随时有“失控”的可能。为了使陪审团不至于偏离其运行的轨道，法官有必要对陪审团采取控制措施。由于陪审团的主要功能是对案件中的事实问题进行裁决，而作出裁决的基础是证据，因此，对证据进行限制是控制陪审团的首要方式，主要包括证据立法、证明的专业化以及法官对证据的说明等三种控制手段。

陪审团制度在美国受到的评价褒贬不一。鉴于美国人“好讼”的特性，陪审团审判被许多人士认为是对司法系统有限资源的巨大和不适当的耗费。还有人认为，陪审团审判会比法官直接审判耗费更长的时间，程序费用也远远超出从中可能获得的益处。然而，陪审团制度的积极意义和优越性无论如何都不容忽视。众所周知，在美国历史上，陪审团成功地扮演了保障自由、体现民主的角色。即使在今天，陪审团在司法制度中也具有不可替代的重要价值。一方面，陪审团对于防止专制和法院的恣意具有一定的意义。正如美国学者德富林在《陪审团的审判》中所言：“白宫里的任何一个暴君的首要目标就是让国会彻底地屈从于他的意志，接下

① World Health Organization, *Bulletin of the World Health Organization*, 2000, Vol.78, No.8.

② 韩曙：《陪审团异口同声一槌定音，“9·11”疑犯符合死刑条件》，http://news.xinhuanet.com，下载日期：2011 年 4 月 5 日。

③ Laura I. Appleman, The Lost Meaning of the Jury Trial Right, *Indiana Law Journal*, 2009, Vol.84.

来就是要推翻或者消灭陪审团的审判,因为没有一个独裁者喜欢让自由掌握在12个村夫手里。”[①]另一方面,也是更重要的一点,陪审团的存在具有维护司法公正和司法合法性的积极功能。因为“陪审团不是事实的见证者,但却能对事实和正当都作出裁决”[②]。而且,“陪审员对于抽象的法律,开辟了一条合于人类的光明的途径,使得一切的权威,皆为自由的人民所能够接受”[③]。正因为如此,美国学者指出:“在很大程度上,陪审团给予司法制度以合法性,否则,司法制度就没有合法性。”[④]

20世纪60年代,美国芝加哥大学通过对3000多起刑事案件和6000起民事案件的追踪和调研发现,陪审团的裁决与法官对案件的意见一致率基本达到80%;而在2000年,一项对所有美国联邦法院法官和所有得克萨斯州法院法官以问卷形式进行的调查显示,有超过90%的法官认为陪审员能够理解法律问题,而且能够作出公正、公平的裁决。[⑤]

在当今的美国社会,民事陪审团现状的批评者们分成了两大阵营:一部分人主张彻底废除民事陪审团,因为它已经发挥不了任何积极的作用。但显然,这种想法过于极端。另一部分人主张对民事陪审团的运作模式进行改革,使它能够在司法制度中发挥更大的作用。[⑥] 这部分学者认为,人们不应当只把注意力集中在陪审团制度的缺陷上,而应该看到陪审团在推进民事诉讼中民主因素的作用,应当将陪审团制度视为美国文化的一部分加以保护。[⑦] 由此看来,尽管陪审团制度存在很多问题,改革的探索能否奏效还有赖于时间的检验,但可以肯定的是,作为美国司法制度的

① Gary Slapper & David Kelly, *Principle of the English Legal System*, Cavendish Publishing Ltd., 1997, p.319.

② [美]小詹姆斯·R.斯托纳:《普通法与自由主义理论》,姚中秋译,北京大学出版社2005年版,第171页。

③ [美]阿瑟·库恩:《英美法原理》,陈朝璧译注,法律出版社2002年版,第73页。

④ [美]博西格诺等:《法律之门》,邓子滨译,华夏出版社2002年版,第516~517页。

⑤ [美]威廉·L.德威尔:《美国的陪审团》,王凯译,华夏出版社2009年版,第163~164页。

⑥ Ellen E. Sward, *The Decline of Civil Jury*, Carolina Academic Press, 2001, p.15.

⑦ Roger A. Fairfax, Grand Jury Innovation: Toward a Functional Makeover of the Ancient Bulwark of Liberty, *William & Mary Bill of Rights Journal*, 2010, Vol.19.

一面旗帜，陪审团仍将在这块土地上继续存在。①

(四)律师制度

美国的法官离不开律师。法官依赖律师提出案件事实，法院判决就建立在这些事实之上；法官依赖律师去发现需要裁判的法律问题；法官依赖律师对诉讼请求和抗辩进行筛选。在这个意义上，波斯纳称美国律师为“法庭的官员”②。在美国，律师主导着诉讼程序，并且将注意力从被告人身上转移到自己身上，诉讼过程每个环节都体现了律师的意志，所以，“法官虽然披着政府权威的外衣，事实上他们经常是律师在美国法院中施展战术的人质”③。尽管如此，美国律师并不像英国和大陆法系法官那样有确定事实问题和法律问题的权力。在美国的陪审团制度下，律师虽然在庭审程序及审前程序的证据开示中享有主导权，并根据这种主导权来表明庭审和证据开示的性质，但律师只负责提供证据，对其价值判断没有决定的权力。④

美国律师的数量惊人。根据美国律师协会的调查统计，截至2007年，全美国有律师114.3万人，大约每300个美国人中就有一人是律师。⑤ 美国之所以有数量庞大的律师群体，与其社会存在大量的诉讼案件的现实有关。美国每年有3300多万人到医院接受治疗，但是从法院卷宗里我们可以发现有1亿多人到法院打官司。⑥

美国律师与英国律师不同，前者没有出庭律师(barrister)和诉状律师(solicitor，又译事务律师)之分，而是分为私人律师和公职律师。私人律师是自由开业的律师，其主要工作就是受当事人的委托从事各种法律业务。只要取得州的律师资格，并在一家律师事务所工作就可以成为私

① 吴如巧:《美国联邦民事诉讼规则的新发展》，中国政法大学出版社2013年版，第90页。

② [美]理查德·A.波斯纳:《联邦法院挑战与改革》，邓海平译，中国政法大学出版社2002年版，第255页。

③ 最高人民法院司法改革小组编:《美英德法四国司法制度概况》，韩苏琳编译，人民法院出版社2002年版，第12页。

④ [日]小岛武司等:《司法制度的历史与未来》，汪祖兴等译，法律出版社2000年版，第62页。

⑤ 吕冰心:《中美律师行业的六大差异》，载《法人杂志》2007年第10期。

⑥ [美]哈兰德·C.史通西弗尔、詹姆斯·W.罗宾逊:《美国法律故事》，李启成、王蓉译，海南出版社、三环出版社2004年版，第23页。

人律师。公职律师一般由刚刚获得律师资格的年轻律师担任，他们主要是为政府部门、法院、检察院服务，一般只为本部门服务，而不面向社会。另外，与英国律师不同的是，美国的律师既为案件做准备，又代理当事人出庭，同时他们还充任其委托人的法律顾问，而这些活动可能占用他们的大部分时间。

为了规范律师的职业行为，美国律师协会于1983年制定了《律师职业行为示范规则》(Model Rules of Professional Conduct)。该规则对律师职业道德提出了全面而具体的要求，包括律师和当事人的关系；法律顾问；辩护；对当事人之外的人的关系的处理；公共服务；法律服务的信息以及维护律师职业操守等方面。此外，为维护社会安全、惩戒不良律师及维护律师协会和律师的公共形象，美国还设立了律师惩戒制度。惩戒的方式包括取消资格、暂停执业、谴责、不公开谴责和留用察看等。此外，各州还设立了惩戒律师的机构，有的设在法院，有的设在州律师协会。为了保证惩戒的效果，美国建立了一种"互助惩戒制度"，即对律师在某一个司法区的惩戒措施在另一个司法区将继续有效。

美国大量的律师及其广泛的代理具有重要的意义。毕竟，"律师服务于平等并防止不平衡。由律师提供的平衡并不只是可靠的结果，而有一些其他同等重要的价值"[①]。在实行诉讼对抗制的国家，"律师的有效帮助对保证对抗制功能的发挥具有重要意义"[②]。但是美国律师也有其消极的一面。由于"律师辩护的存在倾向于使非正式的、低廉的程序转变为正式的、高昂的程序"[③]，所以，美国广泛的律师代理情况是美国诉讼制度危机的一个潜在原因。与此同时，由于法律推理的教规等法律职业内部原因，以及法律职业的案例教学法的影响等多种因素的存在，美国律师的职业性格具有显著的保守主义特征，即往往采取一种实用的渐进主义，对一般政治改革怀有敌意，并强烈地反对伴随着每一次法律秩序的迅速变

① [美]詹姆斯·J.汤姆克沃克兹:《抗辩制之下针对告密者的获得律师辩护权》，载江礼华、杨诚主编:《美国刑事诉讼中的辩护》，法律出版社2001年版。

② [美]威廉·J.盖乃哥:《有效的律师，协助的未来》，载江礼华、杨诚主编:《美国刑事诉讼中的辩护》，法律出版社2001年版。

③ [美]迈克尔·D.贝勒斯:《程序正义》，邓海平译，高等教育出版社2005年版，第67页。

革所出现的财产权的不稳定性。[①]

（五）民事司法的困境及其改革

美国是一个诉讼超级大国，其民事司法制度面临的困难集中表现在诉讼案件数量的大幅度增加。[②] 这既包括诉讼绝对量的增加，也包括诉讼相对量，即诉讼率的提高。从 1940 年至 1960 年，美国法院的案件增长率在 77%以下，而从 1960 年至 1975 年，案件增长率上升到 106%。1960 年是美国案件数量发展史上的一个分水岭。1904 年至 1960 年，诉至联邦法院系统的案件从 33376 件增至 89112 件，平均年增长率仅为 1.8%。1983 年，联邦地方法院受理案件数是 1960 年的 3 倍多，增长率为 250%。这一增长率比起联邦上诉法院的案件增长率则相形见绌。在同一时期，联邦上诉法院受理的案件从 1960 年的 3765 件增至 1983 年的 29580 件，增长率为 686%。1990 年 6 月至 1991 年 6 月，联邦上诉法院共受理上诉案件 42033 件，每个合议庭一年平均审理 764 件。同一期间，联邦地区法院共受理初审案件 217879 件（其中 80%以上为民事案件），平均每个法官一年审理 335 件。与联邦系统法院相比，州法院系统受理的案件量更为惊人。事实上，美国 90%以上的案件是由州法院处理的。据统计，1990 年，州法院总共受理案件 1 亿多件。从 1984 年至 1990 年，美国人口仅增长 5%，但其间各州法院受理的案件数量却增长了 18%。[③]

公正、快速和低费用地解决民事纠纷是《联邦民事诉讼规则》确定的目标，也是联邦法院孜孜以求的理想状态。诉讼拖延、费用昂贵等弊病使得改革现行民事诉讼制度的呼声日益高涨。20 世纪 80 年代末期，一些组织，包括联邦法院研究委员会（Federal Courts Study Committee）和竞争理事会（the Council on Competitiveness）开始着手起草民事诉讼的改

---

① [美]安索尼·T.克罗曼：《迷失的律师》，周战超、石新中译，法律出版社 2002 年版，第 162 页。

② 关于美国民事司法危机的具体描述，参见[英]阿德里安·A.S.朱克曼主编：《危机中的民事司法》，傅郁林等译，中国政法大学出版社 2005 年版。

③ 齐树洁主编：《民事司法改革研究》，厦门大学出版社 2006 年第 3 版，第 486～494 页。

革方案。由参议员 Joseph Biden 发起、布鲁金学会[①]召集的民事司法改革小组，在 RAND 公司民事司法协会（Institute for Civil Justice，ICJ）的帮助下，以立法的形式提出了改革方案。

美国国会意识到适当的案件管理和民事诉讼有效率运行之间的关系，于 1990 年 12 月 1 日颁布了《民事司法改革法》（The Civil Justice Reform Act，CJRA）。CJRA 要求 94 个联邦地区法院在顾问团（advisory group）的帮助下进行自我研究，并制定降低诉讼费用和减少诉讼迟延的计划，以便促进对民事案件的判决，监管证据开示程序，加强诉讼管理和确保公正、快速、费用低廉地解决民事纠纷。CJRA 确定了一系列案件管理的原则、指导方针和技术方法，以便法院在制订计划时加以参考，如要求每个联邦地区法院基于下述原则实施《减少民事审判费用及拖延计划》（the plan for civil case management to reduce costs and delay）：区别对待各个案件，即针对个案的需要、复杂性及周期实施个别化的管理；司法官员尽早地和持续地参加对诉讼进程的规划；司法官员和律师在审前程序期间保持经常性交流；运用替代性纠纷解决程序（如调解、仲裁、早期中立评估和简易陪审团审理）解决相应的案件。

从 20 世纪 90 年代中期开始，美国立法与行政部门对 ADR 的态度发生了重大转变，有关 ADR 的一系列行政命令相继发布。1998 年 10 月，美国国会正式颁布了《替代性纠纷解决法》（Alternative Dispute Resolution Act，简称《ADR 法》）[②]。这是世界上第一部专门的 ADR 立法。[③] 该法第 1 条规定，联邦地区法院应当允许在所有案件中使用 ADR。各联邦地区法院应当建立各自的 ADR 计划并制定相应的保障措施。在

---

① 布鲁金学会（Brookings Institution）是美国著名智库之一，创建于 1916 年，主要研究社会科学、都市政策、政府、外交政策以及全球经济发展等问题，其总部位于华盛顿特区。该学会自称遵循“独立、非党派、尊重事实”的研究精神，提供“不带任何意识形态色彩”的思想，旨在充当学术界与公众政策之间的桥梁，向决策者提供最新信息，向公众提供有深度的分析和观点。

② ADR 泛指一切用以替代诉讼或替代正式审理的纠纷解决方式。《ADR 法》第 651 条第 1 款规定：“ADR 程序包括由主审法官进行的审判之外的任何程序，在这些程序中，一个中立的第三方通过第 654 条至第 658 条中规定的早期中立评估、调解、小型审理和仲裁等程序协助解决争议事项。”

③ 范愉主编：《多元化纠纷解决机制》，厦门大学出版社 2005 年版，第 195 页。有关该法律的具体介绍，参见丁宝同、朱蓓予编译：《新的正义模式：美国〈ADR 法〉》，载田平安主编：《比较民事诉讼法》（第 1 卷），法律出版社 2005 年版。

《替代性纠纷解决法》的推动下，美国法院逐步将 ADR 直接引入传统的纠纷解决机制。这不但丰富了民事诉讼制度改革的内容，而且意味着 ADR 实现了民间与官方的双轨道运行，由此大大推动了 ADR 的发展。①

在美国，尽管诉讼哲学和司法功能正在被重新评估，但是，构成诉讼程序上层建筑基础的自由主义民主精神在推行过程中并没有受到实质性的挑战。民事司法改革的主要组成部分是加强对案件的管理，改革证据开示制度(即对与争议有关的信息和证据实行强制开示)，变诉讼当事人对诉讼的控制为法官的控制以及鼓励和推广使用替代性的争议解决方式。

三、民事诉讼程序

(一)对抗制诉讼模式

作为英美法系民事诉讼制度的代表性国家之一，美国在继承英国当事人主义的诉讼传统基础上，发展并完善了民事诉讼制度。美国的对抗制以私权自治为理由，以司法竞技理论为基础，融合了普通法系国家的司法理念，形成了自己的独特之处。

对抗制与职权制相对应，英美法系国家一般采用对抗制的诉讼模式，而职权制一般为大陆法系国家所采用。随着现代民事诉讼的发展，两种诉讼模式出现相互借鉴、相互融合的趋势，但对抗制仍有其鲜明的特征。根据美国学者的解释，对抗制的中心含义是“双方当事人在一种高度制度化的辩论过程中通过证据和主张的正面对决，能够最大限度地提供有关纠纷事实的信息，从而使处于中立和超然地位的审判者有可能据此作出面向社会和当事人都能接受的决定来解决纠纷”②。在对抗制诉讼模式下，双方当事人都积极地参与诉讼，相互间的法律地位平等，诉讼程序由当事人启动、控制，当事人自己提出诉讼请求、抗辩和承担举证责任，法官在诉讼中处于消极和被动的中立地位，法官不主动询问证人、收集证据，

① 为有效地应对大量的诉讼案件，在发展法院附设 ADR 的同时，美国联邦和州法院还积极拓展与法院关联的 ADR 项目，将诉至法院的案件委托给法院的 ADR 项目参与者予以化解，如社区纠纷调处中心、调解志愿者和律师群体等。参见高陈：《接近正义：美国纽约州法院司法改革项目研究》，中国政法大学出版社 2015 年版，第 46 页。

② 转引自[日]谷口安平：《程序的正义与诉讼》，王亚新、刘荣军译，中国政法大学出版社 1996 年版，第 69 页。

法官的职责是评断控辩双方当事人在举证、质证、交叉询问时是否违反有关规则，并在陪审团认定事实的基础上作出裁判。如果说律师是诉讼过程中的积极参与者，那么法官扮演的则是被动的裁判员角色，案件策划、策略制定或陈述不是法官的职能。当然法官会要求各方根据法律规则自行操作，但他们通常只在一方或其他方对另一方正在进行的行为提出反对时才适用规则。①

美国民事诉讼的许多具体制度都建立在对抗制基础之上，力求为诉讼双方当事人提供平等、充分的攻击防御方法和手段。例如，反诉、交叉诉讼和引入诉讼制度就体现了这一价值理念。② 反诉是被告维护自己合法权益、对抗原告请求的有效手段；交叉诉讼可以使共同诉讼人之间平等地进行对抗；在被告起诉第三人而将其引入诉讼中时，该当事人也并非处于劣势地位，他可以再对被告(即第三方原告)提起反诉，也可对其他第三人提出交叉诉讼，以实现彼此之间的平等对抗，而且在第三人与本诉原告之间，也可以通过相互提出请求的方式寻求平等的法律救济。再如，在动议程序中，除非情况紧急，否则应将动议通知对方当事人，给予非动议方适当的回应时间和机会。此外，陪审团审判制度(由不懂得法律的外行人作为裁判者于双方当事人在法庭上辩论对决后作出结论)、对证人采取交叉询问的方式等，无不体现了对抗制诉讼模式的理念。

(二)证据开示

在民事诉讼中，证据开示程序有三个主要目的：第一，保存在庭审时可能无法适用的有关信息；③第二，确定双方当事人之间纠纷事实上的争点，以便当事人集中精力获取有关实际争点事项的证据；第三，证据开示

---

① 实际上，如果在违反规则时一方不反对，除非在最严重的情况下，法官没有义务纠正这种情形。从这一角度来说，法官是被动的参与者，其诉讼活动被精细地划定。See Albert P. Melone & Allan Karnes, *The American Legal System: Foundations, Process, and Norms*, Roxbury Publishing Company, 2003, p.189.

② 刘学在:《美国民事诉讼中的反诉、交叉诉讼和引入诉讼介评》，载《华东政法学院学报》2003年第6期。

③ 例如，如果一个证人有病或身体虚弱，或许在庭审时不能出庭，则可以在开庭前录取证人的证言并予以保存，最后在庭审上使用。此乃联邦法院最初采用证据开示程序之主要目的所在。

允许当事人获取信息，该信息可以导致实际争议的争点可采信。[①] 按照美国学者的看法，证据开示制度是美国民事诉讼制度富有特色的构成要素之一，它“标志着目前在英语世界中，在消除审判准备中的秘密性方面所达到的最高点”[②]。

在民事诉讼中，诉讼一经开始，当事人就有权启动证据开示程序。证据开示的方式有录取证言、查验文件、身体检查以及要求自认等。证据开示只需当事人提出，不需要取得法院的事先批准。该程序整个过程由律师发动，并通过答复方式展开。虽然录取证言时要求有法院书记官在场，但通常情况下法官并不参加。[③]

传统上，普通法程序的证据开示被严格限定在与当事人声称的事实相关的信息范围内，只是作为20世纪30年代改革的一部分，联邦法院才放松了这种限制：在当事人于诉答阶段宽泛地勾勒出诉讼的主要争议点之后，涉及与案件“相关”的任何事项的证据开示要求通常都会得到允许。[④] 应当注意的是，根据《联邦民事诉讼规则》第26条的规定，下列三种证据开示要求不予准许：(1)要求开示属于保密特权的信息，这些特权包括防止自证其罪的保密特权、律师和委托人之间的保密特权、医生和患者之间的保密特权、律师工作成果的保密特权等；(2)证据开示要求过分加重负担，但只适用于举证责任过重或可以其他方式提供信息的情况；(3)寻求的材料与案件毫不相干。

证据开示程序对于诉讼公正具有积极的意义，它有助于降低庭审中证据突袭的可能性，但也存在如下弊端：程序滥用现象的存在；大量信息文件披露导致诉讼成本的增高；披露不是被用来发现事实，而是强迫和解。为了规制上述问题，美国曾通过改革加强了证据开示中法院的控制权，从而鼓励法官制止披露的滥用。为了进一步完善该程序，改革者于

① [美]杰克·H.弗兰德泰尔等：《民事诉讼法》，夏登峻等译，中国政法大学出版社2003年版，第367～368页。

② [美]斯蒂文·N.苏本等：《民事诉讼法——原理、实务与运作环境》，傅郁林等译，中国政法大学出版社2004年版，第342页。

③ 在实践中，联邦地区法院的法官通常将管理证据开示以及协助和解这两项活动委托给治安法官。参见[美]理查德·波斯纳：《波斯纳法官司法反思录》，苏力译，北京大学出版社2014年版，第327页。

④ [美]米尔伊安·R.达玛什卡：《司法与国家权力的多种面孔》，郑戈译，中国政法大学出版社2004年版，第199页。

1998年又提出了以下三方面的改革建议:(1)限制披露的范围。规定只有存在充足的理由,法院才可以将披露的范围扩大到"与诉讼标的有关的信息"。(2)将强制自动开示的内容限定于那些支持披露方诉讼请求或答辩的信息。(3)删除现行的选择性条款,允许联邦法院不再适用与《联邦民事诉讼规则》完全不同的所在州的披露规则。① 2000年修法时,对《联邦民事诉讼规则》第26条又进行了一次大规模修改,主要修改内容包括:(1)扩大证据开示适用范围,要求各州均实施自动开示规则;(2)限制证据开示时间;(3)限制证据开示的范围;(4)证据开示费用转移支付。

2006年,《联邦民事诉讼规则》针对电子信息与传统纸质信息的诸多差异,经再次修订增设了与电子信息开示有关的规定。根据新规定,当事人之间需要在诉讼初期就电子信息的保存、开示的信息格式、开示的信息范围等问题进行协商。《联邦民事诉讼规则》还针对电子信息的特殊性确立了安全港规则和避免费用过度负担原则。②

尽管证据开示存在的缺陷并非通过修改法律就能彻底解决,但是,证据开示程序在任何情况下都不会被否定。有学者指出,基于美国人政治情感中引申出来的下列三则理由,今后民事司法改革无论程度如何,都不会对证据开示程序产生本质上的影响,否则改革在政治上根本行不通:第一,彻底的法律上的正义,原则上应由全体当事人去实现,而为实现彻底的法律上的正义,就必须对所有的事实进行开示。第二,为了查明案件真相,在对抗制条件下,不能完全信赖法官,而应当将信赖交给代理当事人进行诉讼的律师。第三,无论是政府还是公司,任何一个具有权力的人都想极力隐藏自己的不当行为尤其是需要追究法律责任的违法行为。③

(三)案件管理

在美国民事诉讼中,案件管理描述了公平和有效地管理案件的过程,

① [美]杰克·H.弗兰德泰尔等:《民事诉讼法》,夏登峻等译,中国政法大学出版社2003年版,第417～418页。

② 在电子信息发现的场合,由于信息量的增大和数据复原的高额费用,可能在有些场合让请求发现方分担电子信息的复原、筛选费用更为公平。为此,修订后的FRCP规定,当事人可以在信息发现计划会议阶段就开示费用分担问题协商,如果协商不成,则交由法院裁决。参见汪振林:《美国民事诉讼电子信息发现程序研究——以2006年〈美国联邦民事诉讼规则〉的修订为中心》,载《河北法学》2011年第3期。

③ [日]小岛武司等:《司法制度的历史与未来》,汪祖兴等译,法律出版社2000年版,第53～54页。

其目的在于清理案件，提高民事司法审判的质量，保证处理案件所花费的时间、金钱和法院资源不超过必要的限度。[①] 法官管理案件的主要手段是时间控制和法院制裁，其目标是追求司法效率的提高和诉讼成本的降低。[②] 因此，“案件管理的目的不是把案件从律师手中拿走。它最多是为律师的行为指引方向，以及在适当的时候为其划定界限；应该合理地限制对抗过程中辩护人过度的热忱和主动性，而不是对其进行压制”[③]。

案件管理政策是对传统法官角色的调整，是集中体现法官由消极到积极角色转换的一个明显例证。[④] 传统的观点认为法官只是一个中立的裁判者，案件的准备和提交工作等具体的控制权行使问题是律师和诉讼当事人双方的事情。自从《联邦民事诉讼规则》颁布以来，上述观点就开始发生了改变，因为该规则第 1 条要求民事诉讼程序规则的解释和执行应保证对每一个案件作出公正、迅速且费用低廉的判决。虽然该条文起初只是一种愿望，但随着案件数量的增加、法院负担的加大，它开始成为一项联邦民事诉讼程序管理制度的关键性政策。[⑤]

案件管理政策和实践的存在，使得美国民事司法制度在一定意义上成为一种管理型的司法。事实上，在过去相当长的时间里，民事司法改革是以加强对案件的司法管理为特征的。[⑥] 例如，在“促进事实真相精确地裁判案件，监督证据开示程序，加强对诉讼的管理，并且确保公正迅速与低成本地解决民事纠纷”的改革目标指引下，1990 年《民事司法改革法》加强了对案件管理的具体规范，详细地规范了案件管理的 6 项基本原则和 6 种基本管理方法。该法要求联邦系统的 94 个司法区都必须制定地方性规则，以利于法院依据法律作出判决，控制发现程序，改善诉讼管理，

---

① 美国联邦司法中心：《美国联邦地区法院民事诉讼流程》，汤维建等译，法律出版社 2001 年版，第 157 页。

② 张婷：《英美民事对抗制度的演变(1945—2012)——以美国的案件管理制度为切入点》，上海人民出版社 2014 年版，第 96 页。

③ 最高人民法院司法改革小组编：《美英德法四国司法制度概况》，韩苏琳编译，人民法院出版社 2002 年版，第 203 页。

④ [美]格兰农(Joseph W. Glannon)：《民事诉讼法》(注译本)，孙邦清等注，中国方正出版社 2004 年版，第 59 页。

⑤ 案件管理制度进入联邦法院之初，只限于民事诉讼程序，然而随着刑事案件数量的急剧增长及其复杂性的增加，该制度也开始在一定程度上进入刑事诉讼领域。

⑥ [美]史蒂文·苏本、玛格瑞特·伍：《美国民事诉讼的真谛：从历史、文化、实务的视角》，蔡彦敏、徐卉译，法律出版社 2002 年版，第 47 页。

保证民事诉讼公正、高效地运行。目前，一些地方性改革方案，如强制披露，已被《联邦民事诉讼规则》所采纳。①

案件管理在美国民事程序法中是一个颇有争议的话题。支持者认为，案件管理即加强法官的干预有着现实的必要性。他们认为，要实现正义，一个有先见的、有准备的、能够作出合理决定的法官比无先见的、无准备的法官要可靠得多。在理论上，案件管理有助于实现以下目标：(1)界定诉讼的争点，将审前活动限制在与争点有关的事项上；(2)控制审前的证据开示与其他活动，避免不必要的花费与负担；(3)尽快达成纠纷的和解，或者努力找到尽可能迅速并低成本地解决纠纷的方法；(4)保证案件在审前得到很充分的准备，并将审判严格限定在通过其他途径不能解决的事项上。② 怀疑者认为，案件管理对缓解诉讼费用高昂这一问题的作用似乎并不大，甚至可能还增加了诉讼成本；另外，案件管理的实施实际上意味着法官职权的强化，因为案件管理必然要求法官更早、更多地介入案件处理过程，这显然对传统的对抗制理论和实践构成了冲击，从而也对法官传统的中立性与独立性造成损害。目前，有关案件管理制度的争论仍然没有停止。

(四)法院附设 ADR

在任何社会，法院都不是解决纠纷的唯一机构。事实上，在所有的纠纷中，演变为诉讼的只占极小一部分，而大多数纠纷在进入法院之前便已通过各种方式解决了。因此，司法不能忽视 ADR 的作用和影响。美国是替代性纠纷解决实践“积极型”国家的代表，其实践有两个突出的特点：一是制定专门的 ADR 法，直接提供大量的 ADR 产品，立法、司法及行政部门成为 ADR 实践的重要参与者；二是随着 ADR 公司的大量成立与运作，ADR 实践的产业化趋势日益明显。如今的 ADR 不仅是一种法律活动，而且是一种经济活动。③ 从调解员、评估员的遴选、任命到管理，再到 ADR 程序的推进、与审判程序衔接以及效果评估，整个法院附设 ADR 程序的存在不但为法律职业共同体提供了巨大的利益来源，而且通过不断

---

① 陈桂明、吴如巧：《美国民事诉讼中的案件管理制度对中国的启示》，载《政治与法律》2009 年第 7 期。

② [美]斯蒂文·N.苏本等：《民事诉讼法》，傅郁林等译，中国政法大学出版社 2004 年版，第 538～539 页。

③ 范愉主编：《多元化纠纷解决机制》，厦门大学出版社 2005 年版，第 199 页。

在法学院和律师协会中进行ADR技术的教育与培训，维持着法律职业共同体对此项司法技术的独占。[①]

美国法院接受ADR是在1925年通过《联邦仲裁法》之后。而在该法通过之前，美国法院一直对ADR采取排斥态度。接受ADR的主要原因在于证据开示程序导致费用较高和时间拖延。而ADR一般都严格限制证据开示，因而无论对法院还是当事人都带来了实际而明显的好处：减少费用、加速解决纠纷、减少法院的案件积压等；另外，ADR还可以使当事人通过不太对立的方式解决纠纷，从而有利于继续维持双方当事人的关系；同时，它能够按照当事人的愿望提供灵活的纠纷解决程序。因此，ADR逐渐被法院所接受。

目前，美国联邦法院正在积极使用ADR解决争议，以期通过尽早解决争端来改善法院的诉讼程序。作为ADR常见形态的法院附设仲裁(court-annexed arbitration)、法院附设调解(court-annexed mediation)目前在联邦法院都得到了广泛的运用。此外，简易陪审团审理(summary jury)[②]、微型审判(mini-trial)[③]、早期中立评估(early neutral evaluation)[④]、由法官主持的和解会议等其他ADR形式也得到一定程度的运用。美国联邦司法中心预测，随着时间的推移，ADR在联邦法院将被越来越频繁地使用。[⑤] 这里重点介绍法院附设调解。

法院附设调解是由当事人或法院选出的调解员来协助诉讼者达成和

---

① 刘君博：《美国法院附设ADR制度发展述评》，载张卫平、齐树洁主编：《司法改革论评》(第14辑)，厦门大学出版社2012年版。

② “简易陪审团审理”制度由美国俄亥俄州北部地区法院法官托马斯·D.兰布罗斯于1980年首创，其目的是为需要陪审团审理的案件在审前准备阶段提供促进和解的灵活的、无约束性的程序。该程序在简短的审理之后为当事人和他们的律师提供建议性裁决。在审理中，举证和辩论可以以简略的形式进行。陪审团的建议性裁决对于当事人达成和解具有积极的促进作用。

③ “微型审判”制度常用于商事纠纷的解决，是一种预测性程序，目的在于告知当事人其在纠纷解决中的优劣势，并预测可能的裁判结果，从而促使当事人和解。

④ 所谓“早期中立评估”，最早是由美国加利福尼亚州北部地区法院所创设的一种纠纷解决程序，即在审前阶段将所有当事人和他们的代理人召集在一起，提出案件的摘要；对于案件所涉及的问题，由有丰富经验的中立人提出无约束性的评价和案件计划的指导；如果当事人要求，还可以提供其他帮助。参见杨严炎：《美国司法ADR考察》，载《当代法学》2006年第4期。

⑤ 美国联邦司法中心：《美国联邦地区法院民事诉讼流程》，汤维建等译，法律出版社2001年版，第177页。

解协议，是澄清案件争议、消除误解、寻找妥协方案的一个途径。根据其强制性不同，可分为强制附设调解和非强制附设调解。通常涉及婚姻家庭、邻里纠纷、小额或简单纠纷等案件，如借助于法院便利的ADR设置，则能更有效地解决。法院可以将调解规定为诉讼的前置程序，诉讼前必须经过调解。除此以外，其他类型的案件允许当事人双方自愿提出调解，或由法庭提议调解，但允许当事人在特定的时间内拒绝该提议。同时，当事人也可以以和解协议为基础，向法院申请合意判决（consent judgment）。“合意判决与一方应诉判决相同。尽管事实上没有经过审理，但就同一诉讼原因来说，产生既判力。”①

法院通常在证据开示接近尾声时指令案件进行调解，调解员的选任由负责调解工作的法院秘书负责，可以从法院提供的名册里挑选。双方当事人各挑选出一名调解员，第三名调解员可以由当事人或委托选出的两名调解员协商选定。如果意见不一致，由法院秘书来指定。在某些简单的案件中，也可以由一名调解员主持调解，调解员选定后必须经过法院认可。当事人通常应在调解前的10日内提交与案件相关的书面材料。

双方当事人必须出席调解会议，但在调解程序中，对证据规则不作严格要求，证人无须出庭作证，也没有交叉询问程序，对事实的认定更多地依赖于调解员的经验。在举行双方参加的联合会议后，为了消除当事人不愿在对方在场的情况下透露信息的顾虑，调解员可以分别与一方当事人举行私下会议，以求获得更多的有助于制定双方均能接受的调解方案的信息。

调解方案经过双方当事人的同意以及法院的审查后，调解员可以作出正式裁定，该裁定具有拘束力。如当事人并未表示同意，又未在一定期限内（通常为30日）提出异议，该裁定自动产生拘束力；反之，调解失败，案件由法庭继续审理。②

法院采用附设调解解决纠纷，所带来的额外收益是显而易见的，但它在适用之初也遭到一些人的反对。反对者认为调解应是一个自愿、合意的程序。附设的调解将影响当事人的诉权，增加费用；如果调解不成功，还会造成诉讼拖延。但实际上，在法院要求调解的时候，事先会对当事人声明，尽管一定要出庭参加调解，但不一定要达成和解。因而，当事人的

① 白绿铉：《美国民事诉讼法》，经济日报出版社1997年版，第111～112页。

② 范愉主编：《多元化纠纷解决机制》，厦门大学出版社2005年版，第488～490页。

诉权并没有受到影响。①

(五)上诉审程序

根据美国权威词典的解释,上诉是指"请求上级法院审查下级法院的决定,或请求法院审查行政机构的命令。它的范围一般是有限的。在美国,上级法院仅仅审查原审法院庭审笔录中所记载的事项;不允许当事人提出新证据。联邦最高法院审理某些上诉案件,但是,除了那些对公共利益具有重要影响的案件外,上诉程序止于联邦上诉法院"②。《布莱克法律词典》将"上诉"定义为"一种将一个决定提交给上级机构重新考虑的程序,尤其是指将下级法院或行政机构的决定提交给上级法院审查并判断是否应予撤销"。该词典还将"上诉"区分为"基于权利的上诉"(appeal by right)和"基于申请的上诉"(appeal by application)。前者在提起前无须首先取得许可,后者在提起前则须首先获得上诉审法院的许可。③

上诉制度是司法制度的重要组成部分,担负着多样化的司法功能,并且需要在不同的价值目标之间进行平衡与取舍。美国第七巡回上诉法院法官戴安·伍德(Diane Wood)认为,上诉审的目的包含以下6个方面:法律的正确适用、法律的统一适用、法律的演变与阐释、纠正事实错误、巩固司法体系的合法性并加强人民对司法体系的信任、司法体系中各部分的分工协作。④ 美国学者保罗·卡林顿(Paul Carrington)教授则认为,民事上诉制度的价值在于纠正低级法院的错误审判,对日常审判活动实施监督是美国上诉制度赖以建立的第一价值追求。⑤ 尽管表达不同,但是不难看出,民事上诉制度的目的和作用主要体现在两个方面,即维护司法公

---

① Suzanne J. Schmitz, A Critique of the Illinois Circuit Rules Concerning Court-Ordered Mediation, *Loyola University Chicago Law Journal*, 2005, Vol.36.

② Mark A. Stevens (ed.), *Merriam-Webster's Collegiate Encyclopedia*, Merriam-Webster, Incorporated, 2000, p.77. 在美国,司法审查主要在上诉法院进行;一切重要的行政决定都由法律规定直接由上诉法院审查,不经过地区法院。参见王名扬:《美国行政法》(下),中国法制出版社1995年版,第591页。

③ Bryan A. Garner (ed.), *Black's Law Dictionary*, 8th edition, West, a Thomson Business, 2004, pp.105-106.

④ 宋冰编:《程序、正义与现代化——外国法学家在华演讲录》,中国政法大学出版社1998年版,第158页。

⑤ 汤维建:《美国民事司法制度与民事诉讼程序》,中国法制出版社2001年版,第510页。

正、程序正义和保障当事人救济权利。

美国民事上诉制度以两审终审为主，以三审终审为辅。由于历史上普通法与衡平法两个司法体系的并存对现实产生着深远的影响，加上陪审制度的存在，美国的上诉制度较为复杂。它有着跨越50个州的联邦-州双重体系，而且在所有的民事和刑事案件中，当事人都有上诉权。① 此外，由于存在州与联邦两个法院体系，上诉程序的适用也各不相同。为了使上诉制度的一般规则得到相对统一的适用，保证其发挥应有的作用，联邦最高法院依据国会的授权，于1967年制定了《联邦上诉程序规则》(Federal Rules of Appellate Procedure)。该规则文本于1968年1月15日提交国会审核，1968年7月1日生效。其内容涵盖了上诉程序的主要方面，经过1970年至今20余次修改，日渐完善。

在美国联邦法院体系中，拥有上诉管辖权的法院包括联邦上诉法院和最高法院。联邦上诉法院是联邦地区法院的上一级法院，通常审理对初审法院裁判不服的上诉案件。联邦上诉法院基于联邦《司法组织法》所划定的巡回区而设置，全美目前有13个上诉法院——11个巡回法院、1个哥伦比亚特区法院和1个联邦巡回上诉法院。其中，联邦巡回上诉法院(Court of Appeals for the Federal Circuit)于1982年创设，由原先的索赔法院及关税和专利上诉法院合并而成②，由12名法官组成，以全国为巡回区，审理涉及诸如专利、版权、商标等知识产权的上诉案件，以及向美国政府提出的索赔及国际贸易的上诉案件等。③

在州法院体系中，设有上诉法院。上诉法院是介于州最高法院和作为第一审的州法院或县法院之间的一个法院，也称为中间上诉法院，主要审理一般当事人对于第一审法院裁判不服而提起上诉的案件，从而使大部分从第一审法院上诉的案件不至于直接进入州最高法院，以便州最高法院可以集中精力解决最重要的那些上诉案件。上诉法院对于上诉案件的审理限于一审中已经提出的法律问题。州最高法院则作为当事人寻求

① [美]弗兰克·M.柯芬:《美国上诉程序——法庭·代理·裁判》，傅郁林译，中国政法大学出版社2009年版，第25页。

② [美]亨利·J.亚伯拉罕:《司法的过程——美国、英国和法国法院评介》，泮伟江等译，北京大学出版社2009年版，第194页。

③ [美]斯蒂文·N.苏本等:《民事诉讼法:原理、实务与运作环境》，傅郁林等译，中国政法大学出版社2004年版，第477页。

诉讼救济的最后一道程序，审理不服本州内下级法院裁判而上诉的案件。①

（六）既判力与排除原则

在英美法中，既判力称为“res judicata”，其含义是指已判决的事项，其效力规则是指具有完全事物管辖权的法院作出的终局判决对当事人及其利害关系人的权利具有决定的作用，同时该判决绝对地阻止他们就同一请求和诉因再行起诉。由此可见，英美法系虽然没有专门意义上的既判力制度，但是存在与之相类似的制度，即排除原则。排除原则是关于前诉判决对后诉的约束力的规则，是判决终结点的基本理论。

排除原则是美国民事诉讼中关于判决效力的一项重要制度，在维护判决的终局性、权威性、一致性以及保证诉讼效率方面发挥了重要的作用。排除原则与大陆法系的既判力制度相类似，但由于两大法系法律传统和司法理念的差异，存在许多制度设计上的不同。

美国法学会编写的《判决第二次重述》[Restatement（Second）of Judgment]第17条对排除原则的效力作了这样的归纳：(1)如果原告胜诉，那么诉因所提供的请求被合并(merger)在该判决中，而被排除在后续的诉讼中被提起；(2)如果原告败诉，请求因此而消灭，判决阻却(bar)就同一请求提起的后续诉讼；(3)在原告、被告就相同或者不同的请求而发生的后续诉讼中，对于曾在先前诉讼中得到充分诉讼并被认定，且对判决具有重要意义的争点，前诉判决将排除对该争点的再次诉讼。②

《判决第二次重述》阐述了排除原则所包含的两个基本概念：请求排除(claim preclusion)和争点排除(issue preclusion)。这两个基本概念作为同一原则的两个方面，是排除将来诉讼的两种不同的方法，两者又可分别称为既判事项(res judicata)和间接禁反言(indirect estopple)。既判事项源自罗马法，强调事实判决对后续诉讼的预决效力。间接禁反言则源于日耳曼法的“不容否认”，其含义在于禁止一个人发表与其先前的主张

① 蔡彦敏、洪浩：《正当程序法律分析——当代美国民事诉讼制度研究》，中国政法大学出版社2000年版，第12页。

② [美]斯蒂文·N.苏本等：《民事诉讼法：原理、实务与运作环境》，傅郁林等译，中国政法大学出版社2004年版，第760页。

相矛盾的观点，此后几经转换，演变成如今的“争点排除”原则。[①] 这也是大陆法系既判力理论未涉及的方面。

既判事项与间接禁反言作为一个原则的两个方面确保法院判决的终局性，因而有必要对二者进行区分。首先，从请求排除与争点排除的字面含义不难看出，二者对象不同，请求排除是对请求的再次诉讼的禁止，而争点排除则阻却对确定争点的争论；其次，既判事项的适用范围比较广，而间接禁反言则受到较严格的限制，即只有在争点被充分诉讼且对判决具有决定性意义时才得以适用；最后，既判事项排除的是基于同一诉因的起诉，而间接禁反言则排除对相同争点在任何诉因中的再诉讼。

四、证据制度

（一）概述

在美国，证据法一般被称为“rules of evidence”，中文译为“证据规则”。从广义上讲，证据规则包括证据的收集和判断规则；从狭义上讲，它是指那些在庭审或审理中对证据的可采性（admissibility of evidence）问题起支配作用的规则，即可采性规则。后一种界定基本上反映了美国的证据立法现状，因此成为学界通说。[②]

美国证据规则的发展与陪审团审判有着非常密切的关联。[③] 美国学者指出：“若不是陪审团审判，将不需要证据规则。”[④]有人甚至指出，虽然陪审团对社会的实际影响是很难讨论的问题，“但有一点无论如何是不用质疑的：陪审团对法律具有巨大的影响。我们之所以拥有庞大、笨重的证

---

① 常怡主编：《比较民事诉讼法》，中国政法大学出版社 2002 年版，第 233 页。

② 美国学界对证据规则的理解与我国大不相同。这主要是因为美国绝大多数的证据规则都直接或间接地规范证据的可采性，而很少对证据的证明力判断作出规定。这是美国证据制度的一大特点。

③ 有学者指出：“毫无疑问，英美法系国家的证据制度主要是为适应陪审团审判而设计的，是为防止陪审员在使用证据认定案件事实时出现混乱或偏差而产生和发展起来的……由于长期的实践已经证明，这些证据规则确实能够发挥保证公正司法和统一司法的作用，所以在非陪审团审判的案件中依然适用。”参见何家弘主编：《证据法学研究》，中国人民大学出版社 2007 年版，第 8 页。

④ Jeffrey A. Segal, et al, *The Supreme Court in the American Legal System*, Cambridge University Press, 2005, p.117.

据规则的原则和实践,几乎完全归因于陪审团”①。

在 1975 年的《联邦证据规则》(Federal Rules of Evidence)颁布之前,联邦法院一直承袭英国传统普通法的证据规则。②然而,由判例法组成的证据法内容非常分散甚至混乱,适用起来极其不便,而且案件裁判也很难统一。此外,在二元法律体制之下,联邦和各州各自适用自己的证据规则,进一步加剧了证据制度的分散与割裂。为了避免分散立法所引起的冲突和混乱,美国于 20 世纪开展了一场证据法典化运动,其间制定了一些重要的法典,包括 1942 年美国法学会通过的《模范证据法典》,1967 年生效的《加利福尼亚州证据法典》,1974 年统一州法委员会通过的《统一证据规则》,1975 年国会通过的《联邦证据规则》。其中,《联邦证据规则》的影响最大。该规则历经 40 多年的发展,在法律教学、律师考试、司法实践中变得越来越重要,由此极大地促进了证据规则的确定性及适用的统一性。③ 美国法学家评论证据法时经常援引这一规则,因为它不但为联邦法院所适用,而且反映了学界对证据法的通行观点。目前已有超过 4/5 的州以各种方式采纳了这一规则。④《联邦证据规则》的颁布标志着美国证据制度法典化的实现。⑤ 自 1975 年 7 月 1 日生效以来,该规则经过了多次修改,日臻完善。总体来看,美国证据制度具有以下四个方面的特点:

第一,联邦法与州法并存。在美国,联邦证据法和州证据法相互独立,二者分别在各自的权限范围内适用。其中,联邦证据法的效力高于州证据法,但联邦证据法不能随意推翻或改变州证据法。在通常情况下,联邦法院适用联邦证据规则,而州法院审理案件则适用州证据规则。不过,在实务中,联邦法院在审理案件时,对证据的裁判也会不时适用州证据规则的规定。⑥

---

① Lawrence M. Friedman, *American Law in the 20th Century*, Yale University Press, 2002, p.266.

② 周叔厚:《证据法论》,台湾三民书局 1995 年版,第 31～32 页。

③ 王进喜:《美国〈联邦证据规则〉(2011 年重塑版)条解》,中国法制出版社 2012 年版,前言第 3 页。

④ [美]Steven L. Emanuel, *Evidence*, 中信出版社 2003 年英文影印版,第 2 页。

⑤ [美]约翰·J.凯博思奇:《证据法典化、统一立法与分别立法》,封利强译,载《证据科学》2008 年第 2 期。

⑥ 刘晓丹主编:《美国证据规则》,中国检察出版社 2003 年版,第 16 页。

第二，制定法与判例法并存。美国属于普通法系国家，传统上以判例法作为主要法律渊源，因此，在20世纪之前，美国证据法主要是由普通判例法构成。但是，自20世纪上半期以来，证据法领域出现了许多制定法，并且，有的制定法影响力非常大，以致证据判例法的主导地位有所动摇，从而形成了制定法与判例法并存的格局。在制定法与判例法二者的效力上，证据制定法居于优先地位，证据判例法则起重要的补充作用。

第三，证据立法采用统一立法的模式。美国成文证据法采取统一立法模式，不区分民事证据法和刑事证据法。《联邦证据规则》第101条规定："本证据规则适用于在联邦法院进行的诉讼程序。有关适用本证据规则的具体法院、程序及其例外，规定于第1101条。"这里的诉讼（proceedings）是指广义的诉讼程序，包括民事诉讼、刑事诉讼以及行政裁决所适用的程序。

第四，证据法的内容基本上限于规定证据的可采性。美国的证据普通法大多针对证据的可采性而设，而对于具有可采性的证据到底能够在多大程度上影响案件事实的认定，即证据的证明力问题，属于事实裁判者主观自由判断的范畴，法律不作强制性规定。因此，在证据普通法上只有关于证据可采性的判例。

美国证据制度源于英国普通法，最显著之处就是二者都十分详尽地规定了"证据可采性"的原则。但二者的不同点也很明显，主要有以下几点：(1)立法模式显著不同。英国证据法典繁多，但每一部法典都仅适用于单一的诉讼领域，即民事证据规则与刑事证据规则是分立的；但在美国，无论《联邦证据规则》还是《统一证据规则》都并不限于民事或刑事诉讼，而采取合一的立法模式。(2)成文规则的主干不同。英国的成文证据规则以国会立法为主，故其证据制度以"法"（act）为名，而美国的证据规则是以法院立法为主，证据法往往冠以"规则"（rule）之名。(3)证据规则的具体内容有差异。以传闻证据（hearsay evidence）规则为例，英国在民事诉讼中对传闻一般予以采纳，而例外予以排除，而在刑事诉讼中，传闻一般予以排除，例外情况可以采纳。[①] 但在美国，无论是在民事诉讼还是

① 英国《1995年民事证据法》（the Civil Evidence Act 1995）废除了"反对传闻规则"（the rule against hearsay）。See Elizabeth A. Martin (ed.), *Oxford Dictionary of Law*, 5th edition, Oxford University Press, 2003, p.229.

在刑事诉讼中，对传闻一般都予以排除。①

（二）证据的相关性与可采性

在美国庞杂的证据法体系背后，始终贯穿着两个重要原则——证据的相关性与可采性。可以说，美国证据规则的核心问题就是证据的相关性与可采性。

1. 相关性

证据的相关性又称证据的关联性，是证据法学中的重要概念。学者们对此研究颇为深入，然而，至今仍未能就相关性形成一个统一的概念。英国学者史蒂芬认为："相关性是指任何两个事实如此紧密相连，按照事物发展的一般进程，其中一个事实与另一个事实相联系，能大体证明另一事实在过去、现在或将来存在与否。"②美国学者格雷厄姆·利利则认为："相关性是确立证据规则的基本的统一的原则。首先，它是指当事人一方提出的口头证据或实物证据与这些证据所要说明的事实结论之间的可以提供证明的关系……其次，相关性包括对证据所说明的事实问题与实体法律之间存在的通常称为'实质性的'或'因果的'关系的分析。"③《联邦证据规则》第 401 条对"相关性证据"的定义如下："相关性证据是指证据具有这样一种倾向，使得任何一项对诉讼裁判有影响的事实的存在，若有此证据将比没有该证据时更有可能或更无可能。"如今，第 401 条的规定已经成为立法上对证据相关性的经典定义，并且代表了英美法系国家立法者对这一问题的基本认识。④

相关性适用于任何形式的证据资料，它是证据被采用的第一个前提。一项证据要具备相关性，必须同时具备两个条件：首先，它必须对应案件争议中的某些事实。也就是说，提供证据所要证明的问题应当是争议中的事项，否则该证据就不具有关联性。关于什么是争议中(in issue)的事项，按照大多数的州法规定，单是诉讼文书还不够，还要取决于有关的实体法规则。其次，它具有某种倾向，使得某项事实的存在变得更有可能或

① 刘晓丹主编：《美国证据规则》，中国检察出版社 2003 年版，第 12～13 页。

② 齐树洁主编：《英国司法制度》，厦门大学出版社 2007 年第 2 版，第 185 页。

③ [美]格雷厄姆·利利：《证据的相关性》，蒋恩慈摘译，载《法学译丛》1984 年第 2 期。

④ 俞亮：《证据相关性研究》，北京大学出版社 2008 年版，第 17 页。

更无可能。这是一个单纯的证据决定，需要借助逻辑思维、生活经验等来测定。由于人的逻辑思维的无可度量性，有些事实审理者认为有关联性的证据，在另外的审理者看来可能是与待证事实毫不相关的。为了避免这种分歧，《联邦证据规则》采用列举的方式对常见证据的关联性及有关联性证据的可采性问题进行规定。

如果一项证据具有关联性，一般是可以被采纳的，除非存在确切的理由可将其排除。《联邦证据规则》第 402 条列举出这些理由：宪法、制定法、联邦证据规则以及联邦最高法院根据立法授权确立的其他规则另有规定的除外。这一例外条款为大多数证据争议界定了适用法律的范围。

2. 可采性

相关性是证据被采纳的首要条件，没有相关性的证据是不可采的，相关性包含在可采性范畴之内，属于可采性的下位概念，因此，在司法领域，单独讨论相关性是没有意义的，相关性问题最终要落实到对证据可采性的判断上。有学者认为，美国证据法真正关注的不是证据的关联性，而是可采性。①

证据的可采性是证据规则的核心问题。早在 19 世纪，著名证据法学家塞耶就开创了以证据的可采性为中心的证据法时代。时至今日，可采性几乎渗透到每一个证据法条文之中，因而成为美国证据规则的灵魂。②根据《布莱克法律词典》的解释，可采性是指证据被允许进入听审、审判或其他程序的资格或情形。③ 在《联邦证据规则》中，并没有单独的条文解释何为证据的可采性，对可采性规则的阐述散落在具体的证据规则中，如相关性规则、特权规则、传闻规则等排除规则。

法官在决定证据可采性问题时势必要遵循一定的规则，这就是可采性规则。《联邦证据规则》给法官的采证行为提供了一个制度框架，有助于规范法官的采证行为，防范法官在采纳证据时自由臆断。例如，该规则第 403 条规定，证据虽然具有相关性，但其证明价值明显不及证据所含有的不公平的偏见，会混淆争点，或有误导陪审团的危险，或被认为是不当

---

① 郭志媛：《刑事证据可采性研究》，中国人民公安大学出版社 2004 年版，第 101 页。

② 刘品新：《我国构建证据规则的视角调整》，载《证据学论坛》（第 2 卷），中国检察出版社 2001 年版。

③ Admissibility: The quality or state of being allowed to be entered into evidence in a hearing, trial, or other proceeding. See Bryan A. Garner (ed.), *Black's Law Dictionary*, 8th edition, West, a Thomson Business, 2004, p.50.

拖延、浪费时间或不必要的重复举证时，也可以被排除；再如，第 803 条、第 804 条详细地罗列了传闻规则的例外情形，用以约束法官采纳传闻证据。不过，需要说明的是，虽然《联邦证据规则》可以指导法官对证据是否具有可采性作出判断，但法官在处理这一问题时仍处于被动地位，他们并不主动排除不具有可采性的证据，而只有在提供证据方的对方当事人对证据的可采性提出异议或者反对时，法官才会对证据是否具有可采性进行审查判断。

普通法系国家确立复杂和精细的证据可采性规则，在很大程度上是其陪审团审判模式所决定的。[①] 可采性规则授权法官对拟进入庭审的证据进行筛选，不但有利于节省庭审时间，而且大大降低了不合格证据对陪审员自由心证的干扰，从而在一定程度上弥补了非专业人士认定事实能力的不足。虽然美国目前大量的案件是由法官单独审理的，但是在实践中，在法官独任审判的案件中仍然实行可采性规则。

（三）证据规则

美国证据普通法上存在大量的证据规则，这些规则都是从长期的司法实践中积累和总结而成，由法官以判例的方式创造出来的。所有证据规则可以大致分为两类：一类是规范证据资格（证据能力）的规则，即证据采纳规则；另一类是规范证据对事实的证明力（证据价值）的规则，即证据采信规则。

1. 证据采纳规则

证据采纳规则是规定单个证据是否具有证据资格的规则，即认定证据是否可以被法庭允许进入审判程序中，并作为认定案件事实的根据。由于美国证据规则基本上都是针对证据可采性而设，因此，绝大多数的证据规则都属于证据采纳规则[②]，主要包括：

(1)关联性规则。只有与待证事实具有某种联系的证据才具有证据资格，可以被采纳，而没有关联性的证据一律不具有证据资格，不得被采纳。关联性并不是证据的内在特征，而是表示证据与待证事实之间的关系，这种关系是所有证据能够被采纳的第一个前提。

(2)传闻证据规则。提供证言者在法庭之外所作陈述被称为传闻，传

---

① 孙远：《刑事证据能力导论》，人民法院出版社 2007 年版，第 28 页。

② 齐树洁主编：《美国证据法专论》，厦门大学出版社 2011 年版，第 321 页。

闻一般都不具有证据资格，不得被法庭采纳，但是在符合传闻规则例外的情况时，可以采纳作为证据使用。

(3)品格证据规则。在美国，用于证明当事人或证人品格的证据一般都不具有证据资格，不得被采纳作为诉讼中的证据。但该规则有四项例外：一是被告人提供的证明自己品格的证据，二是被告人提供的关于被害人品格的证据，三是证明证人品格的证据，四是出于证明动机、意图等其他目的而提供的有关被告人其他犯罪、错误或行为的证据。

(4)意见证据规则。在通常情况下，一般证人对案件事实作出的推论或判断不得作为证据被采纳，而专家证人的意见证言可以采纳作为证据。但是，根据《联邦证据规则》第701条的规定，一般证人的意见证言在两种情形下也可以采纳：一是合理地建立在证人感知基础上，二是有助于澄清证人证言或确定争议事实。

(5)非法证据排除规则。在刑事审判中，凡是执法者通过违宪搜查或者非法扣押等方法获得的证据均应予以排除。[①] 不过，非法证据排除规则存在诸多例外，如必然发现的例外、独立来源的例外、污点涤除的例外等。在这些例外情况下，非法证据也可以被采纳。[②]

(6)最佳证据规则。最佳证据规则是英美国家最古老的证据规则，它要求书证提供者为了证明书证的内容，应当提供书证原件，只有在例外情况下，才可以提交复制件。

2. 证据采信规则

证据采信规则是规定证据是否可信的规则，即规定证据是否对案件事实具有足够的证明力，足以作为定案的根据。证据采纳是证据采信的

---

① 美国学界对非法证据排除规则有两种理解：一种仅指违反联邦宪法第四修正案而取得的证据不得在刑事指控中用以证明被告人有罪；另一种认为非法证据排除规则的内容不限于对“物”的排除，还包括对非法取得的口供和其他陈述的排除，即不仅包括违反宪法第四修正案，还包括凡违反宪法第五修正案、第六修正案和其他成文法情况下取得的证据，都应加以排除。不过，美国司法实践中使用最多的是违反宪法第四修正案的非法证据排除规则。因此，提到证据排除规则，往往是指违反宪法第四修正案的排除规则。参见杨宇冠：《非法证据排除规则研究》，中国人民公安大学出版社2002年版，第4页。

② 美国非法证据排除规则不同于英国。英国将非法取得的自白与非法取得的物证或书证加以区分，对前者原则上加以排除，对后者原则上予以采纳，而美国则对二者不加区分，均予以排除。参见宋世杰、陈果：《论非法证据排除规则》，载何家弘主编：《证据学论坛》(第2卷)，中国检察出版社2001年版。

基础，不被采纳的证据就不存在证明力的问题，而证据被采纳后就由事实审理者对证据能在多大程度上证明案件事实作出裁量，所以证据采信是对被采纳后的证据的评判结果。可见，证据采信规则在证据法中不可或缺。证据采信规则主要包括：

(1)补强证据规则。补强证据规则是美国刑事审判中的重要规则，该规则是以直接保障被告人口供的证明力为目的，要求仅有犯罪嫌疑人、被告人口供不能认定其有罪，还必须附加其他证据作为佐证。由于单一口供的证明力不足以认定被告人有罪，所以才需要其他证据的证明力进行"增补"，从这个角度来看，补强证据规则是有关口供证明力的规定。

(2)推定规则。推定主要运用在民事诉讼中，即由法官按照一定的规则从已知的前提事实中推断出推定事实，进而免除主张推定事实存在的一方当事人的举证责任，并将主张推定事实不存在的举证责任转移给对方当事人。因此，推定的效力(即是否免除或转移提供证据责任的负担)影响着推定事实的证明力。

(3)自认规则。该规则通常也是运用在民事诉讼之中。根据自认规则，当事人在诉讼中作出的自认对法庭裁判具有约束力，并且对方当事人可以因此免除证明责任；而当事人在诉讼之外作出的自认仅是一种证据，其证明力由法庭作出裁判。因此，不同种类的自认产生的证明力是不同的。

(4)司法认知规则。司法认知是指法官在审判中对有关事实无须证据证明而直接予以确认的司法行为。根据《联邦证据规则》第 201 条的规定，两类事实属于司法认知的范畴：一是在审理案件的法院管辖范围内众所周知的事实，二是能被准确地确认和随时可借助准确无疑的手段加以确认的事实。对司法认知范畴的事实，当事人无须承担证明责任，其证明力已经得到法律的确认。

(四)证明责任

1. 证明责任的双重含义

无论是在证据法学理论中，还是在司法实践中，"证明责任"(burden of proof)都是一个深奥、难懂的命题。美国证据法学界一般都认为，证明责任有层次之分，即包含提供证据的责任(burden of producing evidence)

和说服责任(burden of persuasion)两方面。① 早期的《联邦证据规则》第301条将提供证据的责任称为“the burden of going forward with evidence”,将说服责任称为“the risk of nonpersuasion”,从而对“证明责任”的双重含义加以区分。

“提供证据的责任”是一个程序术语,是指当事人一方对其主张或抗辩负有提供足够证据的法律义务。原告对其主张以及针对被告的反诉而提出的积极抗辩负有提供证据的责任;被告对其积极抗辩以及反诉负有提供证据的责任,这在民事诉讼与刑事诉讼中都是如此。② 一方当事人在某个争点上承担着提供证据的责任,就意味着他有责任提供该争点为真或为假的证据。如果他提供的证据没有达到提供证据的责任要求,法官可能作出不利于他的直接裁判,而且不将案件交给陪审团评议,或者指示陪审团在该争点上作出不利于他的评定。“提供证据责任是案件通往陪审团审判的一道闸门,当事人未能履行该责任,将导致法官直接对案件进行判决并终结案件。”③提供证据的责任并不总是由同一方当事人承担,在最初阶段是由主张某项事实的当事人提供证据,以支持其主张。只要该当事人所提供的证据具有最低限度的证据能力,即可假定成立,并将提供证据的责任转移至对方当事人。对方应提供反证,支持自己所主张的事实。如果对方当事人所提供的反证具有最低限度的证据能力,则原来提供证据的当事人有义务继续提供证据,反驳对方当事人的证据。因此,提供证据的责任在当事人之间可以多次转移。

说服责任是指当事人一方有义务使事实审理者信服某个争点已经被证明至一定的证明标准,进而作出对该当事人有利的裁决。若一方当事人对某争点承担说服责任,在他提供证据并予以证明之后,如果陪审团在审查证据后不能得出该争点已被证明至相关的确定性程度(例如在民事案件中通常要达到“优势证据”标准),那么陪审团将在这一个争点上作出

① Burden of Proof: A party's duty to prove a disputed assertion or charge. The burden of proof includes both the burden of persuasion and the burden of production. See Bryan A. Garner(ed.), *Black's Law Dictionary*, 8th edition, West, a Thomson Business, 2004, p.209.

② [美]托马斯·A.马沃特、沃伦·D.沃尔夫森:《审判证据》,中信出版社2003年英文影印版,第359页。

③ 刘哲玮:《论美国法上的证明责任——以诉讼程序为视角》,载《当代法学》2010年第3期。

不利于该当事人的裁决。说服责任涉及审判中的最终问题,即对一个主张或抗辩的所有构成要件的合法、充分的证明。因此,不论在任何时候提出主张或抗辩,与说服责任相关的两个关键性问题都必须得到回答:首先,为了使一个主张或抗辩得到证明,事实调查者必须被说服至何种程度;其次,哪一方当事人必须承担说服责任。美国证据法学界普遍认为,说服责任不能从一方当事人转移至另一方当事人,而且事实上也不存在将这种责任转移的任何理由。

2. 证明责任的分配

在司法实践中,基于民事诉讼和刑事诉讼在争点性质上的差异,证明责任分配有很大的不同。

在民事诉讼中,就特定的争点来说,不存在一个简单的程式来决定哪方当事人承担提供证据的责任或说服责任。通常,提供证据的责任和说服责任都由同一方当事人承担,并且通常也是由该当事人承担在争点上提出诉讼主张的责任。例如,在过失案件中,原告对全部三个要素通常有提出诉讼主张的责任,这与关于这些争点的提供证据的责任和说服责任是一样的;同样,被告通常要承担关于相对过失和共同过失提出诉讼主张之责任,这也与提供证据的责任和说服责任一样。一般而言,证明责任是根据法院辖区的实体法来分配的,即对每种类型的主张或抗辩,法院辖区都有制定法或判例法分配这些责任。除非某个争点碰巧成为该法院辖区的首例,否则法官很少能自由决定由谁承担这些责任。在法院和立法机构决定在特定争点上应由哪一方当事人承担证明责任时,需要考虑若干因素,如现状的改变,即试图改变现状的当事人更有可能承担证明责任;异常事件,即主张非寻常事件发生的当事人更有可能承担证明责任;政策考虑,即法院与立法机构经常把证明责任的分配作为推行社会政策的方法,包括排斥某些特定的抗辩;一方当事人的特有认识,即当证明一个特定的主张或抗辩有赖于一方当事人认识的特殊性时,该当事人更有可能承担证明责任。

在刑事诉讼中,通常是由检控方承担证明被告人实施犯罪事实的提供证据责任和说服责任,由被告人对积极抗辩事实承担提供证据责任和证明责任。需要注意的是,在刑事诉讼证明责任的分配上,存在着宪法性正当程序(due process)的限制。[①] 这一限制对刑事诉讼证明责任分配有

① 王兆鹏:《美国刑事诉讼法》,北京大学出版社 2005 年版,第 524 页。

很大影响。例如，各州在分配刑事案件证明责任时，对犯罪构成要件事实，规定由检控方承担提供证据的责任和说服责任，并且事实上，检控方的证明责任是非常严格的，不但要提供证据证明所指控的犯罪确实发生了，被告人实施了这一犯罪，而且要提供足够的证据证明该犯罪的每一构成要件，这种证明必须达到“排除合理怀疑”的程度，使陪审团相信被告人确实犯了被指控的罪，才能获得陪审团的有罪裁决。[①]对于被告人而言，在通常情况下，各州会依据宪法将这几种因素作为积极抗辩，并且要求被告人承担提供证据的责任和说服责任：自卫(self-defense)、胁迫(duress)以及极端情绪错乱(extreme emotional disturbance)。

3. 推定与证明责任

“推定”(presumption)这一术语是指“基础事实”(basic fact)与“推定事实”(presumed fact)之间的逻辑关系，是一种影响提供证据的责任或说服责任的法律设计。“推定事实”从“基础事实”推定而来。一旦“基础事实”成立，“推定事实”也会成立或至少有可能成立。然而，推定的含义是不确定的，当法院和立法机构表示“推定事实”是由“基础事实”推定而来时，它们或许是指下述四个含义中的一个：(1)可允许的推断。指一旦基础事实成立(在缺乏直接证据表明推定事实是否存在时)，陪审团可以，但不是必须，认为推定事实存在。这是基础事实与推定事实之间最牵强的联系。(2)转移提供证据的责任，而不转移说服责任。即推定意味着，如果一方当事人对推定事实承担着提供证据的责任，那么对方当事人就对推定事实的不成立承担着提供证据的责任。(3)提供证据的责任和说服责任都转移。一旦推定的受益人证明了基础事实，那么就应由对方当事人承担针对推定事实的提供证据的责任和说服责任。(4)结论性推定，即推定或许还意味着一旦基础事实成立了，则推定事实将会被不容置疑地推定存在。这样的结论性推定实际上是带有实体法性质的规则，具有不可反驳的性质。因此，有学者认为结论性推定是“成为法律拟制的推定，其实无推定的性质”。[②]

(五)证明标准

证明标准(standard of proof)，又称证明程度、证明要求、证明度，是

① 宋英辉等:《外国刑事诉讼法》，法律出版社2006年版，第219页。

② 李学灯:《证据法比较研究》，台湾五南图书出版公司1995年版，第260页。

诉讼主体运用证据证明案件待证事实所需达到的程度。[①]诉讼主体要从提供证据责任和说服责任两个层次对待证事实承担证明责任，各自需要达到不同的证明标准。

1. 提供证据责任的标准

当一方当事人对某一争点承担提供证据的责任时，其证明应达到何种程度才可以卸除这一责任？在民事案件中，对争点承担说服责任的当事人通常必须将案件证明至“优势证据”标准。如果原告对争点承担着提供证据的责任和说服责任，则在他提供了足够多的证据以致一个理性的陪审团能依“优势证据”标准得出争点为真或为假的结论时，才可以说他将解除提供证据的责任。需要注意的是，由法官而不是由陪审团来决定，承担提供证据责任的当事人是否已解除这一责任，法官唯一的职责是判断一个理性的陪审团能否得出某一结论。如果不能，他不会将案件移送给陪审团评议，而是根据《联邦民事诉讼规则》第 68 条的规定，批准当事人提出的“作为法律问题的判决”(judgment as a matter of law)的动议。

而在刑事案件中，检控方对每一个犯罪构成要件事实的证明，都必须达到排除合理怀疑的程度。在美国，大多数法院认为，这种更严格的标准同样适用于提供证据的责任。也就是说，为了使案件能够进入陪审团评议的程序，检控方必须提供足够的证据来证明每一个犯罪构成要件，以使一个理性的陪审团能够认定犯罪构成要件被证明至排除合理怀疑。根据这种多数观点，在法官对检控方提起公诉的案件进行审查后，如果认为一个理性的陪审团将会对某个犯罪构成要件产生怀疑，他必须作出无罪的判决，即使他认为被告人犯罪的可能性更大。[②]

2. 说服责任的标准

在美国民事诉讼和刑事诉讼中，有关说服责任的证明标准，最广泛和最典型的有三种：优势证据(preponderance of evidence)、明确而令人信服的标准(clear and convincing standard)、排除合理怀疑(beyond a reasonable doubt)。

(1)优势证据。优势证据标准是民事案件传统的、基本的证明标准。在民事诉讼中，如果当事人对一个争点事实承担说服责任，通常就会要求该当事人对该争点事实的证明达到优势证据标准，即当事人必须说服陪

① 何家弘主编：《证据法学研究》，中国人民大学出版社 2007 年版，第 168 页。

② 王兆鹏：《美国刑事诉讼法》，北京大学出版社 2005 年版，第 523 页。

审团或法官相信“争论事实的存在比不存在更有可能”(more likely than not)。[1] 但是,优势证据标准并不是一项数量标准,证明力的大小不是以一方当事人提供的证据数量而进行判断的。准确地说,它是一项质量标准,反映了证据的可信度和说服力。虽然优势证据标准反映了事实审理者对盖然性优势的确信,但法院通常会拒绝接受带有纯粹统计学性质的证据,即使这一证据所显示出来的可能性超过50%。相反,法院通常要求陪审团对事实的真实性要有“确信”,而不仅仅是对事实的真实性进行盖然性的估计。

(2)明确而令人信服的标准。该标准适用于某些民事案件以及某些司法辖区对死刑案件中保释请求的驳回。明确而令人信服的标准是比优势证据标准更严格的标准,美国证据法学界普遍认为下列类型的案件应适用明确而令人信服的标准:由于欺诈而废除合同之诉,有关确立遗嘱的口头契约之诉,有关口头契约的特别履行之诉,撤销、变更、修改书面交易之诉。一般而言,基于衡平法的主张更有可能适用这一更严格的标准。有美国学者主张,相对于优势证据的一般含义——“存在比不存在更有可能”而言,为了达到“明确而令人信服”的说服责任之标准,主张事实的人必须证明该事实的发生是有“高度盖然性”的。

(3)排除合理怀疑。这一标准既是刑事案件作出定罪裁决的要求,也是诉讼证明方面的最高标准。美国学者普遍认为,一个无辜的人被判有罪要比一个有罪的人得以释放更为糟糕。错误定罪对被告人的生命、自由、名誉的影响通常要比民事案件错误裁判所造成的后果更严重,因此,在刑事诉讼中应适用更高程度的证明标准,即排除合理怀疑。作为刑事诉讼证明标准的经典表述,目前,它的影响已经超越了美国本土,成为一种普遍性的法律原则。

(六)证人制度

英美法系国家对于证人并没有明确的概念。一般认为,不论其在诉讼中的地位如何,只要能提供与案件相关的信息的任何人都可以被认定为证人。因此,证人的范围相当广泛,除了一般意义上的普通证人外,还包括专家证人、被害人以及自愿作证的被告人。证人享有的主要权利有安全保障请求权和经济补偿请求权,而证人的义务主要指出庭作证义务

---

① 江伟、邵明主编:《民事证据法学》,中国人民大学出版社2021年第3版,第198页。

和如实陈述的义务。

1. 证人的作证能力

对于任何一个证人来说，所要面临的第一个问题便是他的作证能力(competency of witnesses)。在司法实践中，证人的作证能力更多的是指一个人可以作为证人作证的资格，以及在审判过程中可以依法排除证人出庭作证(也就是取消其出庭作证的资格)的一系列规则。[①] 一般说来，在现代规则之下，任何人作为证人都可以作证，因为每一个人都被推定为具有证人的资格。

《联邦证据规则》第601条规定："除本证据规则另有规定外，每个人都有资格作为证人。"年龄、宗教信仰、精神错乱、肤色、道德缺陷、判决有罪、婚姻关系、诉讼中的一方当事人、律师或者利害关系人都不再是不能作证的理由。根据该规定，只要一个人拥有观察、记忆、交谈和说实话的能力，他就被认为具有作证资格，其他的资格或条件是不需要的。对于儿童和意志受损的人能否作证的问题，《联邦证据规则》未作硬性的规定，只要法官认为其具有观察、记忆和交流能力并理解宣誓作证的性质和后果，就可以充当证人。

在证人出庭作证之前，他必须宣誓或者确认其所作的所有证言将会是真实的。这种宣誓或者确认的目的在于确保法庭的潜在证人[②]明白庭审的严肃性，也是为了向法庭展示该证人知晓说真话的意义。不过，事实上，在刑事诉讼中，被告人可以提供未经宣誓的证言，儿童也可以提供未宣誓的证言。只是这些不宣誓证言不能单独作为定罪的依据，而必须辅之以补强证据方能具有相当的证明力。

2. 证人的可信性

证人证言的真实性对于一个审判来说至关重要。虽然一个人具有作证资格，但是，其证言未必是可信的。联邦宪法第六修正案规定，刑事诉讼的被告人享有质疑或者弹劾(impeachment)这项附加的权利来对抗不利的证人。所谓质疑证人，是指以盘问或者使用外部证据的方式(例如其他证人的证言)攻击证人的可靠性。质疑证人的目的是使陪审团对证人

---

① 高忠智:《美国证据法新解:相关性证据及其排除规则》，法律出版社2004年版，第78页。

② 潜在证人(underlying witness)是指已经接受调查机关询问，但还没有进入作证程序的证人。参见[美]史蒂文·L.伊曼纽尔:《证据法》，中信出版社2003年英文影印版，第109页。

或者证人证言的可信性产生怀疑。

《联邦证据规则》第607条允许任何一方当事人质疑或者攻击证人的可信性,而不追究该证人是由哪一方当事人传唤出庭作证的。根据这条规则,如果一方当事人发现自己证人的证言对自己不利,可以质疑或者弹劾该证人的可信性。但是,根据该规则第608条第1款的规定,作为一般规则,除非己方的证人已经受到质疑,当事人不能首先提出自己证人可信性的问题。

质疑证人证言的可信性的方法有很多种,如提供证据说明证人具有不诚实的品质,提供证据证明该证人曾经被判有罪,提供该证人先前不一致的陈述的证据,提出证据证明该证人基于其与该诉讼有利害关系或者其他不合法的动机作证而存在偏见[①],证明该证人存在证明能力的缺陷(感官上或者智力上)等。反过来,支持或者恢复(rehabilitation)证人的可信性必须针对对方当事人的质疑来进行,相对应的方法包括:使用质疑品格证人的方法,提供关于证人善良品格的证据,提供先前一致陈述的证据等。

3. 证人特权

证人特权,又称证人免证权、证人作证豁免权、拒证权等,是指"允许人们在诉讼程序中拒绝透露和制止他人透露某种秘密情报"的权利。[②]它是由普通法发展出来的规则,即如果进行交流的双方之间存在一个受特权保护的关系,那么陪审团就不能听取以此交流为内容的证言。

常见的证人特权主要包括以下三种:(1)不得被迫自证其罪的特权。该项特权是指任何人对可能使自己受到刑事追究的事项有权不向当局陈述,不得以强制程序或者强制方法迫使任何人供认自己的罪行,或者在接受刑事审判时充当不利于自己的证人。其主要目的在于防止政府以强制

---

① 尽管通过证明存在偏见来弹劾证人没有明确规定在《联邦证据规则》中,但是从咨询委员会对第608条和第610条的注释中可以看出,这项规则在早于《联邦证据规则》颁布之前的判例法中就已被确认,而《联邦证据规则》中也暗示了这项规则的合法性。参见[美]托马斯·A.马沃特、沃伦·D.沃尔夫森:《审判证据》,中信出版社2003年英文影印版,第373页。

② [美]乔恩·R.华尔兹:《刑事证据法大全》,何家弘等译,中国人民公安大学出版社2004年版,第357页。

手段获得个人的陈述，然后又以此为证据对陈述人进行刑事追究。① 不得自证其罪的特权包括：犯罪嫌疑人、被告人的沉默权以及证人的“免于自证其罪”的特权。(2)律师-委托人关系的特权。该项特权的目的在于保护律师和委托人之间的坦诚交流。(3)婚姻关系特权，包含婚内交流特权和婚姻证言特权。其中，婚内交流特权适用于刑事和民事案件，而婚姻证言特权只适用于刑事案件。

(七)专家证人

专家(expert)是指经过科学教育，或者通过实践获得技能或专门知识，能够以提供意见方式帮助法庭发现事实的人士。专家证人在英美法系各国被视为证人的一种，或者说是一种特殊的证人，其诉讼地位与证人基本相同。② 但作为专家证人仍须具备一定资格。专家证人必须具有科学的、技术的或者其他一些专门的知识，而该知识可以来源于教育、训练、已获得的技术或者经验等。因此，专家证人可以是科学家、鉴定人，也可以是经验丰富的技工。专家证人的证言必须能够帮助陪审团澄清证据或者确定争议的事实。如果不能达到这样的要求，或者证言中偏见部分多于鉴定部分，以及没有专门的问题需要形成专业意见，即便该证人具有专家资格，其证言也可能不被采纳。

专家证人的选任方式包括当事人聘请和法庭指定。当事人按照自己的意愿聘请专家证人是最主要的方式。③ 然而，当事人聘请的专家证言一般都带有强烈的倾向性，往往不利于案件事实的查明，为此，《联邦证据规则》第 706 条允许庭审法官指定一名中立的专家，双方当事人都可以对这个指定的专家进行交叉询问。在实践中，这种由法庭任命专家的做法并不多见。④ 对此，在美国，有很多学者主张，应当充分利用《联邦证据规则》第 706 条的规定，由法庭任命中立专家来帮助法官正确评估科学证

① Privilege against Self-incrimination: A criminal defendant's right not to be asked any questions by the judge or prosecution unless the defendant chooses to testify. See Bryan A. Garner (ed.), *Black's Law Dictionary*, 8th edition, West, a Thomson Business, 2004, p.1236.

② 汪建成：《专家证人模式与司法鉴定模式之比较》，载《证据科学》2010 年第 1 期。

③ 季美君：《专家证据制度比较研究》，北京大学出版社 2008 年版，第 34～35 页。

④ 易延友：《英美证据法上的专家证言制度及其面临的挑战》，载《环球法律评论》2007 年第 4 期。

据，以避免其完全受制于双方当事人充满偏向性的专家证言。[①] 但是，直至今日，这一项规定仍受到很多法官的抵制。究其原因，既有固守传统对抗制文化所产生的巨大阻力，也有规则本身在可行性和操作性方面遭遇的重重障碍。[②]

专家证据必须经法庭审查之后才能转化为事实裁判者认定事实的依据。判断专家证据的可采性一般应当考虑三个因素：其一，专家证据的必要性，专家证人的证言必须能够帮助陪审团澄清证据或者确定争议的事实；其二，专家证据的相关性，专家证据只有在增加认定案件事实的可能性时才具备可采性；其三，专家证据的可靠性，即专家证据所依据的理论和方法的确实性。[③]

综上所述，自独立战争以来的200多年时间里，美国民事诉讼法律制度经历了独特的发展过程，不断变革，与时俱进。美国在接受英国普通法传统的同时，赋予古老的法律以惊人的生命力，并以深刻的批判精神和创新精神建立了符合本国国情的民事司法制度。[④]

① 邓晓霞：《论我国不宜引入英美法系专家证人制度》，载《中国司法鉴定》2010年第1期。

② 周一颜：《民事专家证据司法控制机制研究》，法律出版社2019年版，第136页。

③ Dale A. Nance, Reliability and the Admissibility of Experts, *Seton Hall Law Review*, 2003, Vol.34.

④ 何勤华主编：《外国法制史》，法律出版社2003年版，第223页。

目录

美国联邦民事诉讼规则

（本规则于1938年9月16日生效，最新一次修订于2022年12月1日生效）

第一章　适用范围和诉讼形式

第1条【适用范围和目的】

本规则适用于合众国联邦地区法院[①]的所有民事诉讼和程序，但本规则第81条规定的事项除外。法院和当事人在解释、管理和适用本规则时，应当确保每一项诉讼和程序以公正、高效和经济的方式进行。

（本条文于1948年12月29日修正，1949年10月20日生效；1966年2月28日修正，同年7月1日生效；1993年4月22日修正，同年12月1日生效；2007年4月30日修正，同年12月1日生效；2015年4月29日修正，同年12月1日生效）

① 联邦地区法院(the United States district courts)是美国联邦法院组织体系中的基层法院，又称初审法院(trial court，court of first instance)，具有一般管辖权。美国存在联邦和州双重法院组织体系。这种特殊的法院组织结构是由联邦宪法所规定的联邦与州分权的体制所决定的。1789年联邦宪法建立了联邦政府体系，在州政府与位于华盛顿的中央政府之间分配权力，包括立法权和司法权。在联邦体制下，联邦和各州有权制定自己的宪法和法律，也有各自独立的法院组织体系。联邦法院和州法院之间没有上下隶属的审级关系。两者虽在管辖上有所交叉，但在组织上完全分离。联邦法院的设立与人员配置由联邦宪法和国会决定，而州法院的构建及其人员配置则由各州独立地依据各自的宪法和议会的意见决定。联邦法院分为依照宪法设置的普通法院和根据法律设置的专门法院。其中的普通法院系统由地区法院、上诉法院和最高法院组成。美国50个州共设有89个地区法院。每个州至少有1个地区法院，较大的州可能设有2～4个地区法院。此外，哥伦比亚特区和波多黎各领地各有1个地区法院，3个海外托管地也都设有地区法院。全美国共有94个联邦司法管辖区，设立94个联邦地区法院。美国国会还设立了联邦国际贸易法院(The Court of International Trade)和联邦索赔法院(The Court of Federal Claims)以及军事法院、税收法院等专门法院。

第2条【诉讼形式】

本规则所称的诉讼形式为民事诉讼[①]。

（本条文于2007年4月30日修正，同年12月1日生效）

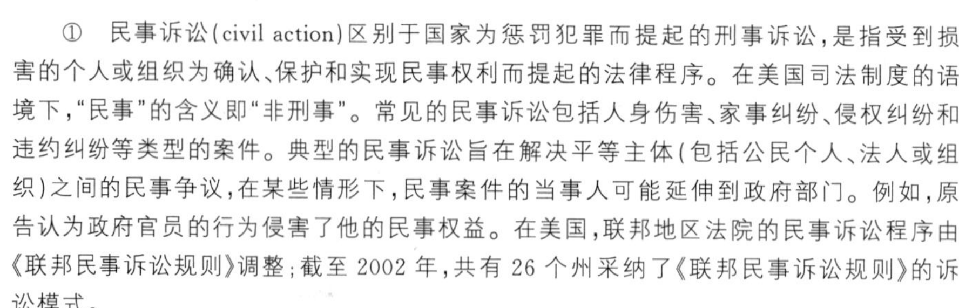

① 民事诉讼（civil action）区别于国家为惩罚犯罪而提起的刑事诉讼，是指受到损害的个人或组织为确认、保护和实现民事权利而提起的法律程序。在美国司法制度的语境下，“民事”的含义即“非刑事”。常见的民事诉讼包括人身伤害、家事纠纷、侵权纠纷和违约纠纷等类型的案件。典型的民事诉讼旨在解决平等主体（包括公民个人、法人或组织）之间的民事争议，在某些情形下，民事案件的当事人可能延伸到政府部门。例如，原告认为政府官员的行为侵害了他的民事权益。在美国，联邦地区法院的民事诉讼程序由《联邦民事诉讼规则》调整；截至2002年，共有26个州采纳了《联邦民事诉讼规则》的诉讼模式。

第二章　诉讼开始;传票、诉答文书、动议及法院命令的送达

第 3 条【诉讼开始】

民事诉讼自原告向法院提交起诉状时开始。

(本条文于 2007 年 4 月 30 日修正,同年 12 月 1 日生效)

第 4 条【传票】

1. 内容;修正

(1)内容

传票应当载明下列事项:

A.明确的法院和当事人;

B.特定的被告;

C.原告有代理律师的,应当载明律师的姓名和住址;如果没有代理律师的,应当载明原告的姓名和住址;

D.说明被告应当出庭和答辩的期间;

E.告知被告如果未能在指定的时间出庭和答辩,法院将依据原告在起诉状中所请求的救济事项,对被告作出缺席判决①;

F.由书记官签名;以及

G.加盖法院的印章。

(2)修正

法院可以准许修订传票。

2. 签发

原告提交起诉状的同时或者之后,可以向书记官提交传票,要求其签名并加盖法院的印章。如果传票的形式符合要求,书记官应当在签名并加盖法院印章后将传票发还给原告,以便由原告向被告送达。如果原告对多名被告提出诉讼请求,应当向每一名被告发送传票或其副本。

3. 送达传票

(1)一般规定

传票应当与起诉状副本一并送达。原告有义务在本条第 13 款允许的期限内送达传票和起诉状,并且应当向负责送达的人士提供必要的

① 关于缺席判决(default judgment)的具体条件,参见本规则第 65 条的规定。

副本。

(2)送达人

送达可以由任何年满 18 周岁并且不是当事人的人士完成。

(3)由执行官[1]或者经特别指定的人士担任送达人

根据原告的请求,法院可以命令联邦法院执行官、副执行官,或者其他经法院特别指定的人士进行送达。如果原告依据《美国法典》[2]第 28 编第 1915 条的规定以贫困者的身份提起贫民诉讼[3]的,或者依据《美国法典》第 28 编第 1916 条的规定以海员身份进行诉讼的,应当由法院指定送达人。

4. 放弃送达传票

(1)请求放弃送达

依据本条第 5 款、第 6 款或者第 8 款的规定,作为送达对象的个人、法人或者非法人组织,均有义务避免为送达传票而产生不必要的费用。原告可以通知被告诉讼已经开始,并且请求被告放弃送达传票。该通知和请求必须:

A.以书面形式作出,并且将下列人士作为收件人:

(a)被告个人;或者

(b)对于依据本条第 8 款的规定送达的被告,交给其管理人员、经营

① 执行官(Marshal),全称为联邦法院执行官(United States Marshal),属于美国政府行政序列的一类执法官员,负责保障法庭的安全、执行法院的命令及处理其他法庭事务。

② 美国法典(United States Code,简称 USC),是指美国对生效的联邦制定法的正式汇编,由众议院的一个委员会负责监督、指导,由政府出版发行。1925 年,美国国会批准了"美国法典"的准备工作;1926 年第 1 版问世,共有 4 卷,包括到 1925 年 12 月 7 日为止的全部有效法律(独立宣言、联邦条例和联邦宪法不包括在内),内容按 50 个标题编排。第 28 编的标题是"司法制度和司法程序"(Judiciary and Judicial Procedure)。法典的标题与章节和原法律标题、章节并不对应,但其中有些标题后来被用作成文法的名称。它在很大程度上取代了具有真正权威的法律,对原法律是一个极具影响力的重述。1934 年新版本出版。此后每六年修订一次,每年有一个补编,收入当年国会通过的法律。废止的法律仍保留在汇编中原来的位置上,只是在后面注明已于某年某月某日被废止。

③ 贫民诉讼(in forma pauperis),是指对贫困的当事人进行诉讼的特别规定。以贫民身份进行诉讼的人士,可以获得诉讼救助,包括免交案件受理费(filing fees)和法庭费用(court costs)等。

代理人[①]、总代理人[②]，或者获得任命或法律授权可以接受传票送达的任何其他代理人；

B.载明受理诉讼的法院名称；

C.附有起诉状副本1份，本条所附的弃权表格副本2份，以及退还该表格的预付费方式；

D.使用本条所附的表格，通知被告放弃和不放弃送达的法律后果；

E.载明发出请求的日期；

F.给予被告在发出放弃送达的请求后至少30日的合理期限。如果送达位于联邦司法管辖区以外的被告，应当给予其至少60日的合理期限，以便其返回放弃送达的表格；以及

G.采用一级邮件或者其他可靠的方式发送。

（2）不放弃送达

如果位于联邦司法管辖区内的被告在没有适当的理由的情形下，未能签署并送还位于联邦司法管辖区内的原告所要求的弃权表格，法院应当责令被告负担：

A.因送达传票而产生的相应费用；以及

B.应原告的请求收取的因送达产生的合理费用，包括律师费。

（3）放弃送达后的答辩时间

如果被告在被送达传票之前，及时地按照原告的请求提交放弃送达的陈述书，被告可以在原告发出放弃送达请求书后的60日内提交针对起诉状的答辩状；如果被告居住在联邦司法管辖区之外的，可以在原告发出放弃送达请求书后的90日内提交针对起诉状的答辩状。

（4）申请弃权的后果

当原告向法院提交放弃送达的陈述书时，如同向被告送达传票和起诉状那样，法院不应当要求原告提交送达证明。

① 经营代理人（managing agent），是指在代理事务时，具有行使自主判断和自由裁量等权限的人士，区别于普通代理人（ordinary agent）。后者在代理事务时，必须在被代理人的指示与控制下实施行为。

② 总代理人（general agent），又译为全权代理人、一般代理人，是指经委托人的授权，在某一个特定的范围内，或者在某一个特定的地区内，有权为委托人处理所有有关业务的代理人。常见的总代理人有代理商（factor）、经纪人（broker）、合伙人（partner）等。

(5)不放弃对司法管辖的异议权和审判地[①]的异议权

放弃送达传票不意味着放弃对对人管辖权[②]或审判地的任何异议权。

5. 向联邦司法管辖区内的个人送达

除联邦制定法另有规定外,向未成年人、无行为能力人或者已经提交放弃送达请求书的人士以外的个人的送达,可以通过下列方式在联邦司法管辖区内进行:

(1)依照受理诉讼的法院所在州的法律,或者送达传票所在州具有一般管辖权[③]的法院所适用的州法律送达传票;或者

(2)依照下列方式之一送达传票:

A.将传票和起诉状副本送交受送达人本人;

B.在送达时将传票和起诉状副本留置于被告住所地或者经常居住

---

① 审判地(venue),是指具有独立司法管辖权的地点,可以在该地点进行特定的诉讼。审判地通常与引起纠纷发生的事件或者与原告、被告有一定的联系。在美国民事诉讼的语境下,审判地与管辖权既有联系又有区别。管辖权的重要性在于确定法院对某一特定案件具有审判的权力,其中涉及联邦法院和州法院审判权限的分工;而审判地则旨在确定可以在某一地点行使司法权。

② 对人管辖权(personal jurisdiction)是对物管辖权(in rem jurisdiction)的对称,指法院对其所审理的案件的当事人(尤其是对被告)所拥有的,作出对其具有约束力的命令的权力。对物管辖权则是指法院所具有的通过裁判诉讼标的物的法律地位,而决定与该物有关的所有当事人的权利义务的权力。在 1982 年的一个案件中,联邦最高法院认为,对人管辖权要求保护个人的自由利益。它对司法权力的限制不是“权力”的问题,而是关于个人自由的问题。对人管辖权的行使,必须使诉讼的进行不违反传统的公正和实质上的正义的理念。对人管辖权涉及个人的权利,该权利是可以放弃的。当事人可以通过各种各样的法律操作来对法院的对人管辖权表示明示的或默示的同意。根据《联邦民事诉讼规则》第 12 条第 8 款的规定,如果以缺乏对人管辖权的抗辩不及时在答辩中或者在相应的诉答程序中提出,就视为放弃该抗辩。而被告放弃抗辩即可构成默示的同意。参见汤维建主编:《美国民事诉讼规则》,中国检察出版社 2003 年版,第 66～67 页。

③ 一般管辖权(general jurisdiction),是指法院具有广泛的审判权限,有权审理各类发生于其辖区内的民事、刑事案件,相对于有限管辖权(limited jurisdiction)和特定管辖权(specific jurisdiction)而言。美国各州的地区法院(其名称不一)即属于具有一般管辖权的初审法院。各州的地区法院对大多数民事案件和所有严重刑事犯罪案件即“重罪”(即可能被判处一年以上监禁的罪行)案件行使管辖权。在地区法院之下,多数州设有治安法院或小额法院,行使有限的管辖权,有权审理部分民事案件(例如简单的民事案件或小额民事案件)以及相对轻微的刑事案件即“轻罪”(即可能被判处一年以下监禁的罪行)案件。

地，交给与其同住的年龄适当并且具有一定判断能力的人士；或者

C.将传票和起诉状副本交给受送达人指定的人士，或者法律规定的可以接受传票送达的代理人。

6. 向位于外国的个人送达

除联邦法律[①]另有规定外，对未成年人、无行为能力人或者提交放弃送达请求书的人士以外的个人的送达，可以在美国司法管辖区范围外的地区进行：

(1)采用国际上协商一致的经合理安排发出通知的送达方式，例如采用《关于向国外送达民事或商事司法文书和司法外文书的海牙公约》[②]规定的送达方式；

(2)如果没有经由国际公约达成一致的送达方式，或者国际公约没有明文规定其他的送达方式，可以在经过合理的考虑后发出通知，采取下列方式送达：

A.外国法律规定的该国具有一般管辖权的法院的送达方式；

B.外国政府机构应美国官方的调查委托或者当事人的请求，指定的送达方式；或者

C.除非外国法律明文禁止，否则可以：

(a)将传票和起诉状副本交给受送达人本人；或者

(b)使用书记官的地址邮寄上述材料，并且要求受送达人在收悉后提

---

① 联邦法律(federal law)，是指由美国宪法(the U.S. Constitution)、联邦制定法(federal statutes)、联邦条例(federal regulations)、美国参加的国际公约(U.S. treaties)以及联邦普通法(federal common law)构成的法律体系。

② 《关于向国外送达民事或商事司法文书和司法外文书的海牙公约》(the Convention on the Service Abroad of Judicial and Extrajudicial Documents in Civil or Commercial Matters)，又称《海牙送达公约》，于 1965 年 11 月 15 日在海牙签订，1970 年 3 月 5 日生效。截至 2021 年 6 月，《海牙送达公约》的缔约方(contracting parties)为 79 个。美国于 1967 年 8 月 24 日签署《海牙送达公约》，未作任何保留。该公约于 1969 年 2 月 10 日对美国生效。我国全国人大常委会于 1991 年 3 月 2 日批准加入《海牙公约》，中国政府于 1991 年 5 月 3 日交存加入书。该公约于 1992 年 1 月 1 日起对中国生效。《海牙送达公约》是海牙国际私法会议制定的有关国际司法协助的重要公约，规定了多种送达方式，包括中央机关转递、外交途径、邮寄等。中国在加入该公约时明确反对第 10 条所列的邮寄送达方式。在司法实践中，依照该公约在我国送达域外司法文书，通常采用中央机关转递的方式。我国批准加入该公约时，指定中华人民共和国司法部作为该公约项下的中央机关，负责向受送达人所在国的中央机关转递送达请求，并且有权接受外国通过领事途径转递的文书。

供带有其签名的送达证明；或者

(3)按照法院的命令，采用不为国际公约所禁止的其他送达方式。

7. 向未成年人或无行为能力人送达

向联邦司法管辖区内的未成年人或者无行为能力人进行送达，应当按照受理案件的法院所在州的法律，或者送达传票所在州具有一般管辖权的法院所适用的州法律或者类似程序送达传票。对于联邦司法管辖区范围外的未成年人或者无行为能力人进行送达，应当按照本条第6款第2A项、第2B项或第3项规定的方式送达。

8. 向公司、合伙企业或非法人组织送达

除联邦法律另有规定或者被告已经提交放弃送达陈述书的情形之外，向国内或者外国公司、合伙企业或者其他应以共同名义进行诉讼的非法人组织进行送达的，应当符合下列要求：

(1)在合众国的任何一个司法管辖区范围内：

A.依据本条第5款第1项的规定，采用向个人送达的方式；或者

B.将传票及起诉状副本交由被告的管理人员、经营代理人或者总代理人，或者经委任或法律授权可以接受诉讼送达的任何代理人，如果该代理人是经法律授权的可接受送达的人士，同时将传票和起诉状的副本分别邮寄给被告；或者

(2)在联邦司法管辖区范围以外的任何地区，适用本条第6款向个人送达的规定，但是依据本条第6款第2C项(a)的规定应当向个人直接送达的除外。

9. 向联邦政府及其政府机构、法人团体、政府官员或雇员送达

(1)联邦政府

向联邦政府送达时，当事人应当：

A.(a)将传票和起诉状副本送交该诉讼所在地区的联邦检察官、助理检察官，或者送交联邦检察官向该法院书记官提交的书面材料中指定的办事人员；或者

(b)将传票和起诉状副本通过挂号信或者保证邮件[①]的方式邮寄给联邦检察官办公室专门负责进行民事诉讼的书记官；

---

① 保证邮件(certified mail)，是指美国的邮政系统向寄件人提供的确认邮件寄达的一项服务。根据寄件人的要求，收件人在收到邮件后必须在邮件附带的“签收回执”(return receipt)上签名，并由邮局将该回执及寄达记录送交寄件人。

B.将传票和起诉状副本通过挂号信或者保证邮件的方式邮寄给位于华盛顿哥伦比亚特区的联邦司法部部长；并且

C.如果该诉讼针对联邦非当事人的机构或其官员所作出指令的效力，原告还应当将传票和起诉状副本通过挂号信或者保证邮件的方式邮寄给该机构或者官员。

(2)政府机构；法人团体；以官方身份应诉的官员或雇员

向联邦政府机构、法人团体，或者仅以官方身份应诉的政府官员或雇员送达的，当事人应当在向联邦政府送达的同时，通过挂号信或者保证邮件的方式向政府机构、法人团体、官员或者雇员送达传票和起诉状副本。

(3)以个人身份被单独起诉的官员或雇员

向以个人身份被单独起诉、与代表联邦政府履行的职责有关的作为或不作为的政府官员或雇员送达时(无论该官员或雇员是否也以官方身份被起诉)，当事人应当在向美国联邦政府送达的同时，依据本条第5款、第6款或第7款的规定向该官员或雇员送达。

(4)延长期限

在下列情形下，法院应当给予当事人合理的时间，用以补救其未能及时送达：

A.如果当事人曾向联邦检察官或者联邦司法部部长送达，还需依据本条第9款第2项的规定向需要送达的人士送达；或者

B.如果当事人曾向联邦政府官员或雇员送达，还需依据本条第9款第3项的规定向联邦政府送达。

10. 向外国政府、州政府或者地方政府送达

(1)外国政府

向外国政府及其政治分支机构、行政机构或者办事机构送达，适用《美国法典》第28编第1608条所规定的送达方式。

(2)州政府或地方政府

向外国州政府或地方政府、市政公司或者任何其他由该州设立的政府组织送达，应当符合下列要求：

A.将传票和起诉状副本交付该州或地方政府的首席行政官员；或者

B.采用该州法律规定的关于向被告送达传票或者其他类似诉答文书的方式送达。

11. 有效送达的地域限制

(1)一般规定

一旦送达传票或者提交放弃送达陈述书,即确立对下列被告的对人管辖权:

A.受联邦地区法院所在州的一般管辖权法院管辖的当事人;

B.依据本规则第 14 条或者第 19 条的规定参加诉讼,并且在联邦司法管辖区范围内距传票发出地 100 英里(1 英里约等于 1.609 千米)以内地区被送达的当事人;或者

C.在获得联邦制定法①授权时。

(2)向联邦法院提出的诉讼请求超出州法院管辖范围的情形

对于依据联邦制定法提出的诉讼请求,在下列情形下,一旦送达传票或者提交放弃送达陈述书,即确立对被告的对人管辖权:

A.被告不受任何具有一般管辖权的州法院的管辖;以及

B.行使管辖权符合《美利坚合众国宪法》和联邦制定法的规定。

12. 送达证明

(1)必须提供宣誓书②

如果被告没有放弃送达,送达人应当向法院提交送达证明。除了由联邦执行官、副执行官进行送达外,其他送达人应当以宣誓书的形式向法院提交该送达证明。

(2)向联邦司法管辖区以外的地区送达

向联邦司法管辖区以外的地区送达,送达人提交的送达证明应当符合下列要求:

A.如果适用本条第 6 款第 1 项规定的送达方式,送达人应当根据有关条约或者公约的规定提交送达证明;或者

B.如果适用本条第 6 款第 2 项、第 3 项规定的送达方式,送达人应当提交受送达人签署的回执,或者通过其他证据向法院证明传票及起诉状副本已经送达受送达人。

(3)送达的有效性;修订送达证明

送达人未能提交送达证明不影响送达的有效性。法院可以允许修订

---

① 联邦制定法(federal statute),是指由美国国会制定的法律。由州立法机关制定的法律则称为州制定法(state statute)。

② 宣誓书(affidavit),是指声明人在公证人或类似的官员面前签署的一份陈述书,声明人以宣誓的方式郑重声明所陈述的事实为真实的。经过宣誓的声明人如果作虚假陈述,即构成伪誓罪或伪证罪,将受到法律的惩罚。

送达证明。

13. 送达期限

如果在原告提交起诉状后90日内未向被告送达的，法院应当在不损害被告合法权益的情形下，在通知原告之后，根据当事人的动议或者依职权作出驳回起诉的裁定，或者命令原告在指定期限内送达。但是，如果原告提出了充分的理由，法院应当适当地延长送达期限。本款规定不适用于依据本条第5款、第8款第2项或者第10款第1项的规定在国外进行的送达，或者依据本规则第71.1条第4款第3A项的规定送达的通知书。

14. 主张对财产或资产的管辖权

(1)依照联邦制定法的规定

如果得到联邦制定法的授权，法院可以对被告的财产主张管辖权，并且依照联邦制定法的规定或者采用本条规定的送达传票的方式，向财产请求人送达通知。

(2)依照州法律的规定

如果有证据表明，在提起诉讼的地区采用本条关于送达传票的方式并且经过合理的努力，仍无法获得对被告的对人管辖权，法院可以对所发现的被告在本地区的财产主张管辖权。在此情形下，法院可以依据联邦地区法院所在州的法律规定的方式，通过扣押被告在本地区的财产的方式，取得对被告的管辖权。

附:有关本规则第4条的诉讼通知样式、放弃送达传票的表格样式(略)

(本条文于1963年1月21日修正，同年7月1日生效；1966年2月28日修正，同年7月1日生效；1980年4月29日修正，同年8月1日生效；1983年1月12日修正，同年2月26日生效；1987年3月2日修正，同年8月1日生效；1993年4月22日修正，同年12月1日生效；2000年4月17日修正，同年12月1日生效；2007年4月30日修正，同年12月1日生效；2015年4月29日修正，同年12月1日生效；2016年4月28日修正，同年12月1日生效；2017年4月27日修正，同年12月1日生效)

第4.1条【其他令状的送达】

1. 一般规定

除送达本规则第4条规定的传票或者第45条规定的传票外，送达程

序应当由联邦执行官、副执行官或者法院为此目的而特别指定的人士负责实施。送达程序可以在联邦地区法院所在州的地域范围内的任何地点进行，如果获得联邦制定法的授权，也可以超出上述范围进行。送达应当依据第 4 条第 12 款的规定提供送达证明。

2. 执行法院命令：对民事藐视法庭行为[①]的处罚

为执行联邦制定法，法院可以发出命令，认定某人违反判决或者禁令的行为构成民事藐视法庭行为。该命令可以在联邦任何司法管辖区送达和执行。法院在民事藐视法庭诉讼中发出的任何其他命令，只能在签发法院所在的州或者距离该命令发出地 100 英里范围内的其他地点送达。

（本条文于 1993 年 4 月 22 日增设，同年 12 月 1 日生效；2007 年 4 月 30 日修正，同年 12 月 1 日生效）

第 5 条【送达和提交诉答文书及其他文书】

1. 送达：何时需要

（1）一般规定

除本规则另有规定外，下列每一份文件都应当送达各方当事人：

A.说明为何需要送达的法院命令；

B.在原起诉状送达后提交的诉答文书，但是依据本条第 3 款的规定，因为案件有多名被告，法院另行作出命令的除外；

C.需要送达当事人进行证据开示的文书，但法院另行作出命令的除外；

D.当事人的书面动议，但法院可以单方听取的动议除外；以及

① 藐视法庭行为（contempt，contempt of court or judicial contempt），是指藐视法庭、法律权威或尊严的行为所构成的犯罪。这种行为有可能发生在法庭上，也可能发生在法庭外。在民事诉讼中，藐视法庭的行为通常表现为不遵从法庭的命令或不履行法律规定的义务。由于这种行为妨害了司法的运行，因此必须予以惩罚。惩罚的方式通常为处以罚金或处以最高可达 6 个月的监禁。这种惩罚可以立即交付执行。

E.书面通知、出庭通知、书面要求、判决提议①或者其他诉讼文书。

(2)如果一方当事人未出庭

对于未出庭的当事人无须送达。但是,如果一方当事人在诉答文书中对该当事人提出新的救济请求或者追加诉讼请求的,应当依据本规则第4条的规定向其送达传票。

(3)扣押财产

在因扣押财产而启动的诉讼程序中,如果不需要有人成为或被列为被告时,对于提交出庭通知、答辩状、诉讼请求之前所要求的任何送达,应当向扣押财产时保管或者占有该财产的人士送达。

2. 送达方式

(1)向律师送达

如果当事人由律师代理诉讼,依据本条的规定,应当向律师送达,除非法院作出命令,应当向当事人送达。

(2)送达的一般方式

依据本条的规定,诉答文书应当按照下列方式送达:

A.直接交付当事人;

B.留置在下列地点:

(a)当事人的办公室,交给其秘书或者办公室的主管人员;如果没有主管人员的,放在办公室明显的位置;或者

(b)如果当事人没有办公室或者办公室已关闭的,在其住所地或者经常居住地,交给与其同住的年龄适当并且具有一定判断能力的人士;

C.通过邮递方式寄送至当事人最后一个为人所知的地址,在此情形下,交邮即完成送达;

D.如果不知道对方当事人的邮寄地址,应当交存于法院书记官处;

E.提交法院电子存档系统或者以对方当事人书面同意的其他电子方

① 判决提议(offer of judgment),又译为判决要约、判决方案的要约,是指在民事诉讼中,一方当事人为解决争议而提出的要约。美国联邦及多数州的民事诉讼规则规定,在案件开庭审理前,一方当事人可以向对方当事人送达其解决争议的提议,建议法院依照该提议中指定的金钱、财产或者后果作出对其不利的判决。如果在该提议送达后,对方当事人书面通知其接受提议的,则任何一方当事人可以将该提议、接受提议的通知及送达证明提交给法庭。据此,书记官将判决登记在案。如果对方当事人拒绝接受该提议的,而该方当事人最终获得的判决结果并不比提议更为有利,该方当事人应当负担该提议作出之后所产生的诉讼费用。《联邦民事诉讼规则》第68条对此作了具体的规定。

式将其发送给注册用户，提交或者发送即完成送达，但是，如果文件编档员或者发件人得知文件并未实际送达当事人的，送达无效；或者

F.通过该当事人书面同意的任何其他方式送达，在此情形下，当送达人将文件送至指定的机构时，即完成送达。

（3）使用法庭设施（本项已于 2018 年 4 月 26 日废止）

3. 向多名被告送达

（1）一般规定

如果一项诉讼涉及的被告人数众多，法院可以根据当事人的动议或者依职权作出下列命令：

A.被告之间不必相互送达被告的诉答文书或者再答辩状；

B.上述诉答文书或者再答辩状中的任何交叉请求[①]、反诉、规避或者积极抗辩[②]，将被视为所有其他当事人的否认或者规避；以及

C.提交上述诉答文书并将其送达原告的行为，视为向各方当事人送达诉答文书的通知。

（2）通知当事人

上述各类命令的副本应当按照法院的指令送达各方当事人。

4. 文书的提交

（1）要求提交的文书；送达证明

A.起诉后提交的文书。当事人提起诉讼后需要送达的任何文书，都应当在送达后合理的时间内提交。但是，依据本规则第 26 条第 1 款第 1 项、第 2 项的规定要求披露的文书，以及下列证据开示请求和答辩的文书，可以在诉讼中需要时或者根据法院的命令提交，包括录取证言、质询、

---

① 交叉请求（crossclaim），又称为交叉诉讼（cross-action），是指共同诉讼人（包括共同被告或共同原告）中的一个当事人可以在诉辩状中对其他共同诉讼人提出诉讼请求。由于该请求不是针对对方当事人，而是针对同一方当事人中的其他共同诉讼人，故与针对对方当事人的反诉不同。根据《联邦民事诉讼规则》第 13 条的规定，交叉请求应当是基于作为本诉或反诉的诉讼标的的交易或事件而产生的请求，或者与作为本诉之诉讼标的物的财产有关的请求。

② 积极抗辩（affirmative defence），又译为肯定性答辩，是指在民事诉讼中，被告并不否认原告所主张的事实的真实性，而是提出其他的理由来说明为什么自己不应承担责任的抗辩。在此情形下，被告并不反驳原告诉讼请求的真实性，而只是否认原告在法律上享有起诉的权利。所有的积极抗辩都应当在诉答文书中提出，并由被告对其所主张的事由负证明责任。在民事诉讼中，这些事由包括和解和清偿、自担风险、共同过失、胁迫、时效以及禁反言等。

对文件或证物的请求、对准许进入土地的请求以及对自认的请求[①]。

B.送达证明。通过法院的电子存档系统送达文书，无须提供送达证明。但以其他方式送达文书的：

(a)如果文书已提交，应当在送达后的合理期限内提交送达证明；以及

(b)如果文书未提交，无须提交送达证明，除非依据法院的命令或者地方规则的要求需要提交。

(2)非电子文书的提交

未能以电子方式提交的文书，应当通过下列方式提交：

A.提交给书记官；或者

B.经法官的允许提交给法官。在此情形下，法官应当在诉答文书上注明提交日期并及时将文书转交书记官。

(3)电子文书的提交和签名

A.由当事人的代理人提交的一般要求；例外情形。由律师代理的当事人应当以电子方式提交文书，除非法院基于适当的理由允许当事人以非电子方式提交，或者地方规则允许或要求当事人以非电子方式提交。

B.仅在允许或者确有必要时，才能由没有律师代理的当事人自行提交文书：

(a)只有根据法院的命令或者在地方规则允许的情形下，才能以电子方式提交；以及

(b)只有根据法院的命令或者根据包含合理例外的地方规则的要求，才能以电子方式提交。

C.签名。通过当事人电子账户提交并且经其授权的文件，连同签名栏上的该当事人的姓名，构成该当事人的签名。

D.与书面文书具有同等的效力。以电子方式提交的文书属于本规则

① 对自认的请求(requests for admission)，是指在民事诉讼的审前证据开示过程中，一方当事人向另一方当事人送达书面事实陈述书，要求其承认《联邦民事诉讼规则》第 26 条第 2 款范围内事项的真实性。请求自认既可包括对有关事实的陈述或评论，也可以是关于法律适用的意见。与其他开示方法不同，请求自认主要不是用来查明案件事实和获取有关证据资料，而是用来剔除经过自认的事实，缩小争点范围，加快诉讼进程，避免程序的拖延。对方当事人应当根据《联邦民事诉讼规则》的规定和法院的命令，承认、否认或者反对陈述书中的实质性问题。被承认的事实，以及未被否认或反对的事实，将被法院认定为已确定的事实，无须在开庭审理过程中予以证明。

中的书面文书。

(4)由书记官接收

书记官不得仅仅因为当事人提交的文书不符合本规则、地方规则或者司法实务的要求而拒绝接受当事人提交的文书。

(本条文于1963年1月21日修正,同年7月1日生效;1970年3月30日修正,同年7月1日生效;1980年4月29日修正,同年8月1日生效;1987年3月2日修正,同年8月1日生效;1991年4月30日修正,同年12月1日生效;1993年4月22日修正,同年12月1日生效;1996年4月23日修正,同年12月1日生效;2000年4月17日修正,同年12月1日生效;2001年4月23日修正,同年12月1日生效;2006年4月12日修正,同年12月1日生效;2007年4月30日修正,同年12月1日生效;2018年4月26日修正,同年12月1日生效)

第5.1条【对法规合宪性的质疑:通知、证明和干预】

1. 由当事人发出的通知

当事人通过提交诉讼请求、书面动议或者其他文书,对联邦制定法或者州制定法的合宪性问题提出质疑的,应当符合下列要求:

(1)提交有关宪法问题的通知,阐明有关问题,并且区分下列情形明确指出引发该问题的文书:

A.如果对联邦制定法提出合宪性质疑,且各方当事人不包括美国联邦政府、政府机构或者其中一名具有官方身份的官员或者雇员;或者

B.如果对州制定法提出合宪性质疑,且各方当事人不包括州政府、政府机构或者其中一名具有官方身份的官员或者雇员;以及

(2)如果对联邦制定法提出合宪性质疑,应当向联邦司法部部长送达通知及相关文书;如果对州制定法提出合宪性质疑,应当向州司法部部长送达通知及相关文书。当事人可以通过保证邮件或挂号信的方式送达,也可以通过电子邮件的方式送达司法部部长专门指定的电子邮箱地址。

2. 由法院确认质疑

法院应当依据《美国法典》第28编第2403条的规定,向分管该事务的司法部部长确认相关法规合宪性受到质疑的事实。

3. 干预;对问题的最终决定

除非法院设定了更长的期限,否则司法部部长可以在通知提交后60日内或者在法院确认质疑后进行干预,以较早者为准。在干预期限届满之前,法院可以裁定驳回该法规合宪性的质疑,但不得作出认定该法规违宪的终局判决。

4. 不丧失权利

如果当事人未能提交和送达有关通知,或者法院未能对合宪性质疑进行确认,该当事人并不丧失以其他方式及时提出宪法性请求或者抗辩的权利。

(本条文于2006年4月12日增设,同年12月1日生效;2007年4月30日修正,同年12月1日生效)

第5.2条【向法院所提交文书的隐私保护】

1. 修订文书的要求

除法院的命令另有规定外,向法院提交的电子文书或者纸质文书中如果包含个人的社会保险号码、纳税人身份证号、出生日期、已知未成年人的姓名或者财务账号,原始文书应当由案件当事人或者非当事人按下列要求修订后提交:

(1)仅保留社会保险号和纳税人身份证号的最后四位数字;

(2)仅保留个人的出生年份;

(3)仅保留未成年人的姓氏首字母;以及

(4)仅保留财务账号的最后四位数字。

2. 修订要求的例外

对文书的修订要求不适用于以下事项:

(1)在没收财产诉讼[①]中,用以确定将被没收的财产的财务账号;

(2)行政裁决程序[②]或者行政程序[③]中的原始记录;

(3)州法院诉讼程序中的正式记录;

---

① 关于没收财产诉讼(forfeiture action in rem)的规定,详见本规则的附则《海事或海商请求和资产扣押诉讼补充规则》(Supplemental Rules for Admiralty of Maritime Claims and Asset Forfeiture Actions)第7条。

② 行政裁决程序(administrative proceeding),是指行政机关所进行的听证、询问、调查或审理程序,通常用于行政机关作出裁决性决定。

③ 行政程序(agency proceeding),是指美国联邦行政机关的工作程序。

(4)法院或者法庭的记录，如果该记录在最初提交时不受修订要求的约束；

(5)本条第3款或第4款规定的文书；以及

(6)依据《美国法典》第28编第2241条、第2254条或者第2255条的规定，无律师代理的当事人本人提起的诉讼中所提交的文书。

3. 对远程访问电子文书的限制；社会保障上诉案件和移民案件

除法院的命令另有规定外，在依据《社会保障法》提起的福利诉讼案件中，以及与驱逐令、遣返救济、移民福利或者移民拘留有关的诉讼案件中，对远程访问电子文书的授权如下：

(1)当事人及其代理律师可以远程访问案件电子档案的完整内容，包括行政记录在内；

(2)任何其他主体可以在法院通过电子方式查阅案件电子档案的完整内容，但是只能通过远程访问的形式查阅：

A.由法院保存的案卷；以及

B.法院的认定、命令、判决或者其他决定，但是不得查阅案件电子档案其他部分内容或者行政记录。

4. 文书封存

法院可以命令在不作任何修订的情形下封存原始文书。法院其后可以启封该文书，或者命令提交文书的当事人提交修订版作为案件档案材料。

5. 保护令①

在诉讼程序中，法院可以基于适当的理由作出下列命令：

(1)要求修订其他信息；或者

(2)限制或者禁止非当事人远程电子访问提交给法院的文书。

6. 选择提交密封的未修订的文书

有关人士在提交已修订文书的同时，也可以提交密封的未经修订的

---

① 保护令(protective order)，是指法院作出的禁止或限制某当事人从事某些不当行为的命令，以保护对方当事人或第三人免受骚扰或滥诉之苦。在家事案件中，保护令又称为限制令(restraining order)，是指由法院作出的用以保护某人免受进一步骚扰或伤害的命令。例如，在家庭暴力或者虐待案件中，法院可以基于一方当事人的申请，颁发保护配偶一方免受另一方人身伤害或者子女免受父母虐待的紧急保护令(emergency protective order)。此项保护令作为一种临时禁令(temporary injunction)，仅在诉讼进行期间有效。

文书的副本。在此情形下,法院应当保留未经修订的文书的副本,作为案件档案材料的组成部分。

7. 选择提交参考列表

包含已修订信息的文书可以与参考列表一并提交。该列表应当对所有经修订的信息项进行标识,并指定与所列每一项信息唯一对应的适当标识符。该列表应当密封保存,并且可以基于法定权利进行修订。在案件审理中,针对所列标识符的任何引用都将被解释为引用对应的信息项。

8. 放弃对标识符的保护

如果当事人放弃依照本条第1款中对个人隐私信息的保护,那么该当事人提交的文书无须修订或者密封保存。

(本条文于2007年4月30日增设,同年12月1日生效)

第6条【期间的计算和延长;提交书面动议的时间】

1. 计算期间

本条的规定适用于计算本规则、任何地方规则或者法院命令中规定的任何期间,也适用于未指定计算期间方法的制定法中的任何期间:

(1)以天数或者更长的单位表示的期间

当该期间以天数或者更长的时间单位表示时:

A.不包括引发该期间的事件的日期;

B.按天数计算的,包括期间经过的星期六、星期日和法定节假日;以及

C.包括期间的最后一天,但如果最后一天是星期六、星期日或法定节假日,该期间将持续到星期六、星期日或法定节假日过后的第二天结束。

(2)以小时为单位表示的期间

当该期间以小时为单位表示时:

A.在引发该期间的事件发生后立即开始计算时间;

B.按小时计算的,包括期间经过的星期六、星期日和法定节假日的时间;以及

C.如果该期间将在星期六、星期日或法定节假日结束,该期间将持续到第二天的同一时间结束,而不是星期六、星期日或法定节假日。

(3)无法进入书记官办公室的情形

除法院命令另有规定外,在出现无法进入书记官办公室的情形时,期间的计算方式如下:

A.依据本条第1款第1项的规定提交申请的最后一日内,提交申请

的时间可以延长至非星期六、星期日或法定节假日的可以进入书记官办公室首日的同一时间；或者

B.依据本条第 1 款第 2 项的规定提交申请的最后一小时内，提交申请的时间可以延长至非星期六、星期日或法定节假日的可以进入书记官办公室首日的同一时间。

(4)对“最后一日”的定义

除联邦制定法、地方规则或者法院命令另有规定外，“最后一日”在符合下列条件时结束：

A.以电子方式提交申请的，在法院所在地所属时区的午夜结束；

B.以其他方式提交申请的，在书记官办公室的例行关闭时间结束。

(5)对“次日”的定义

“次日”是指如果期间从某事件发生之后起算，以向前计算的方式确定；如果期间从某事件发生之前起算，以向后计算的方式确定。

(6)对“法定节假日”的定义

“法定节假日”特指：

A.法律规定的庆祝或者纪念新年、小马丁·路德·金的生日、华盛顿的生日、阵亡将士纪念日、独立日、劳动节、哥伦布节、退伍军人节、感恩节或圣诞节；

B.由总统或国会宣布为公共假期的任何一日；以及

C.针对在事件发生后起算的期间，任何由联邦地区法院所在的州宣布为公共假期的其他日期。

2. 延长期间

(1)一般规定

如果某项行为可以或者必须在规定的时间内作出，法院可以基于适当的理由延长该期间：

A.不论是否有当事人的动议或者通知，法院可以在指定的期间或者延长的期间届满前依职权或者依申请延长该期间；或者

B.如果当事人在法院指定的期间届满之后提交动议，只能在当事人具有可原谅的疏忽而未能完成行为的情形下才可以延长该期间。

(2)例外情形

法院不得依据本规则第 50 条第 2 款、第 4 款，第 52 条第 2 款，第 59 条第 2 款、第 4 款、第 5 款以及第 60 条第 2 款的规定延长期间。

3. 动议、听证通知和宣誓书

(1)一般规定

听证会的书面动议和通知应当在听证期日之前至少14日送达,但下列情形除外:

A.动议可以由法院单方面听取的;

B.本规则对时间另有规定的;或者

C.当事人基于适当的理由单方向法院提出动议,法院在命令中规定了不同时间的。

(2)支持性宣誓书①

任何支持当事人动议的宣誓书都应当与该动议一并送达。除本规则第59条第3款另有规定外,任何反对当事人动议的宣誓书最迟应当在听证会日期的7日前送达,除非法院准许在其他时间送达。

4. 在以某些方式完成送达后的追加时间

依据本规则第5条第2款第2C项(邮寄方式)、第2D项(交存书记官的方式)或者第2F项(经当事人同意的其他方式)的规定,如果当事人可以或者应当在送达后的规定时间内作出某一行为,那么依据本条第1款的规定在期间届满后追加3日。

(本条文于1946年12月27日修正,1948年3月19日生效;1963年1月21日修正,同年7月1日生效;1983年4月28日修正,同年8月1日生效;2007年4月30日修正,同年12月1日生效)

① 支持性宣誓书(supporting affidavit),是指当事人为支持某项请求而向法院提出的宣誓书,如请求延期审理(motion for continuance)的宣誓书、申请签发禁令(application for injunction)的宣誓书等。

第三章　诉答文书和书面动议

第7条【允许提出的诉答文书；动议[①]和其他文书的格式】

1. 诉答文书

允许提交的诉答文书如下：

(1)起诉状；

(2)针对起诉状的答辩状；

(3)针对被认定为反诉的反诉答辩状；

(4)针对交叉请求的答辩状；

(5)第三人之诉的起诉状；

(6)针对第三人之诉起诉状的答辩状；以及

(7)依据法院的命令，针对答辩状的答辩。

2. 动议和其他文书

(1)一般规定

请求法院作出命令应当通过动议提出。该动议应当符合下列条件：

A.以书面形式作出，除非在听证或者庭审期间；

B.具体说明请求法院作出命令的理由；以及

C.说明所寻求的救济。

(2)格式

诉答文书中有关标题和其他格式事项的规则同样适用于动议和其他文书。

(本条文于1946年12月27日修正，1948年3月19日生效；1963年1月21日修正，同年7月1日生效；1983年4月28日修正，同年8月1日

① 动议(motion)是当事人向法院或法官提出的、请求作出对申请人有利的裁决、命令或指示的行为。这种申请通常在诉讼过程中提出，而且一般应当在通知对方当事人后提出；但在某些案件中，也可以不经通知对方当事人而直接提出动议，称为单方面动议(ex parte motion)。动议在程序上一般包括以下阶段：动议方发出通知，将支持动议的法律备忘录(memorandum of law)与宣誓证词(affidavit)送达对方并在法院备案；非动议方将反对动议的法律备忘录与宣誓证词送达对方并在法院备案；法官阅读双方提交的文书与证据(包括当事人的证词)后举行听证会(hearing)并作出决定。在必要时，主审法官可就动议举行听证会，指示双方当事人就该动议进行辩论，法官在充分听取双方意见后作出决定。为加快案件的处理进度，法官也可根据双方的书面陈述对动议作出裁决。

生效;2007 年 4 月 30 日修正,同年 12 月 1 日生效)

第 7.1 条【信息披露①陈述书】

1. 应当提交的主体;陈述书的内容

(1)非政府公司

非政府公司当事人或者拟参与诉讼的非政府公司应当提交陈述书,其内容包括:

A.确认拥有其 10%或以上股份的任何母公司或者任何上市公司;或者

B.说明不存在此类公司。

(2)异籍案件中的当事人或诉讼参加人

除非法院的命令另有规定,在依据《美国法典》第 28 编第 1332 条第 1 款的规定确定司法管辖权的异籍案件中,当事人或者诉讼参加人应当提交披露陈述书。在下列情形下,陈述书应当载明并确认作为该当事人或者诉讼参加人的每一个公民或者组织的国籍或身份:

A.当诉讼案件在联邦法院提起,或者被移送至联邦法院;以及

B.此后发生的任何事件,可能影响法院依据《美国法典》第 28 编第 1332 条第 1 款的规定确定案件的司法管辖权。

2. 提交的时间;补充文书

当事人、诉讼参加人或者拟参与诉讼的人应当:

(1)向法院提交信息披露陈述书以及其首次出庭、请求、申诉、动议、答辩或者向法院提交的其他请求文书;以及

(2)如有任何必要的信息发生更改,应立即提交补充陈述书。

(本条文于 2002 年 4 月 29 日增设,同年 12 月 1 日生效;2007 年 4 月 30 日修正,同年 12 月 1 日生效;2022 年 4 月 11 日修正,同年 12 月 1 日生效)

---

① 信息披露(disclosure)在不同的法律部门有不同的含义。在美国的民事诉讼中,信息披露是指根据民事诉讼规则的要求,一方当事人依法向对方当事人公开此前不为对方所知悉的信息的行为或程序。在最初披露(initial disclosure)程序中,当事人无须等待对方当事人关于证据开示的请求,应当主动向对方当事人披露姓名、地址、电话号码等基本情况,所掌握的相关的文件、物证,损害赔偿计算方式,相关的保险协议等信息。在证据开示(discovery)程序中,这种信息披露又称为强制披露(compulsory disclosure)、自动披露(automatic disclosure)。

第 8 条【诉答文书的一般规则】

1. 请求获得救济

请求获得救济的诉答文书应当包含下列事项：

(1)对法院对该请求享有管辖权的理由作出简要陈述，除非法院已取得对案件的管辖权，且当事人的诉讼请求不需要新的管辖权理由；

(2)对诉讼请求的简要陈述，表明请求人有权获得救济；以及

(3)对所寻求救济的要求，其中可能包括替代性救济方式或者不同类型的救济方式。

2. 抗辩；承认和否认

(1)一般规定

在针对诉答文书进行应答时，一方当事人应当：

A.简要陈述其对每一项诉讼请求的答辩意见；以及

B.承认或者否认对方当事人对其提出的指控。

(2)否认——对实质问题的答辩

如果一方当事人作出否认，他应当对所指控的实质问题作出公允的答辩。

(3)一般和具体否认

当事人可以通过一般否认的方式，基于善意否认诉答文书中包括管辖权理由在内的所有指控。无意否认所有指控的当事人，应当明确否认特定的指控，或者一般否认除明确承认的指控以外的所有指控。

(4)否认部分指控

基于善意仅否认部分指控的当事人应当承认真实的部分，而否认其余的部分。

(5)缺乏知识或者信息

如果一方当事人缺乏充分的知识或者信息，无法形成对指控真实性的信念，当事人应当作出具有否认效果的陈述。

(6)未能否认指控的后果

除了与损害赔偿金额有关的指控外，对于所有需要进行应答答辩[①]的诉答文书，如果当事人对指控未予以否认，即视为自认。对于无须进行

---

① 应答答辩(responsive pleading)，又译为应答性文书，是指对对方当事人的前次诉答作出回应的文书。

应答答辩的诉答文书，如果当事人对指控未予以否认，则视为指控被否认或者主张指控无效。

3. 积极抗辩

(1)一般规定

在对诉答文书进行应答时，当事人应当明确地陈述于己有利的规避事由或者进行积极抗辩，该事由包括：

- 和解和清偿①；
- 仲裁和裁决；
- 自担风险②；
- 混合过失③；
- 胁迫；

① 和解和清偿(accord and satisfaction)是解除债务的一种方法，即双方当事人协议由一方为一定给付而另一方接受，从而解除债务。具体而言，和解(accord)是指由双方当事人基于合意达成一个新的待履行的和解协议(executory accord)，而清偿(satisfaction)是指对该协议的履行。这样的安排实际上是以一个新的协议来取代原协议，以履行新协议取代原有义务的履行，因此新的协议也必须具备有效合同的所有要素。

② 自担风险(assumption of risk)，又译为自甘风险，是指根据法律的规定，当事人不得就自己同意遭受的损害(包括财产损失、人身伤害等)获得补偿，即如果当事人自愿置身于其觉察和了解的危险中，则不得就为此所受损害获得赔偿。自担风险是一种侵权法上的抗辩，其构成要件包括：(1)当事人对构成危险情形的事实已有了解；(2)当事人知道该情形正处于危险之中；(3)当事人对危险的性质或者程度有鉴别能力；(4)当事人自愿置身于危险之中。但是，自担风险原则在原告的行为符合救助义务或者人道主义原则时不得适用。此外，自担风险原则在劳工赔偿诉讼及交通事故保险诉讼中的适用也受到一定的限制。

③ 混合过失(contributory negligence)，又译为与有过失、共同过失，是指由于原告本身的疏忽，并且在其所诉称的由于被告过错而导致的损害中，原告的过失亦构成致损原因的部分或者全部。在英美普通法上，只要有证据证明原告对其安全未尽到合理的注意义务，即可认定原告本人对损害的发生具有过失，据此可以相应地免除或者减轻被告的赔偿责任。但是，未成年人的过失行为不构成混合过失，雇员的行为不一定构成混合过失，紧急避险行为也不一定构成混合过失。

- 禁反言[①]；
- 对价无效[②]；
- 欺诈行为[③]；
- 非法行为；
- 由共同雇员造成的伤害[④]；
- 怠于行使权利[⑤]；

① 禁反言(estoppel)是英美普通法上一项重要的证据法原则，是指禁止当事人提出与其先前的言行相反的主张；即对于当事人先前的行为、主张或者否认，禁止其在此后的法律程序中反悔，否则将会对他人造成损害。如果一方当事人因另一方当事人的陈述产生依赖，那么根据诚实信用原则，另一方当事人不得否认其先前的陈述。一般而言，禁反言分为三种主要类型，包括因已订立合同的禁反言(estoppel by contract; estoppel by deed)、因已记录在案的禁反言(estoppel by record)和因已有行为的禁反言(estoppel by conduct; estoppel in pais)。其中，前两类被称为普通法上的禁反言(legal estoppel)，后一类被称为衡平法上的禁反言(equitable estoppel)。

② 对价无效(failure of consideration)，又译为缺乏对价，是指缔约时当事人所期待的合同的对价，因事物内在的瑕疵或当事人的全部或部分不履行而变得无价值或不存在了。对价是英美合同法中的一个重要概念，其含义是指一方为换取另一方做某事的承诺而向另一方支付的金钱代价或得到该种承诺的代价。当事人一方在获得某种利益时，必须给付对方相应的代价。对价无效是合同纠纷及票据纠纷中的一种重要的抗辩事由。

③ 欺诈行为(fraud)，是指故意或过失地对某一事实作出虚假陈述或者隐瞒某一重要事实，诱使他人作出某一行为并因此受到损害。无论通过言词或行动，只要有意欺骗他人，造成或企图造成他人损害的，均为欺诈行为。欺诈通常是一种侵权行为，在某些情形下(例如故意欺诈)，可能构成犯罪行为。

④ 由共同雇员造成的伤害(injury by fellow servant)是一项普通法原则，在受伤雇员对雇主提起的损害赔偿诉讼中，雇主可以伤害系由其他共同雇员的过失所致，应由共同雇员全部或者部分承担损害赔偿责任为由，主张减轻或者免除自己的责任。该原则是由英国1837年的普利斯特利诉福勒(Priestly v. Fowler)一案所确立的，后在1880年《雇主责任法》(Employer's Liability Act)中受到限制，并被1948年《法律改革(人身伤害)法》[Law Reform (Personal Injuries) Act]所废止。在美国，该原则已经被《联邦雇主责任法》(Federal Employers' Liability Act)及相关的劳工赔偿法所废止。

⑤ 怠于行使权利(laches)，是指权利人未能及时行使权利或提出请求，导致不合理的拖延，又称为"在权利上睡觉"(sleeping on rights)。作为英美法系衡平法上的一项制度，怠于行使权利制度的根据是"衡平法佐助警醒者，而不佐助怠惰者"(equity aids the vigilant and not the indolent)这一衡平原则。所以，与普通法上的时效制度类似，如果原告疏于主张其权利或者有不合理的拖延，而其疏忽和拖延已经损害了对方当事人的利益，那么法院可以拒绝原告提出的救济请求。

• 获得许可[①]；

• 履行[②]；

• 免除[③]；

• 既判力[④]；

• 有关防止欺诈的法律[⑤]；

• 有关诉讼时效的法律[⑥]；以及

---

① 获得许可(license)，是指获得做某事的许可，例如，获得土地所有人的许可，有权合法地进入他人所有的土地进行特定的行为。如果未经许可，进行该行为就是违法的。这种权利通常是不可转让的。

② 履行(payment)，又译为支付，此处是指对合同中的义务的履行(performance)或者对法律所规定的债务的清偿(satisfaction，discharge)，例如支付金钱或者交付财物。

③ 免除(release)有多种含义，在民事诉讼中，通常指债权人免除债务人应当承担的债务或责任，或放弃某项权利或对债务人提出的某项可以强制执行的请求。

④ 既判力(res judicata)，又译为既决事项或一事不再理。它是指具有完全事物管辖权的法院作出的终局判决对当事人及其利害关系人的权利具有决定的作用，同时该判决绝对地阻止他们就同一请求和诉因再行起诉。既判力的适用包括三个基本的条件，即：(1)存在一个确定该争点的决定；(2)存在一个关于双方权利义务关系的最终判决；(3)涉及原诉的当事人或者与原诉当事人存在密切关系的当事人。

⑤ 有关防止欺诈的法律(statute of frauds)起源于英国国会于1677年通过的《防止欺诈与伪证法》(An Act for the Prevention of Frauds and Perjuries)，该法后来获得普通法上的发展，并影响了美国当代的合同制度。目前除路易斯安那州外，美国有49个州仍在实施继受英国并经修改的《防止欺诈与伪证法》。制定该法的目的在于应对实践中大量的欺诈或者伪证行为，其最主要的特征是规定对某类合同或者约定不能起诉(但并非无效)，除非存在一份由当事人或者授权代理人签字的书面记录或者备忘录。这些合同包括：土地买卖合同、自订立之日起无法在1年内履行完毕的合同、价金为500美元以上的货物销售合同、遗嘱执行人或遗产管理人为偿还死者的债务而订立的合同、为他人债务提供担保的合同以及以婚姻关系为对价的合同。

⑥ 有关诉讼时效的法律(statute of limitations)，是指禁止当事人在一段特定的时间经过之后提起诉讼的法律。诉讼时效以诉因形成(例如损害的发生或被发现)的时间为起点，确定当事人可以提起民事诉讼的期限。制定诉讼时效法律的目的在于要求当事人对已知的权益受损积极地主张权利，从而为法律行为提供确定性和可预测性，并确保在证据尚未湮灭时能够及时地解决争议。

• 放弃权利①。

(2)认定错误

如果当事人错误地将抗辩认定为反诉,或者将反诉认定为抗辩,法院应当依据公正审理的需要,将诉讼请求和抗辩视为正确的认定并适用相应的法律条款。

4. 简明、直接的诉讼请求和抗辩;替代性陈述;不一致的情形

(1)一般规定

每一项主张都应当做到简明、准确和直接,而无须提交任何技术性表格。

(2)诉讼请求或者抗辩的替代性陈述

当事人可以在一项诉讼请求或者抗辩中单独地陈述两项以上的替代性或者假设性陈述。如果当事人作出替代性陈述,只要其中任何一项陈述是充分的,其诉讼请求或者抗辩即为充分。

(3)不一致的诉讼请求或抗辩

当事人可以提出多项单独的诉讼请求或者抗辩,而不必考虑其是否具有一致性。

5. 解释诉答文书

对诉答文书的解释应当力求公正。

(本条文于1966年2月28日修正,同年7月1日生效;1987年3月2日修正,同年8月1日生效;2007年4月30日修正,同年12月1日生效;2010年4月28日修正,同年12月1日生效)

第9条【对特殊事项的请求】

1. 起诉资格或权限;合法存续

(1)一般规定

除被要求证明受理案件的法院具有管辖权外,诉答文书无须主张下

① 放弃权利(waiver),是指当事人自愿地以明示或默示的方式自愿放弃自己在法律上所享有的权利、特权或利益,也包括在民事诉讼中放弃诉讼请求。当事人放弃其权利必须具备两个条件:一是知悉存在某种权利,二是有放弃该权利的意愿。放弃权利是建立在衡平法原则之上的,但亦为普通法所承认。根据诚实信用原则和禁反言规则,除非具有法定的或正当的事由,当事人不得否认其先前所作的陈述。在本质上,权利的放弃是一种单方行为,仅需一方当事人的行为即可完成并产生法律效力,而无须因之受益的相对方的任何行为。例如,在英美合同法上,如果合同的一方已经放弃其在合同中可以主张的某种权利,其后不得再向对方主张这种权利。

列事项：

A.当事人提起诉讼或者应诉的资格；

B.当事人以代理人的身份提起诉讼或者应诉的权限；或者

C.作为当事人的非法人组织的合法存续情况。

(2)提交争点问题

如果当事人在诉答文书中提出上述争点问题，应当作出具体的否认，并且陈述其已知范围内的任何支持性事实。

2. 欺诈或错误；心理状态

如果当事人提出存在欺诈或者事实错误的指控，应当对构成欺诈或者事实错误的具体情况予以具体详尽的陈述。对于某人具有恶意、故意、认知和他人心理状况的指控，可以作出概括性陈述。

3. 先决条件①

在诉答文书中，对于所有先决条件已经发生或者成就的主张，当事人只需要作出概括性的陈述即为充分。但是，对于否认先决条件已经发生或者成就的主张，当事人应当作出具体和详细的陈述。

4. 公文或公务行为

在涉及官方文件或者公职行为的诉答文书中，当事人只需要主张该官方文件是合法签发的，或者该公职行为是依法作出的即为充分。

5. 判决

在对国内外法院、司法法庭或准司法法庭②、委员会或者政府官员作出的判决或者决定作出的答辩中，当事人只需要对该判决或者决定提出申辩即为充分，而无须表明具有作出该判决或者决定的管辖权的事实。

6. 时间和地点

在审查诉答文书的充分性时，有关时间和地点的事实主张尤为关键。

7. 特别损失赔偿

如果当事人针对某项特别损失提出赔偿请求，应当对此作出特别

---

① 先决条件(conditions precedent)，是指合同或约定义务的生效和履行必须以某一事件或者行为的发生或存在为前提条件，但时间的推移不能作为条件。如果条件既未成就，亦未取消，则合同或约定义务尚未生效，无须履行。

② 准司法法庭(quasi-judicial tribunal)，又译为行政裁判所，其具体名称各异。准司法法庭像法庭那样有权调查事实、听取证言、作出解决纠纷的裁决或作出处罚的决定。这类机构有的独立于行政机关，有的由行政机关设立，其成员由行政官员所组成。准司法法庭有权依据行政裁量权作出决定，但应接受法院的司法审查。

陈述。

8. 海事或海商诉讼请求

(1)如何确定案件名称

如果一项救济请求属于海事或者海商法的管辖范围内,同时基于其他理由也属于法院的诉讼标的管辖范围,可以依据本规则第 14 条第 3 款、第 38 条第 5 款、第 82 条以及《海事或海商请求和资产扣押诉讼补充规则》①的规定,在诉答文书中将该诉讼请求确定为海事或者海商诉讼请求。仅在海事或海商管辖范围内可以被审理的诉讼请求,无论诉答文书是否作出如此认定,都应当将该诉讼请求视为海事或者海商诉讼请求。

(2)确定上诉案件名称

在本款所规定的范围内包含海事或海商请求的案件,属于《美国法典》第 28 编第 1292 条第 1 款第 3 项规定的海事案件。

(本条文于 1966 年 2 月 28 日修正,同年 7 月 1 日生效;1967 年 12 月 4 日修正,1968 年 7 月 1 日生效;1970 年 3 月 30 日修正,同年 7 月 1 日生效;1987 年 3 月 2 日修正,同年 8 月 1 日生效;1997 年 4 月 11 日修正,同年 12 月 1 日生效;2006 年 4 月 12 日修正,同年 12 月 1 日生效;2007 年 4 月 30 日修正,同年 12 月 1 日生效)

第 10 条【诉答文书的格式】

1. 文书首部;当事人的姓名

每一份诉答文书都应当有文书首部,并且包含法院名称、文书标题、案件编号及本规则第 7 条第 1 款规定的诉答文书的类别。在起诉状中,文书标题应当列明所有当事人的姓名;但在其他诉答文书中,文书标题只需要列明双方位列第一的当事人的姓名,而对其他当事人泛指即可。

2. 段落;单独陈述

当事人应当在编号的段落中陈述其主张或者抗辩,每一个段落都应当尽可能地限定于一组单一的情况。其后的诉答文书可以通过该编号援引在先的诉答文书中的段落。为提高诉答文书的准确性,要求每一项基于单独的交易或者事件的诉讼请求,以及除了否认之外的每一项抗辩,都

① 《海事或海商请求和资产扣押诉讼补充规则》(Supplemental Rules for Admiralty of Maritime Claims and Asset Forfeiture Actions)为本规则的附则,其中包含 7 条具体规则。

应当在单独的指控或者抗辩中陈述。

3. 援引其他陈述;证物

诉答文书中的陈述可以根据其关联性被同一诉答文书中的其他部分援引,或者在任何其他诉答文书或动议中被援引。书面文书的副本作为该诉答文书的证物,可用于所有目的。

(本条文于2007年4月30日修正,同年12月1日生效)

第11条【签署诉答文书、动议和其他文书;向法院提交文书;制裁】

1. 签署

所有诉答文书、书面动议及其他文书都应当由至少一名记录在案的律师以其个人名义签署,没有委托代理律师的当事人由其本人签署。诉答文书应当载明签署者的地址、电子邮箱和联系电话。除本规则或者制定法另有规定外,诉答文书无须经过庭外证言的验证或者附以庭外证言宣誓书。如果法院发现当事人或其代理律师遗漏签署诉答文书的情形,应当通知其及时予以补正;未能及时补正的,未签名的文书将被法院剔除。

2. 向法院作出陈述

无论通过签署、提交、呈递还是事后追认的方式,代理律师或者未有律师代理的当事人向法院提交诉答文书、书面动议或者其他文书时,应当确保向法院提交的文书是经过合理的调查并且尽可能地基于其本人所掌握的知识、信息和信念所作出的,并且确认下列事项:

(1)提交文书并非出于任何不正当目的,例如骚扰他人、不必要地拖延诉讼或者无端地增加诉讼成本;

(2)文书中包含的请求、答辩以及其他诉讼主张能够得到现行法律的支持,或者能够通过有意义的争论扩展、修正、变更现行法律或者创设新的法律;

(3)针对事实论点的主张已有证据的支持,或者明确地指出,在给予进一步调查或者证据开示的合理机会后可能获得证据的支持;以及

(4)针对事实论点的否认已有证据的支持,或者明确地指出,它是在合理地基于信念或者信息缺失的情形下作出的否认。

3. 制裁

(1)一般规定

如果在当事人收到通知并且有合理的机会作出申辩后,法院认定其

行为违反了本条第 2 款的规定，可以对违反该规则或者对违规行为负有责任的任何律师、律师事务所或者当事人予以适当的制裁。若无特殊情形，律师事务所应当对其合伙律师、非合伙律师或者雇员的违规行为承担连带责任。

（2）请求予以制裁的动议

请求法院予以制裁的动议应当与其他动议分别提交，并且应当说明被指控违反本条第 2 款的具体行为。该动议应当依据本规则第 5 条的要求送达，但在动议送达后 21 日内，或者法院另有规定的其他期限内，如果被提出异议的文书、请求、答辩、论点或者否认被当事人撤回或者作出适当的更正，当事人不得向法院提交或者呈递该动议。如有必要，法院可以裁决向胜诉方支付因提交制裁动议所产生的包括律师费在内的合理费用。

（3）法院依职权作出示因命令①

法院可以依职权命令有关律师、律师事务所或者当事人陈述理由，说明该命令中所指出的行为并不违反本条第 2 款的规定。

（4）制裁的性质

根据本条规定施加的制裁，应当限定于能够充分地遏制同样行为或者相似情形下的类似行为重复发生的范围。制裁的方式可以包括非金钱性的指令、向法院支付罚款的命令，或者法院出于震慑和有效地遏制违法行为的目的，依据该违法行为所导致的直接后果，基于动议而命令被申请人向申请人支付全部或者部分因违规行为而产生的合理的律师费用及其他费用。

（5）对金钱性制裁的限制

在下列情形下，法院不得实施金钱性制裁：

A.对违反本条第 2 款第 2 项的规定，由他人代理进行诉讼的一方当事人处以金钱性制裁；或者

B.由法院依职权作出金钱性制裁决定，除非在受制裁的当事人或其代理律师自愿撤销诉讼或者达成和解之前，法院依据本条第 3 款第 3 项的规定作出示因命令。

---

① 示因命令（show-cause order; order to show cause），又称作要求陈述理由的命令，是指由法院依职权作出的命令或裁定，要求当事人到庭陈述理由，说明为何作出某一行为或未能作出某一行为，或者说明为何法院应当给予某种救济或不应当给予某种救济。

(6)对法院命令的要求

法院在作出一项实施制裁的命令时，应当描述被制裁的行为并对制裁的依据加以解释。

4. 不适用于证据开示程序

本条规定不适用于本规则第26条至第37条关于信息披露和证据开示的请求、答辩、异议以及动议的规定。

（本条文于1983年4月28日修正，同年8月1日生效；1987年3月2日修正，同年8月1日生效；1993年4月22日修正，同年12月1日生效；2007年4月30日修正，同年12月1日生效）

第12条【抗辩和异议：提交的时间和方式；根据诉答文书请求判决的动议；合并动议；放弃抗辩；审前听证】

1. 送达应答性文书的期间

(1)一般规定

除本规则或者联邦制定法另有规定外，被告应当在下列期间内送达应答性文书：

A.被告应当送达答辩状：

(a)自收到传票、起诉状之日起21日内送达答辩状；或者

(b)如果依据本规则第4条第4款的规定及时放弃送达的，应当在发出放弃请求后60日内，或者在送达美国任何司法管辖区以外的被告后90日内送达答辩状。

B.当事人应当自收到反诉请求或者交叉请求的诉答文书后21日内，针对该诉答文书作出答辩。

C.当事人应当自收到答复令后21日内对答辩作出答复，但是该命令对答复期限另有规定的除外。

(2)以官方身份被起诉的联邦政府及其机构、联邦官员或雇员

仅以官方身份被起诉的联邦政府及其机构、联邦官员或者雇员，应当自诉答文书、反诉请求或者交叉请求送达联邦检察官后60日内作出答辩。

(3)以个人身份被起诉的联邦官员或雇员

以个人身份被起诉、因与代表联邦政府履行职责相关的作为或者不作为的联邦官员或者雇员，应当自起诉状、反诉请求或交叉请求送达该官员或者雇员后或者送达联邦检察官后60日内作出答辩，以较后者

为准。

(4)动议的效力

除非法院规定不同的期间,依据本条规定送达的动议将会改变下列期间:

A.如果法院驳回动议或者将其推迟到审理时再处理,该应答性文书应当在法院发出诉讼通知后14日内送达;

B.如果法院批准要求当事人作出"更明确陈述的动议"①,该应答性文书应当在该动议送达后14日内送达。

2. 提交抗辩的方式

在任何诉答文书中,针对诉讼请求的每一项抗辩都应当在应答答辩中提出。但是,当事人可以通过动议提交下列抗辩事项:

(1)缺乏对诉讼标的的管辖权;

(2)缺乏属人管辖权;

(3)审判地不适当;

(4)诉讼程序不充分;

(5)送达程序不充分;

(6)未陈述可予以救济的诉讼请求;以及

(7)未按照本规则第19条的规定合并当事人。

如果允许作出应答答辩,当事人应当在答辩前提交主张任何上述抗辩事项的动议。如果诉答文书提出的救济请求无须作出应答答辩,对方当事人可以在审理过程中对该请求作出任何抗辩。如果当事人在应答性文书或者动议中加入一项或多项其他的抗辩或者异议,不视为放弃抗辩或者异议的行为。

3."根据诉答文书作出判决"的动议②

在诉答程序结束后但不延误开庭审理的期间内,任何当事人都可以提交"根据诉答文书作出判决"的动议。

---

① 更明确陈述的动议(motion for more definite statement),是指当事人向法院提出一项动议,请求法院命令对方当事人修改起诉状或其他诉答文书中模糊不清的陈述,以便动议方能够作出合理的回应。

② 根据诉答文书作出判决的动议(motion for judgment on the pleadings),是指任何一方当事人在诉答程序结束之后,向法院请求根据诉答文书作出有利于申请人的判决,而不必再进行证据调查。该动议适用于案件的主要事实不存在争议而仅存在法律问题需要解决的情形。

4. 提交诉答文书以外事项的结果

如果当事人依据本条第 2 款第 6 项或者第 3 款的规定提出动议，将诉答文书以外的事项提交给法院并且未被法院排除，该动议应当依据本规则第 56 条的规定视为即决判决①的申请。法院应当对所有当事人提供合理的机会，以便他们提交与该动议有关的所有材料。

5. 提交“更明确的陈述”的动议

如果一方当事人在诉答文书中的陈述过于含糊或者模棱两可，导致对方当事人无法合理地准备应答性文书的，后者可以提交“申请更明确的陈述”的动议。该动议应当在提交应答性文书之前提出，并且应当具体指出上述文书存在的缺陷以及动议人希望了解的细节。如果法院命令当事人作出更明确的陈述，但在命令通知发出后的 14 日内或者法院规定的其他期限内，该命令未得到遵守的，法院可以排除该诉答文书或者作出任何其他适当的命令。

6. 排除某些事项的动议②

法院可以从诉答文书中排除不充分的答辩事项，或者任何重复的、无关紧要的、不相关的或者诽谤性的事项。法院可以：

(1)依职权予以排除；或者

(2)根据当事人在对诉答文书作出答辩之前提交的动议予以排除；如果诉答文书不允许答辩的，根据当事人在诉答文书送达后 21 日内提出的动议予以排除。

---

① 即决判决(summary judgment)，又译为简易判决，是指当事人对案件中的主要事实(material facts)不存在真正的争议(genuine issue)或者案件仅涉及法律问题时，法院不经开庭审理而及早解决案件的一种方式。法官在审查当事人提交的诉答文书和证据材料，确认双方对案件的主要事实不存在真正的争议后，可以根据当事人的动议作出即决判决。该制度能够促使当事人补充诉讼文件，及时解决纠纷。即决判决制度的设计目的在于简化诉讼程序，加快诉讼进程，避免开庭审理程序对时间和费用的浪费。诉讼开始后，有的当事人为拖延诉讼，可能会隐藏证据或进行消极抗辩。在此情形下，对方当事人可以通过提出即决判决的动议，迫使其披露其他证据并进行积极抗辩。为使法官相信案件存在实质性的争点，非动议方应当通过宣誓书和其他证据加以证明。

② 排除某些事项的动议(motion to strike)，通常是指在民事诉讼中，当事人向法院提出的排除对方诉答文书中某些不适当的事项的请求。在证据法上，该动议是指当事人向法院提出请求，要求排除某些不具有可采性的证据并且向陪审团指示不必考虑这些证据。

7. **合并动议**

(1)合并权

依据本规则提出的动议，可以与本规则所允许的任何其他动议相合并。

(2)对提交进一步动议的限制

除本条第8款第2项或第3项的规定外，依据本规则提出动议的一方当事人不得依据本规则提交其他动议，以弥补此前提交的动议中遗漏的抗辩或异议。

8. **放弃和保留特定的抗辩事项**

(1)放弃特定的抗辩事项

当事人可以通过下列行为放弃本条第2款第2项至第5项所列的任何抗辩事项：

A.在本条第7款第2项所述情形下，将其从动议中排除；或者

B.未能完成下列行为：

(a)依据本规则提出动议；或者

(b)将其包含在应答性文书中，或者依据本规则第15条第1款第1项的规定载入变更事项。

(2)提出其他事项的时间

如果当事人未能提出可予以救济的诉讼请求，未能依据本规则第19条第2款的规定合并当事人，或者未能对此后可能提出的诉讼请求提出法律上的抗辩的，该当事人可以在下列情形下提出：

A.依据本规则第7条第1款的规定，在被允许或者命令的任何诉答文书中提出；

B.在依据本条第3款的规定提交的动议中提出；或者

C.在审理中提出。

(3)法院对诉讼标的没有管辖权

法院无论何时发现其对诉讼标的没有管辖权，都应当撤销诉讼。

9. **审前听证**

如果一方当事人依据本条第2款第1项至第7项所列事项作出抗辩(无论该抗辩事项是在诉答文书中作出，还是通过动议提交的)，以及依据本条第3款的规定提出动议，法院都应当在开庭审理前举行听证并作出决定，除非依据法院命令推迟到审理阶段处理。

(本条文于1946年12月27日修正，1948年3月19日生效；1963年

1 月 21 日修正,同年 7 月 1 日生效;1966 年 2 月 28 日修正,同年 7 月 1 日生效;1987 年 3 月 2 日修正,同年 8 月 1 日生效;1993 年 4 月 22 日修正,同年 12 月 1 日生效;2000 年 4 月 17 日修正,同年 12 月 1 日生效;2007 年 4 月 30 日修正,同年 12 月 1 日生效;2009 年 3 月 26 日修正,同年 12 月 1 日生效)

第 13 条【反诉和交叉请求】

1. 强制性反诉[①]

(1)一般规定

在诉答文书送达时,应当将答辩人针对对方当事人提出的任何请求视为反诉,如果该请求符合下列条件:

A.该请求是基于对方当事人所请求的诉讼标的所涉及的交易或者事件而产生的;以及

B.不要求法院追加无法获得管辖权的第三人出庭。

(2)例外情形

在下列情形下,答辩人无须提出反诉请求:

A.在诉讼开始时,该请求已成为另一起待决诉讼案件的诉讼标的;或者

B.对方当事人通过扣押或其他程序提出该请求,而法院无法取得对该请求作出对判决的对人管辖权,且答辩人未依据本条提出任何反诉。

2. 任意性反诉[②]

在诉答文书中,可以提出任何非强制性的针对对方当事人的反诉请求。

3. 在反诉中寻求的救济

反诉不局限于减少或者挫败对方当事人所寻求的救济,可以请求超

---

① 强制性反诉(compulsory counterclaim)是反诉的一种,与任意性反诉(permissive counterclaim)相对应,是指因与本诉(original action)请求有关联,且与本诉请求针对同一诉讼标的,因而要求本诉的被告必须提出的由法院一并审理和裁判的反诉请求。若被告未能在本诉中提出强制性反诉请求,则在以后单独提起的诉讼中不得主张该项请求,例外情况除外。

② 任意性反诉(permissive counterclaim)是反诉的一种,指被告有权依据《联邦民事诉讼规则》无条件地提出的反诉。这是因为该反诉的诉讼请求与原告的诉讼请求并非基于同一交易或者同一事由,而且往往涉及法院无管辖权的第三人。被告可以在本诉审理之后单独提起任意性反诉。

过本诉救济金额或者不同于本诉救济种类的救济。

4. 对联邦政府提出的反诉

本规则不应当对针对联邦政府、联邦官员或者机构提出反诉或者主张债权的权利作扩大解释。

5. 在提交诉答文书后到期或取得的反诉请求

对于答辩人在送达诉答文书后到期或者取得的反诉请求，法院可以准许该当事人通过补充诉答文书的方式提出反诉。

6.（已废止）

7. 针对共同诉讼人的交叉请求

当事人可以在诉答文书中提出针对共同诉讼人的交叉请求，该请求可以基于作为本诉或者反诉的诉讼标的所涉及的交易或者事件而产生，也可以基于本诉的诉讼标的所涉及的任何财产而产生。该交叉请求可以包括需要共同诉讼人承担责任或者有可能承担责任的全部或者部分的诉讼请求。

8. 追加当事人

本诉当事人之外的第三人可以依据本规则第 19 条和第 20 条的规定，被追加为反诉或者交叉请求的当事人。

9. 分别审理；分别判决

如果法院依据本规则第 42 条第 2 款的规定，决定对反诉或者交叉请求分别进行审理，法院可以依据本规则第 54 条第 2 款的规定，在其管辖权范围内分别作出判决，即便对方当事人的请求已被驳回或者另行处理。

（本条文于 1946 年 12 月 27 日修正，1948 年 3 月 19 日生效；1963 年 1 月 21 日修正，同年 7 月 1 日生效；1966 年 2 月 28 日修正，同年 7 月 1 日生效；1987 年 3 月 2 日修正，同年 8 月 1 日生效；2007 年 4 月 30 日修正，同年 12 月 1 日生效；2009 年 3 月 26 日修正，同年 12 月 1 日生效）

第 14 条【第三人之诉】

1. 被告可以引入第三人参加诉讼的时间

(1)送达传票和起诉状的时间

答辩人可以作为第三人之诉的原告，将传票和起诉状送达对其诉讼请求负有全部或者部分责任的非当事人。但是，如果第三人之诉的原告在送达最初答辩状 14 日后提交第三人之诉的起诉状，他应当通过提出动议以获得法院的准许。

(2)第三人之诉被告的请求和抗辩

收到传票和第三人之诉原告所发出的起诉状的人，即“第三人之诉被告”：

A.应当依据本规则第 12 条的规定，针对第三人之诉原告的请求提出抗辩；

B.应当依据本规则第 13 条第 1 款的规定，对第三人之诉原告提出反诉；并且可以依据第 13 条第 2 款的规定，对第三人之诉原告提出反诉；或者依据第 13 条第 7 款的规定，对其他第三人之诉的被告提出交叉请求；

C.可以向原告主张第三人之诉原告对本诉原告提出的任何抗辩；以及

D.也可以向原告提出任何请求，该请求是由作为原告对第三人之诉原告主张的诉讼标的所涉及的交易或者事件而产生的。

(3)原告对第三人之诉被告的请求

原告可以就其对第三人之诉原告提出请求的诉讼标的所涉及的交易或者事件，向第三人之诉被告提出任何请求。对此，第三人之诉被告应当依据本规则第 12 条的规定提出抗辩，或者依据本规则第 13 条第 2 款或第 7 款的规定提出反诉或者交叉请求。

(4)请求撤销、分离或分别审理的动议

任何一方当事人都可以向法院提出要求撤销、分离或者分别审理第三人之诉的动议。

(5)第三人之诉被告对非诉讼当事人的请求

第三人之诉被告可以依据本条的规定，对任何诉讼当事人以外的人提起诉讼，只要该人应当或者可能对第三人之诉被告所提出的全部或者部分请求承担责任。

(6)第三人对物诉讼

在海事或海商管辖权范围内，第三人之诉原告可以提起对物诉讼。在此情形下，本规则所提及的“传票”包括扣押令，而对被告或者第三人之诉原告的提及，在适当时包括依据《海事或海商请求和资产扣押诉讼补充规则》第 3 条第 6 款第 1A 项(a)的规定，对被扣押的财产主张权利的人。

2. 原告可以引入第三人参加诉讼的时间

在本规则准许被告引入第三人参加诉讼的情形下，原告可以基于被告对其提出的诉讼请求，引入第三人参加诉讼。

3. 海事或海商请求

(1)引入诉讼[①]的范围

如果原告依据本规则第9条第8款的规定提出海事或海商请求，被告或者依据《海事或海商请求和资产扣押诉讼补充规则》第3条第6款第1A项(a)的规定主张权利的请求人可以作为第三人之诉原告，引入第三人之诉被告。后者可能基于同一交易或者事件，或者同一系列交易或者事件而产生的请求，应当赔偿、分担损失或者以其他方式对原告或者第三人之诉原告承担全部或部分责任。

(2)基于对原告有利的判决要求进行抗辩

第三人之诉原告可以请求法院作出有利于原告而对第三人之诉被告不利的判决。在此情形下，第三人之诉被告应当依据本规则第12条的规定，对第三人之诉原告的请求和本诉原告的请求都进行抗辩。该诉讼将按照原告同时起诉第三人之诉原告和第三人之诉被告的程序进行审理。

（本条文于1946年12月27日修正，1948年3月19日生效；1963年1月21日修正，同年7月1日生效；1966年2月28日修正，同年7月1日生效；1987年3月2日修正，同年8月1日生效；2000年4月17日修正，同年12月1日生效；2006年4月12日修正，同年12月1日生效；2007年4月30日修正，同年12月1日生效；2009年3月26日修正，同年12月1日生效）

第15条【诉答文书的修订和补充】

1. 审理前的修订

(1)理所当然的修订

当事人可以在下列情形下对诉答文书作出修订：

A.诉答文书送达后21日内；或者

B.如果该诉答文书需要作出应答，那么应当在应答性文书送达后21日内，或者在依据本规则第12条第2款、第5款或第6款提出的动议送达后21日内，以时间较早者为准。

---

① 引入诉讼(impleader)，又称为第三人诉讼(third party practice)，是指在已经开始的诉讼程序中，被告以第三人对其被诉的请求事项负有责任为由，起诉第三人而将其引入原来的诉讼中。在存在引入诉讼的场合，实际上形成了两个诉讼的合并。美国的民事诉讼第三人制度包括引入第三人诉讼规则和第三人参加诉讼(intervention)规则，分别规定在《联邦民事诉讼规则》第14条和第24条。

(2)其他修订

在任何其他情形下，当事人只有在获得对方当事人的书面同意或者法院的准许之后，才可以对诉答文书作出修订。根据公正审判的要求，法院可以基于自由裁量权准许当事人对诉答文书作出修订。

(3)应答的时间

除非法院的命令另有规定，当事人对修订后的诉答文书作出应答，应当在原应答期的剩余时间内作出，或是在修订后的诉答文书送达后14日内作出，以时间较迟者为准。

2. 审理期间及审理后的修订

(1)基于审理期间异议的修订

如果在审理期间，一方当事人以某争点未在诉答文书中提出为由对证据提出异议的，法院可以准许对方当事人对诉答文书作出修订。如果对诉答文书的修订有助于阐明诉讼实体问题，而提出异议的当事人未能使法官确信该证据的提出将不利于该当事人的诉讼请求或者答辩，法院应当基于自由裁量权随时准许当事人作出修订。此外，法院可以准予延期审理，以便异议方能够应对该证据。

(2)对经同意而审理的争点的修订

经过当事人明示或者默示的同意，法院可以比照诉答文书中所提出的争点，对诉答文书中未提出的争点进行审理。为了使争点与证据保持一致，或者为了提出未在诉答文书中表明的争点，任何一方当事人随时都可以通过动议对诉答文书进行修订。即便是在法院作出判决之后，当事人也可以申请对诉答文书作出修订。但是，不作上述修订并不影响法院对该争点的审理结果。

3. 修订的溯及力

(1)具有溯及力的修订

在下列情形下，对诉答文书的修订的溯及力可及于原诉答文书提交的日期：

A.该溯及力为适用于本诉讼的诉讼时效法律所允许；

B.修订的诉答文书中所提出的请求或者答辩，是基于原诉答文书中提出或试图提出的行为、交易或者事件而产生的；或者

C.如果符合本款第1B项的规定，并且在本规则第4条第13款规定的传票和起诉状送达的期间内，诉答文书的修订旨在变更请求所针对的当事人或当事人的名称，在下列条件下，可以依据修订追加新的当事人：

(a)追加的当事人已经收到有关诉讼的通知,且不会影响其就案件实体问题进行抗辩的权利;以及

(b)知道或者应当知道将会针对某人提起诉讼,但存在与当事人适格问题相关的错误。

(2)通知联邦政府

如果诉答文书的修订将使得联邦政府、联邦官员或者相关机构被追加为案件被告,那么当事人在规定的时间内,依照程序交付或邮寄给联邦检察官或其指定的人员、联邦司法部部长、相关的联邦官员或机构,即符合本款第1C项的通知要求。

4. 补充诉答文书

根据当事人的动议,法院可以经合理的通知并在公正的条件下,准许当事人送达补充诉答文书并载明任何在诉答文书提交之日后发生的需要补充的交易、事项或者事件。即便原诉答文书在陈述诉讼请求或者抗辩时存在瑕疵,法院也可以准许当事人对诉答文书进行补充。此外,法院可以命令对方当事人在指定期限内对补充诉答文书作出答辩。

(本条文于1963年1月21日修正,同年7月1日生效;1966年2月28日修正,同年7月1日生效;1987年3月2日修正,同年8月1日生效;1991年4月30日修正,同年12月1日生效;1993年4月22日修正,同年12月1日生效;2007年4月30日修正,同年12月1日生效;2009年3月26日修正,同年12月1日生效)

第16条【审前会议[①];日程安排;案件管理】

1. 召开审前会议的目的

在任何民事诉讼中,法院都可以命令当事人的代理律师和任何没有律师代理的当事人出席一次或多次审前会议,其目的如下:

---

① 审前会议(pretrial conference),又称为审前听证会(pretrial hearing),是指在民事案件的正式开庭前(通常在临近开庭时),各方当事人的代理律师在法官的主持下进行的协商会议。其目的在于通过讨论案件的证据问题,明确争议焦点,缩小审理范围并探讨和解的可能性,从而有助于该案件的开庭审理。审前会议结束后,法院通常会作出一项审前命令(pretrial order)。该命令列出拟审理的请求和抗辩,当事人约定的事项以及当事人一致同意或者法院强制适用的案件程序规则。在联邦法院,审前命令能够引导审判程序的继续进行,具有取代双方当事人诉答文书的效力。

(1)加快案件的处理速度；

(2)建立对案件早期的、持续的控制，避免因缺乏案件管理而拖延诉讼；

(3)减少不必要的审前活动；

(4)通过全面的庭前准备工作提高庭审质量；以及

(5)促进案件的和解。

2. 日程安排

(1)日程安排令

除地方规则豁免的特定诉讼类型外，地区法院法官或者依据地方规则授权的治安法官[①]应当发布日程安排令：

A.在收到依据本规则第 26 条第 6 款的规定提交的当事人会议报告之后；或者

B.在日程安排会议上与当事人的代理律师或没有律师代理的当事人商议之后。

(2)签发时间

除非存在适当的迟延理由，法官应当在切实可行的范围内尽快发出日程安排令，并且应当在被告收到起诉状后 90 日内或者被告出庭后 60 日内签发，以较早者为准。

(3)命令的内容

A.应当载明的事项。日程安排令中应当载明其他当事人参加诉讼、修订诉答文书、完成证据开示程序和提出动议的期限。

B.可以载明的事项。日程安排令可以：

(a)依据本规则第 26 条第 1 款和第 5 款第 1 项的规定，修订信息披露的期限；

(b)修订证据开示的范围；

(c)提交电子存储信息以供开示、披露或者保存；

(d)将当事人就主张特权或者要求保护而达成的任何协议，包括依据《联邦证据规则》第 502 条的规定达成的协议，作为提交信息后的庭审准

① 治安法官(magistrate judge)属于基层司法官员，一般是指具有有限管辖权的、地方性的初级法官。在美国，联邦法院和许多州的司法系统中均有此类基层司法官员，其权限由制定法规定，管辖范围一般以其任职所在的县为限。治安法官的具体职责因州而异，通常包括对机动车违章案件或者破坏治安的案件举行听证，签发逮捕令、搜查令，决定是否准予保释，主持刑事案件的预审，处理小额民事案件等。

备材料；

(e)指示申请人在提交证据开示的动议之前，应当要求法院召开审前会议；

(f)确定审前会议和开庭审理的日期；以及

(g)其他适当的事项。

(4)修订日程安排

只有基于适当的理由并经法官的同意，才能对日程安排表作出修订。

3. 出席审前会议及需要审议的事项

(1)出席审前会议

有代理律师的当事人应当授权至少一名律师就审前会议上可以合理预期讨论的所有事项作出约定①和承认。在适当的情形下，法院可以要求当事人或者其代理律师出席，或者通过其他合适的方式考虑可能的和解方案。

(2)需考虑的事项

在任何审前会议上，法院可以考虑下列事项并且采取适当的行动：

A.明确和简化争议点，排除无意义的诉讼请求或者答辩；

B.修订诉答文书的必要性及可取性；

C.取得对事实、文书的承认和约定，避免不必要的举证证明，并且对证据的可采性先行作出裁定；

D.避免不必要的举证证明和重复证据，并且依据《联邦证据规则》第702条的规定，限制证言的使用；

E.依据本规则第56条的规定，决定是否适用即决判决程序及其日程安排；

F.对证据开示程序进行控制及日程安排，包括依据本规则第26条和第29条至第37条的规定，作出影响信息披露和证据开示的命令；

G.确定法庭调查中的证人和文书，提交和交换审前会议摘要，安排进一步举行审前会议和开庭审理的日期；

① 约定(stipulation)，是指在民事诉讼中，双方当事人或其律师就诉讼中的某些重要事项(包括实体事项和程序事项)达成的协议，其目的在于简化程序，缩小争议范围，便利双方当事人进行诉讼。例如，对案件事实的约定、对民事责任的约定、对完成某些程序事项期限的约定等。当事人通常会将这类约定提交给法官，并由法官据此作出命令。

H.将某些事项交由治安法官或者主事官[①]处理；

I.基于制定法或者地方规则的授权，适用特别程序协助解决案件争议；

J.确定审前命令的形式和内容；

K.处理未决的动议；

L.适用特别程序应对可能出现的疑难问题或者诉讼拖延，包括复杂的争点问题、多方当事人、法律难题或者证明难题等；

M.依据本规则第 42 条第 2 款的规定，对诉讼请求、反诉、交叉请求、第三人请求或者特定事项作出分开审理的命令；

N.命令在审理开始时对易于处理的争点问题提交证据，该证据可以依据本规则第 50 条第 1 款的规定，成为“作为法律问题的判决”[②]的基础；或者依据本规则第 52 条第 3 款的规定，成为对部分事实认定的判决的基础；

O.对允许提交证据的时间作出合理的限制；以及

P.以其他方式促进案件公正、快速、低成本地获得处理。

4. 审前命令

在依据本规则召开任何会议后，法院应当作出指引诉讼活动的命令。除非法院对其进行修订，该命令应当控制此后所进行的诉讼进程。

5. 最终审前会议及命令

法院可以召开最终审前会议，制订包括促进证据采纳方案在内的审理计划。该会议应当在合理地临近开庭审理时举行，并且必须至少有一名律师将代理其当事人出庭的律师和无律师代理的当事人出席。为防止

---

① 主事官(master)，是指经法院任命，协助法庭进行诉讼活动的司法辅助人员。主事官有权主持录取证言，对证据开示中的争议以及其他审前事项作出裁定，计算利息，估价年金，调查土地所有权等类似事项。他对其所担负的工作应做成书面报告并提交法庭。

② 作为法律问题的判决(judgment as a matter of law)，是指在有陪审团参与的审判中，法官在陪审团的裁决作出之前或之后对特定的争点问题作出的判决。1991 年修订《联邦民事诉讼规则》第 50 条时，将原先的“指示裁决”(directed verdict)和“无视陪审团裁决的判决”(judgment notwithstanding verdict)两个概念合并为“作为法律问题的判决”。具体而言，前者是指从双方当事人在法庭上的证明活动来看，案情已经很清楚，诉讼结果已经很明显，只能合理地得出唯一的结论。在案件没有必要交由陪审团认定的情况下，陪审团按照法官的指示作出裁决。而后者是指初审法官认为具有正常理性的陪审团不应作出对动议方不利的裁决，从而推翻陪审团的裁决而直接作出法律问题的判决。

出现显失公正的情形，法院可以在最终审前会议后修订已发布的命令。

6. 制裁措施

(1)一般规定

如果一方当事人或其代理律师存在下列情形，法院可以根据当事人的动议或者依职权作出任何适当的命令，包括依据本规则第37条第2款第2A项(b)至(g)授权的命令：

A.未出席日程安排会议或者其他审前会议；

B.参加会议时未进行实质性的准备，或者不是以诚信的态度参加审前会议；或者

C.未遵守日程安排或者其他审前命令。

(2)承担费用和成本

除了任何其他的制裁外，法官应当要求当事人、其代理律师单独或者共同支付因不遵守本规定而产生的合理费用(包括对方当事人的律师费)。但是，法院认为当事人未能遵守本规则的行为有充分的理由，或者因其他情形导致费用制裁的裁决有失公正的除外。

(本条文于1983年4月28日修正，同年8月1日生效；1987年3月2日修正，同年8月1日生效；1993年4月12日修正，同年12月1日生效；2006年4月12日修正，同年12月1日生效；2007年4月30日修正，同年12月1日生效；2015年4月29日修正，同年12月1日生效)

第四章　当事人

第 17 条【原告和被告；主体资格；政府官员】

1. 有实际利害关系的当事人

(1)一般规定

民事诉讼应当以实际利害关系人①的名义提起。下列人士可以以自己的名义提起诉讼，而无须与实际利益人进行合并：

A.遗嘱执行人；

B.遗产管理人；

C.监护人；

D.受托保管人；

E.明示信托的受托人；

F.为他人利益订立合同或者以自己的名义为他人利益订立合同的当事人；以及

G.经制定法授权的当事人。

(2)以联邦政府名义为他人的使用权利或者利益提起的诉讼

依据联邦制定法的规定，为他人的使用权利或者利益而提起的诉讼应当以联邦政府的名义提起。

(3)实际利害关系人的合并

法院不得驳回未以实际利害关系人的名义提起的诉讼。除非在提出异议后，法院为实际利害关系人提供追认、加入或者被替代参加诉讼的合理时间。在实际利害关系人进行追认、加入或者被替代之后，诉讼程序继续进行，并且与最初由实际利害关系人提起的诉讼具有同等的效力。

2. 起诉或应诉的主体资格

起诉或者应诉的主体资格应当按照下列方式确定：

(1)不具有代表人资格的个人由其住所地的法律决定；

(2)公司由其成立时所在地的法律决定；

(3)所有其他当事人由法院所在州的法律决定，但下列情况除外：

---

① 实际利害关系人(real party in interest)，是指根据实体法的规定，有权以其名义提起诉讼，通过诉讼方式保护某项实体权利，并且通常能够(但不一定)从诉讼结果中获得利益的人士或机构。

A.依据该州法律，无前项所述主体资格的合伙企业或者非法人组织可以以其通用名称起诉或者应诉，以实现其依据《美利坚合众国宪法》或联邦法律所享有的实体权利；以及

B.依据《美国法典》第 28 编第 754 条和第 959 条第 1 款的规定，由美国法院指定的破产管理人具有在美国法院起诉或者应诉的能力。

3. 未成年人或者无行为能力人

(1)有代理人的情形

下列代理人可以代表未成年人或者无行为能力人起诉或者应诉：

A.一般监护人；

B.管理委员会；

C.财产管理人；或者

D.类似的受信托人。

(2)无代理人的情形

如果未成年人或者无行为能力人没有指定适当的代理人的，可以由其亲属代理人①或者诉讼监护人②提起诉讼。法院应当为没有代理人的未成年人或者无行为能力人指定一名诉讼监护人进行诉讼，或者发出其他适当的命令，用以保护诉讼程序中没有代理人的未成年人或者无行为能力人。

4. 政府官员的身份和姓名

以公职身份提起诉讼或者应诉的政府官员可以以其特定职务而非姓名参加诉讼，但是，法院可以命令在诉答文书中加上该政府官员的姓名。

(本条文于 1946 年 12 月 27 日修正，1948 年 3 月 19 日生效；1948 年 12 月 29 日修正，1949 年 10 月 20 日生效；1966 年 2 月 28 日修正，同年 7 月 1 日生效；1987 年 3 月 2 日修正，同年 8 月 1 日生效；1988 年 4 月 25 日修正，同年 8 月 1 日生效；2007 年 4 月 30 日修正，同年 12 月 1 日生效)

---

① 亲属代理人(next friend)，是指在诉讼中，作为原告的代理人，为未成年人或者无行为能力的成年人的利益进行诉讼的人士，但他不是该诉讼的当事人，也未被指定为原告的监护人。一般为当事人的近亲属。

② 诉讼监护人(guardian ad litem)，是指经法院指定，以无诉讼行为能力的当事人(未成年人或精神不健全的成年人)的名义，代理他们进行诉讼的人士，通常为律师。

第 18 条【诉讼请求的合并】

1. 一般规定

当事人将其诉讼请求、反诉、交叉请求或者第三人之诉的请求作为主张提出时，如果针对对方当事人提出多个诉讼请求，则前述请求可以作为独立的请求或者选择性的请求合并提出。

2. 期待性请求[①]的合并

无论当事人所提出的一项诉讼请求是否取决于法院对另一项诉讼请求的处理情况，该当事人都可以将两项诉讼请求合并在同一个诉讼中。但是，法院在该诉讼中只能依据当事人的有关实体权利予以救济。在特定的情形下，原告可以同时提出金钱赔偿请求和要求撤销对原告欺诈性财产转让的请求，而无须以获得法院对于金钱赔偿请求的判决作为前提条件。

（本条文于 1966 年 2 月 28 日修正，同年 7 月 1 日生效；1987 年 3 月 2 日修正，同年 8 月 1 日生效；2007 年 4 月 30 日修正，同年 12 月 1 日生效）

第 19 条【必要的当事人合并】

1. 可能被合并的当事人

(1)应当合并的当事人

在下列情形下，受送达程序约束且将其合并不会影响法院对诉讼标的管辖权的当事人，应当作为案件的当事人参加诉讼：

A.在该人士缺席的情形下，法院无法对现有参加诉讼的当事人予以完全的救济；或者

B.该人士的请求与诉讼标的之间存在利害关系，如果法院在其缺席的情形下作出判决，可能会出现下列情况：(a)实际上会损害或者妨碍该当事人保护其利益的能力；或者(b)使得现有参加诉讼的当事人面临利益遭受双重、多重损害，或者需要承担其他不适当义务的重大风险。

(2)法院命令合并

如果某人士未按要求进行合并，法院应当命令将该人士合并为本案

① 期待性请求(contingent claim)，又译为或有请求，是指尚未发生的、取决于某一事件在将来可能发生而提出的请求，即基于未来可能产生的权利而提出的请求。期待性请求权是指只有在某些特定的情形下才会获得的一种请求权。它是一种可能的、不确定的、有条件的权利。它的实现或确定有赖于将来发生的事件。期权即为典型的期待性请求权。

的当事人。拒绝作为原告加入诉讼的人士可能会成为该案的被告，或者在适当的情形下成为强制性原告。

(3)审判地

如果被合并的一方当事人对案件的审判地提出异议，并且由于当事人的合并将会导致该诉讼的审判地不适当的后果，法院应当剔除该当事人。

2. 合并不可行的情形

如果在合并可行的情形下，应当合并的当事人不能合并，法院应当基于公平和良知作出判断，决定诉讼在现有当事人之间进行或者应当驳回起诉。法院应当考虑的因素包括：

(1)在该人士缺席的情形下作出判决，对该人士或者已经参加诉讼的当事人可能造成的损害的程度；

(2)通过采取下列措施，可能减轻或者避免任何损害的程度：

A.判决书中的保护性规定；

B.救济方案的形成；或者

C.其他措施。

(3)在该人士缺席的情形下作出判决是否适当；以及

(4)如果诉讼因无法合并当事人而被撤销，案件的原告是否能够得到充分的救济。

3. 当事人请求不合并的理由

在提出救济请求时，当事人应当就下列事项作出陈述：

(1)在合并可行的情形下，其所知悉的任何应当合并但没有合并的人士的姓名；以及

(2)不与某人士合并的理由。

4. 集团诉讼的例外情形

集团诉讼适用本规则第23条的规定。

(本条文于1966年2月28日修正，同年7月1日生效；1987年3月2日修正，同年8月1日生效；2007年4月30日修正，同年12月1日生效)

第20条【当事人的任意合并】

1. 允许合并或被合并的当事人

(1)原告

在下列情形下，当事人可以作为共同原告参与同一诉讼：

A.对于基于或产生于同一交易、事件或者同一系列交易、事件的争议，当事人享有提出共同的、单独的或替代性的救济主张的权利；以及

B.对于诉讼中出现的所有原告共同面临的任何法律问题或者事实问题。

（2）被告

在下列情形下，受海事对物诉讼管辖的有关人员和船舶、货物或者其他财产，可以作为共同被告参与同一诉讼：

A.对于基于或产生于同一交易、事件或者同一系列交易、事件的争议，应诉的当事人享有提出共同的、单独的或替代性的救济主张的权利；以及

B.对于诉讼中出现的所有被告共同面临的任何法律问题或者事实问题。

（3）救济范围

原告或者被告对于救济请求的主张或者抗辩不必全部都具有利害关系。法院可以根据原告的权利对一名或者多名原告作出判决，并且可以根据被告应当承担的责任对一名或者多名被告作出判决。

2. 保护措施

法院可以作出命令（包括分别审理的命令），以保护一方当事人免受因对方当事人不提出相应请求而造成的困扰、拖延、耗费或者其他损害。

（本条文于1966年2月28日修正，同年7月1日生效；1987年3月2日修正，同年8月1日生效；2007年4月30日修正，同年12月1日生效）

第21条【当事人的错误合并[①]和未被合并】

当事人的错误合并不构成撤销诉讼的理由。法院可以在诉讼的任何阶段，依据当事人的动议或者依职权作出决定，基于适当的条件追加或排除任何当事人。法院也可以对任何一方当事人的任何请求予以分别处理。

（本条文于2007年4月30日修正，同年12月1日生效）

---

① 当事人的错误合并（misjoinder of parties），是指既非必要当事人又没有利害关系的当事人被不当地列为共同当事人，包括对原告的错误合并与对被告的错误合并。在此情形下，如果数名当事人错误地参加同一诉讼，或者法院将不同的诉因错误地合并审理时，诉讼并不因此而终止。错误地参与诉讼的当事人可因任何一方的请求或由法院依职权决定退出诉讼，或者在判决作出后通过动议请求救济。

第 22 条【互争权利的诉讼[①]】

1. 提起诉讼的依据

(1)由一名原告提起

有可能使原告承担双重或者多重责任的人士可以被合并为共同被告,并被要求进行互争权利的诉讼。即使出现下列情况,在互争权利的诉讼中合并当事人也是适格的:

A.多个请求人的权利要求,或者其请求所依据的权利缺乏共同的来源或者相互对立且各自独立,而非相同的;或者

B.原告否认对任何或者所有的请求人负有全部或者部分的责任。

(2)由一名被告提起

承担类似责任的被告可以通过交叉请求或者反诉的方式寻求互争权利的诉讼。

2. 与其他规则和制定法的关系

本条规则是对本规则第 20 条"当事人的任意合并"规则的补充而非限制。本条规则提供的救济方式是对《美国法典》第 28 编第 1335 条、第 1397 条和第 2361 条所提供的救济方式的补充而非取代或限制。基于《美国法典》的相关规定提起的诉讼,应当依据本条进行。

(本条文于 1948 年 12 月 29 日修正,1949 年 10 月 20 日生效;1987 年 3 月 2 日修正,同年 8 月 1 日生效;1988 年 4 月 25 日修正,同年 8 月 1 日生效;2007 年 4 月 30 日修正,同年 12 月 1 日生效)

---

① 互争权利的诉讼(interpleader),是指对特定的财物或金钱,数人主张同一权利,该财物或金钱的占有人或管理人将所有主张该项权利的人士作为共同被告提起诉讼,要求数名被告相互争讼,以便法院在数名被告之间确定谁是真正的权利人,从而使占有人或管理人摆脱重复承担责任的可能性。互争权利的诉讼是一种典型的义务人向权利人寻求救济的诉讼形态,义务人的诉讼利益在其中得到充分的体现。参见陈桂明、吴如巧:《美国民事诉讼中的诉讼合并制度评介及对我国的启示》,载《政治与法律》2010 年第 5 期。

第 23 条【集团诉讼[①]】

1. 成立要件

在下列情形下，集团中的一名或者多名成员可以作为集团全体成员的代表人起诉或者应诉：

(1)该集团的人数众多，以至于对全体成员的合并不具有实际可行性；

(2)该集团成员面临共同的法律问题或者事实问题；

(3)代表人提出的请求或者抗辩是在该集团中具有代表性的请求或者抗辩；以及

(4)代表人将公平和充分地维护集团成员的利益。

2. 集团诉讼的类型

如果一起诉讼符合本条第 1 款所规定的成立要件，则该诉讼可以作为集团诉讼继续进行：

(1)由集团中的个别成员单独起诉或者应诉，将产生下列风险：

A.法院可能会对集团中的不同成员作出互相矛盾或者不一致的判决，致使该集团的对方当事人不得不服从相互矛盾的行为标准；或者

B.法院对集团中个别成员作出的判决，不可避免地将会处分非当事人的其他集团成员的利益，或者实质上损害或妨害他们保护自己利益的能力。

(2)集团的对方当事人基于一般适用于整个集团的理由而作为或者

① 在美国，集团诉讼(class action)，是指由一个或者多个成员作为集团全体成员的代表，代表全体当事人起诉或者应诉的诉讼。作为原告或被告的集团与其代表在诉讼中具有共同的利害关系，将他们作为一个集体就其权利或者责任作出判决，比在一系列的单个诉讼中作出判决更为有效。在 1966 年对《联邦民事诉讼法》修订之前，集团诉讼通常分为真正的集团诉讼(true class action)、混合的集团诉讼(hybrid class action)和虚假的集团诉讼(spurious class action)。为改变集团诉讼被滥用的状况，2005 年 2 月，美国国会两院以高票通过了《集团诉讼公平法》(Class Action Fairness Act，简称 CAFA)。该法对美国集团诉讼制度的改革产生了深远的影响。参见范愉：《集团诉讼问题研究》，北京大学出版社 2005 年版，第 228 页。

不作为,因此将集团视为一个整体并予以终局性的禁令救济[①]或者相应的宣告性救济[②]更为适当;或者

(3)法院认定,集团成员所面临的共同的法律问题或者事实问题,其重要性大于影响集团个别成员的任何问题,而且集团诉讼在公平有效地解决纠纷方面优越于其他可行的方式。与上述认定有关的事项包括:

A.集团成员在分别进行的诉讼程序中自行控制起诉或者应诉的利益;

B.已经由集团成员提起的或者针对集团成员提起的与争议有关的诉讼范围及性质;

C.将包含众多请求的诉讼集中于某一个特定的法院审理的利弊;以及

D.在管理集团诉讼案件中可能遇到的困难。

3. 认证令;对集团成员的通知;判决;争点集团;次级集团

(1)认证令

A.签发时间。当一个集团成员作为集团代表人起诉或者应诉后,法院应当在切实可行的较早时间内作出命令,认定该诉讼作为集团诉讼的资格。

B.集团的定义;任命集团法律顾问。认定集团诉讼的命令中应当对集团、集团请求、争点问题或者抗辩事项作出界定,并且依据本条第 7 款的规定任命集团法律顾问。

C.修订或者变更命令。法院可以在作出终局判决前,修订或者变更准许或者拒绝集团诉讼认定的命令。

---

① 禁令救济(injunctive relief),又称为禁止令救济,是一种衡平法上的救济形式。普通法上的金钱赔偿通常只能弥补原告过去受到的损失,对于将来可能继续或发生的损害则无能为力。对于某些侵权行为,禁令救济作为防止未来损失继续和扩大的有效手段,往往是最主要、最常见的救济形式。禁令包括临时禁令、预先禁令和终局禁令三种形式。前两种实际上是诉讼上的保全措施,对法院随后的审理并无拘束力,终局禁令则常常构成判决的主要内容,对当事人的利益有重大的影响。因此,法院在作出禁令决定时,应当平衡原告、被告的利益和社会公共利益,对禁令的效力范围和有效期限予以精确界定。

② 宣告性救济(declaratory relief),又称为确权性救济,是一种衡平法上的救济方式。它的主要或直接的目的在于宣告并确认原告的权利、财产是否合法或在衡平法上是否有效。在通常情形下,在当事人对自己的权利或者其他事项存在疑问时,可以向法院申请宣告性救济并作出确权判决。

(2)对集团成员的通知

A.依据本条第2款第1项、第2项认定的集团类型。对于依据本条第2款第1项、第2项认定的任何集团类型,法院可以直接向其发出适当的通知。

B.依据本条第2款第3项认定的集团类型。对于依据本条第2款第3项认定的任何集团类型,或者依据本条第5款第1项的规定发出命令通知,基于本条第2款第3项的规定以和解为目的而认定的集团类型,法院应当在切实可行的情形下向集团成员发出适当的通知,包括向通过合理的努力可以确认的所有成员发出单独通知。该通知可以通过下列一种或者多种方式发出:联邦邮政系统、电子方式或者其他适当的方式,并且应当以通俗易懂的语言简明扼要地说明下列事项:

(a)诉讼的性质;

(b)被认定的集团的定义;

(c)集团的请求、争议问题或者抗辩事项;

(d)集团成员可以依据其意愿委托律师出庭;

(e)法院会将任何请求退出集团诉讼的成员排除在外;

(f)请求退出集团诉讼的时间和方式;以及

(g)依据本条第3款第3项的规定,集团诉讼判决对集团成员的约束力。

(3)判决

无论判决结果对集团是否有利,集团诉讼的判决都应当:

A.对于依据本条第2款第1项、第2项认定的任何集团类型,包括并且描述被法院认定为集团成员的人士;以及

B.对于依据本条第2款第3项认定的任何集团类型,包括并且描述依照本条第3款第2项予以通知但是未请求退出的集团成员,以及被法院认定为集团成员的人士。

(4)特定争点问题

在适当的情形下,可以就特定的争点问题提起或者进行单独的集团诉讼。

(5)次级集团

在适当的情形下,可以将一个集团划分为多个次级集团。依据本条的规定,每一个次级集团都被视为一个单独的集团。

4. 进行诉讼

(1)一般规定

在依据本条的规定进行诉讼时,法院可以作出下列命令:

A.决定诉讼程序的进行,并采取有效措施防止在举证或者辩论环节过度重复或者复杂化;

B.为保护集团成员并且公正地进行诉讼,法院应当就下列事项向集团成员的部分或者全部作出适当的通知:

(a)诉讼中的每一个步骤;

(b)拟作出判决的范围;或者

(c)集团成员有机会向法院表明他们对下列问题的看法,包括在诉讼中是否被公平和充分地代表,是否有机会提出诉讼请求或者抗辩,或者以其他方式参与诉讼过程;

C.规定对代表人或者诉讼参加人的要求;

D.要求修订起诉状,以删除与缺席当事人相关的主张,并且相应地进行诉讼程序;或者

E.处理其他类似的程序性事项。

(2)合并和修订命令

依据本条第 4 款第 1 项作出的命令可予以随时更改或者修订,并且可以与依据本规则第 16 条作出的关于审前会议的命令合并。

5. 和解、自愿撤诉或达成妥协

经法院认定的集团类型,或者为解决纠纷的目的拟认定的集团类型,只有在法院批准的情形下才能与对方和解、自愿撤诉或者达成妥协。下列程序适用于拟议的和解、自愿撤诉或者达成妥协:

(1)对集团发出通知

A.当事人应当向法院提供的信息。双方当事人应当向法院提供充分的信息,使之能够决定是否将解决争议的提议通知该集团。

B.作出通知决定的依据。法院应当以合理的方式向所有受该提议约束的集团成员作出通知,如果作出通知决定的依据是当事人表明法院有可能:(a)批准本条第 5 款第 2 项规定的提议;以及(b)基于对提议作出判决的目的认定集团诉讼。

(2)批准提议

如果该提议对所有的集团成员都具有约束力,法院只有在召开听证并且考虑下列因素,确认该提议符合公平性、合理性和充分性的要求后,

才能予以批准：

A.集团代表人和集团法律顾问已经充分地代表了该集团；

B.该提议经过了基于各方利益的公平磋商；

C.考虑到下列因素，为该集团提供的救济是充分的：

(a)审理和上诉的费用、风险和延误；

(b)所提交的集团救济分配方案的有效性，包括处理集团成员利益请求的方法；

(c)任何提议的律师费的条款，包括对支付时间的规定；以及

(d)依据本条第 5 款第 3 项所要求确定的任何协议；以及

D.该提议对于集团每位成员较为公平。

(3)确认协议

向法院寻求批准提议的当事人应当提交一份陈述书，以确认与该提议有关的任何协议。

(4)退出集团诉讼的新机会

如果集团诉讼先前已依据本条第 2 款第 3 项的规定获得认定，法院可以拒绝批准和解协议，除非其为先前有机会请求退出集团诉讼但未获批准的个别集团成员提供一个新的请求退出的机会。

(5)集团成员的异议

A.一般规定。如果一项提议依据本条第 5 款的规定要求获得法院批准，任何集团成员均可提出针对该提议的异议。该异议应当阐明它是否只适用于异议者本人、该集团的部分成员，或者适用于整个集团，并且具体说明异议的理由。

B.与异议有关的付款需经法院批准。除非在听证会举行之后获得法院批准，否则不得就下列事项支付款项或者其他对价：(a)放弃或者撤回异议；或者(b)放弃、撤回或者中止对批准该提议的判决提起上诉的权利。

C.上诉后的批准程序。如果在上诉提交上诉法院之前未获得本条第 5 款第 5B 项规定的批准，在上诉待决期间内适用本规则第 62.1 条规定的程序。

6. **上诉程序**

联邦上诉法院[1]可以允许对依据本条的规定批准或者拒绝集团诉讼认定的命令提起上诉，但不得对依据本条第 5 款第 1 项规定的命令提起上诉。当事人应当在命令作出后 14 日内，向巡回法庭的书记官申请上诉许可。如果诉讼的任何一方当事人是联邦政府、联邦机构、政府官员或者雇员，因与代表联邦政府履行职责有关的作为或者不作为而被起诉，当事人应当在命令作出后 45 日内申请上诉许可。除非地区法院或者上诉法院作出特别的命令，上诉不中止地区法院的诉讼程序。

7. **集团法律顾问**

（1）任命集团法律顾问

除制定法另有规定外，认定集团诉讼的法院应当任命集团法律顾问。法院在任命集团法律顾问时：

A.应当考虑下列因素：

（a）该顾问在识别或者调查本案潜在诉讼请求方面所做的工作；

（b）该顾问在处理集团诉讼、其他复杂诉讼以及与本案提出的诉讼类型相关的经验；

（c）该顾问在适用相关法律方面的专业知识；以及

（d）该顾问代理集团进行诉讼时可以利用的资源。

B.可以考虑与该人的能力是否足以公平、充分地代表该集团利益有关的任何其他因素；

C.可以命令集团法律顾问的候选人提供与该项任命相关的任何方面的信息，并且由其提出律师费用和非应税费用的条款；

D.可以在任命命令中列入依据本条第 8 款裁决律师费用或者非应税

---

① 联邦上诉法院（United States Court of Appeals）是国会在《司法组织法》（The Judiciary Act of 1789）划定巡回区的基础上设置的，其目的在于减轻联邦最高法院受理所有联邦初审法院的上诉案件的负担。全美共有 13 个联邦上诉法院（包括哥伦比亚特区上诉法院和国会设立的联邦巡回上诉法院），分别受理来自 94 个地区法院的上诉案件，而且有权对部分联邦行政机构的裁决进行复审并强制执行。联邦巡回上诉法院是 1982 年国会通过制定《联邦法院改进法》（The Federal Court Improvement Act）而设立的，它对一些专门性案件拥有全国范围内的管辖权，包括涉及专利纠纷的案件以及由联邦索赔法院和联邦国际贸易法院作为第一审法院的上诉案件。哥伦比亚特区上诉法院只受理来自哥伦比亚特区地区法院的上诉案件。其他上诉法院则分别管辖各自巡回区内的地区法院的上诉案件。各上诉法院法官的人数由制定法规定。上诉法院通常由 3 名法官组成合议庭进行审理。

费用的规定;以及

E.可就该任命令作出进一步的命令。

(2)任命集团法律顾问的标准

当一名申请人寻求被任命为集团法律顾问时,法院只有在符合本条第7款第1项和第4项规定的情形下,才可以任命该申请人为集团法律顾问。如果有若干符合条件的申请人寻求任命,法院应当任命最能够代表集团利益的申请人为集团法律顾问。

(3)临时法律顾问

在决定是否认定某一诉讼为集团诉讼之前,法院可以任命临时法律顾问,由其代表一个拟定的集团进行诉讼。

(4)集团法律顾问的职责

集团法律顾问应当公平、充分地代表该集团的利益。

8. 律师费用和非应税费用

在经认定的集团诉讼中,法院可以依照法律规定或者双方协议中的授权,裁决合理的律师费用和非应税费用。具体适用下列程序:

(1)依据本规则第54条第4款第2项的规定,当事人应当在法院规定的时间内以动议方式提出裁决请求,同时应当符合本条第8款的规定。动议通知应当送达各方当事人。针对集团法律顾问的动议,应当以合理的方式送达集团成员。

(2)集团成员,或被判令支付费用的一方当事人可以对上述动议提出异议。

(3)法院可以举行听证,并且应当依据本规则第52条第1款的规定在查明事实后陈述其法律结论。

(4)法院可以依据本规则第54条第4款第2D项的规定,将与裁决金额有关的争点问题提交给特别主事官或者治安法官处理。

(本条文于1966年2月28日修正,同年7月1日生效;1987年3月2日修正,同年8月1日生效;1998年4月24日修正,同年12月1日生效;2003年3月27日修正,同年12月1日生效;2007年4月30日修正,同年12月1日生效;2009年3月26日修正,同年12月1日生效;2018年4月26日修正,同年12月1日生效)

第 23.1 条【派生诉讼[①]】

1. 成立要件

本规则适用于公司或非法人组织的一名或者多名股东、成员提起的派生诉讼，用以强制实现该公司或者组织本应适当地提出但未能强制实现的权利。如果原告无法公平地、充分地代表那些在行使公司或者组织的权利方面处境类似的其他股东或者成员的利益，派生诉讼不得继续进行。

2. 起诉条件

当事人的起诉状应当经过核实，并且必须符合下列条件：

(1)表明原告在被指控的交易发生时是该公司的股东或者该组织的成员，或者原告的股份、成员资格是通过法律的运用转移至原告的；

(2)表明原告的起诉行为不存在恶意串通，并非企图将管辖权转移至其他原本无管辖权的联邦法院；以及

(3)就下列事项作出详细说明：

A.原告为了使董事会或者公司相关的权力机构提起诉讼，或者在必要时由公司股东或组织成员提起自己所希望的诉讼而作出的努力；以及

B.最终未能提起诉讼或者未能作出努力的原因。

3. 和解、自愿撤诉和妥协

派生诉讼只有在法院批准的情形下才能进行和解、自愿撤诉或者妥协。拟进行的和解、自愿撤诉或者妥协的通知应当以法院命令的方式通知公司股东或者组织成员。

(本条文于 1966 年 2 月 28 日增设，同年 7 月 1 日生效；1987 年 3 月 2 日修正，同年 8 月 1 日生效；2007 年 4 月 30 日修正，同年 12 月 1 日生效)

第 23.2 条【有关非法人团体的诉讼】

本规则适用于非法人团体作为一种集团类型，由其特定成员作为代

---

① 派生诉讼(derivative action)，又称为股东代表诉讼，是指在公司的基本权利受到侵犯而公司不行使其诉权时，股东为公司利益而向第三人提起的诉讼。股东的诉权来源于公司的诉权，股东实际上是由股东作为公司和其他股东的代表提起诉讼的，因此而得名。按照多数人承认的规则，提起诉讼的股东在起诉时需持有公司一定数量的股份，且在其起诉前需用尽公司内部救济方法，即该股东应先请求董事起诉。若请求无效，应向其他股东提出类似请求，在该请求也无效果时，股东才可以自己起诉，并且要在起诉状中说明自己曾作出过此种努力但都归于失败。

表人以集团名义起诉或者应诉的情形。只有在代表人能够公平、充分地维护该团体及其成员的利益时，诉讼才能继续进行。在诉讼进行中，法院可以依据本规则第 23 条第 4 款的规定作出任何适当的命令。诉讼中的和解、自愿撤诉或者妥协都应当符合本规则第 23 条第 5 款的程序规定。

（本条文于 1966 年 2 月 28 日增设，同年 7 月 1 日生效；2007 年 4 月 30 日修正，同年 12 月 1 日生效）

第 24 条【诉讼参加①】

1. 权利性的诉讼参加

依据申请人适时提出的动议，法院应当允许符合下列条件的任何人参加诉讼：

(1)联邦制定法赋予申请人无条件的诉讼参加权；或者

(2)申请人所请求的利益与作为诉讼标的的财产或者交易相关，并且由于申请人所处的境况，该诉讼的处理结果可能会在实际上损害或者妨碍其保护自己利益的能力，但申请人的利益已由现有的各方当事人充分代表的除外。

2. 许可性的诉讼参加

(1)一般规则

依据申请人适时提出的动议，法院可以准许符合下列条件的任何人参加诉讼：

A.当联邦制定法赋予申请人有条件的诉讼参加权时；或者

B.申请人的请求或者抗辩与本诉之间存在共同的法律问题或者事实问题。

(2)由政府官员或者政府机构参与诉讼

如果当事人所提出的诉讼请求或者抗辩基于下列根据，法院可依据申请人适时提出的动议，准许联邦或州政府官员或者有关政府机构参与诉讼：

A.由该官员或者机构执行的法律或者行政命令；或者

---

① 诉讼参加(intervention)，是指既不是原告，也不是被告的人士，声称对诉讼标的享有利益或与诉讼结果有利害关系，以第三人的名义加入他人正在进行的诉讼，以保护其权利或利益。诉讼参加人有时加入原告一方以主张其权利，有时加入被告一方以反驳原告的主张，有时则提出与原告、被告相对立的主张。法院允许第三人参加诉讼，成为案件当事人的程序称为诉讼参加程序。

B.依据现行法律或者行政命令作出或者制定的任何法规、命令、要求或者协议。

(3)延迟或者造成损害

法院在行使其自由裁量权时,应当充分考虑如果准许申请人参加诉讼,是否会不适当地拖延或者损害对本诉当事人权利的判决。

3. 对通知和诉答文书的要求

申请参加诉讼的动议应当依据本规则第5条的规定送达当事人。该动议应当阐明申请人参加诉讼的理由,并且附有申请人提出诉讼请求或者抗辩的诉答文书。

(本条文于1946年12月27日修正,1948年3月19日生效;1948年12月29日修正,1949年10月20日生效;1963年1月21日修正,同年7月1日生效;1966年2月28日修正,同年7月1日生效;1987年3月2日修正,同年8月1日生效;1991年4月30日修正,同年12月1日生效;2006年4月12日修正,同年12月1日生效;2007年4月30日修正,同年12月1日生效)

第25条【替代当事人】

1. 死亡

(1)诉讼请求未消灭时的替代

如果在诉讼进行过程中一方当事人死亡,而诉讼请求并未因此而消灭,法院可以命令更换适当的当事人。任何一方当事人、死者的继承人或者代表人都可以提出替代当事人的动议。如果在当事人死亡告知书送达后90日内上述人士均未提出动议的,法院应当裁定驳回由死者提出的或者针对死者提出的诉讼。

(2)诉讼在存续的当事人之间的延续

在一方当事人死亡后,如果寻求强制实现的权利仅存在于存续的当事人之间,那么该诉讼不能被撤销,而将以有利于或不利于存续的当事人的方式继续进行。对于该当事人死亡情况的事实应当记录在案。

(3)送达

替代当事人的动议和听证通知,应当依据本规则第5条的规定送达各方当事人,并且依照本规则第4条的规定送达非当事人。有关当事人的死亡告知书也应当以同样的方式送达。送达可以在任何司法管辖区进行。

2. 无诉讼能力

如果一方当事人丧失诉讼能力,法院可以依据当事人的动议,准许该当事人的代表人以原告或者被告的名义继续进行诉讼。该动议应当依据本条第1款第3项的规定进行送达。

3. 权利义务转移

如果出现权利义务转移的情形,诉讼可以由原当事人继续进行,或者针对原当事人继续进行,除非法院依据动议命令受让人在诉讼中代替原当事人的地位或者与原当事人合并。该动议应当依据本条第1款第3项的规定进行送达。

4. 政府官员;死亡或离职

当以官方身份参与案件的政府官员在诉讼过程中死亡、辞职或者因其他原因停止执行职务时,该诉讼不能被撤销,而应当由该政府官员的继任者自动替代为新的当事人。替代后的诉讼程序应当以被替代的当事人的名义继续进行,但是,任何不影响当事人实体权利的称谓差别应当被忽略。法院可以随时作出替代当事人的命令,但缺乏该命令并不影响当事人替代的效力。

(本条文于1948年12月29日修正,1949年10月20日生效;1961年4月17日修正,同年7月19日生效;1963年1月21日修正,同年7月1日生效;1987年3月2日修正,同年8月1日生效;2007年4月30日修正,同年12月1日生效)

第五章　信息披露和证据开示[①]

第 26 条【信息披露义务;证据开示的一般规定】

1. 信息披露要求

(1)最初披露

A.一般规则。除本条第 1 款第 1B 项规定的免于披露的事项,或者法院另行作出规定或者命令外,当事人无须等待证据开示请求,应当向对方当事人提供下列信息:

(a)披露方可能用于支持其请求或者答辩的信息,包括每一个有可能发现信息的人士的姓名、地址和联系电话(如已知悉),以及该信息的主题,但是该信息仅用于对证人进行质疑[②]的除外;

(b)由披露方拥有、保管或者控制的信息,包括可能用于支持其请求或者答辩的所有文件、电子存储信息、其他证物的副本或者与其类别、位置相关的描述,但是该信息仅用于对证人进行质疑的除外;

(c)披露方要求赔偿的每一类损害赔偿的计算方式,同时应当依据本规则第 34 条的规定提供每项计算所依据的文件或者其他证据材料,以供查阅和复制。除非该计算方式因为享有特许权[③]或者受到保护而免于披露,其他相关信息都应当进行披露,包括与所遭受损害性质和程度有关的

---

① 证据开示(discovery)是民事诉讼中的一种审前程序,一方当事人可以通过该程序从对方当事人处获得与案件有关的事实与信息,以助于准备庭审。要求开示的方式包括录取证言(deposition)、书面质询(written interrogatories)、请求自认(requests for admissions)、请求出示文件(requests for production)等。根据美国法律的规定,对证据开示应当作广义的解释,其范围比直接证据更广泛,当事人可以要求提供任何合理范围内的材料和证词,以进一步发现具有可采性的证据。这些材料和证词本身可能与案情并不直接相关,但有助于发现其他相关证据。

② 对证人进行质疑(impeachment of witness),是指通过提出证据对证人的一般可信性或者在特定案件中的可信性进行攻击。攻击的方式包括:根据其他证人的证言说明该证人所作证的事实并非如他所述;提出表明该证人一般信誉恶劣的证据,或者该证人以前曾作过与该证言不一致或者相互矛盾的陈述的证据,或者该证人有偏见、有切身利益或者有敌对态度的证据等。

③ 享有特许权(privileged evidence),又译为特许不提供的证据,是指当事人依据制定法或普通法的规定,在诉讼中有权拒绝向对方当事人或法庭提供的证据,包括特许不泄露的通信(privileged communications)、国家机密、政府档案、告发人身份、陪审团记录、某些事故报告以及律师的工作成果等。

材料；以及

(d)依据本规则第34条的规定查阅和复制保险协议。基于该协议，保险公司可能对诉讼判决的部分或者全部负有履行责任，或者负有赔偿或者代偿为履行判决而支付款项的责任。

B.免于最初披露的程序。下列法律程序无须进行最初披露：

(a)要求审查行政记录的诉讼；

(b)依据联邦制定法提起的没收财产诉讼；

(c)申请人身保护令的程序，或者对刑事定罪或判决提出异议的其他程序；

(d)由联邦、各州或者州下属部门拘禁的人士，在没有代理律师的情形下提起的诉讼；

(e)强制执行或者撤销行政传唤令或传票的诉讼；

(f)联邦政府提起的收回补助金的诉讼；

(g)联邦政府提起的收回由政府担保的学生贷款的诉讼；

(h)在另一法院进行的诉讼案件的附属程序；以及

(i)强制执行仲裁裁决的诉讼。

C.最初披露的时间。在一般情形下，当事人应当在本条第6款所规定的当事人会议期间或者会后14日内作出最初披露。除非另有规定，或者法院命令规定了不同的时间，或者除非一方当事人在会议期间提出异议，主张最初披露在本诉讼中不适用，并且在其提议的证据开示计划中陈述了相关的反对意见。在对异议作出裁定时，法院应当同时确定披露的内容(如有)并且确定披露的时间。

D.已受送达或被合并的当事人的最初披露的时间。在依据本条第6款规定的当事人会议召开后，首次受送达或者以其他方式被合并的当事人，应当在受送达或者被合并后30日内作出初次披露，除非另有规定或法院命令规定了不同的时间。

E.最初披露的依据；不予接受的豁免理由。当事人应当根据当时可以合理地获得的信息作出最初披露。任何一方当事人不得因为没有对案件进行充分调查，或者因为质疑另一方当事人披露的充分性，或者因为另一方当事人未作出信息披露而豁免其最初披露的义务。

(2)专家证言的披露

A.一般规定。除依据本条第1款第1项要求的披露义务外，当事人应当依据《联邦证据规则》第702条、第703条或第705条的规定，向对方

当事人披露在审理过程中可能用以提供证据的任何证人的身份信息。

B.应当提供书面报告的证人。除非法院另有规定或者另行作出命令，如果证人系被聘请或者专门受雇在诉讼中提供专家证词的人士，或者作为当事人的雇员，其职责涉及提供专家证言的，那么证据披露应当附有由该证人准备并签署的书面报告。该报告应当包括下列事项：

(a)证人拟发表的所有意见的完整陈述及其依据和理由；

(b)证人在形成观点时参考的事实或者资料；

(c)拟用于概述或支持其观点的任何证物；

(d)证人资格，包括其在近 10 年内出版的所有出版物的清单；

(e)在近 4 年内该证人作为专家证人在法庭上作证或者通过庭外证言为其他案件提供证言的案件清单；以及

(f)有关赔偿问题的陈述书，可供法院审理时参考并作为诉讼中的证言。

C.未提供书面报告的证人。除非法院另有规定或者另行作出命令，如果证人无须提供书面报告，他应当在信息披露中对下列事项作出说明：

(a)依据《联邦证据规则》第 702 条、第 703 条或者第 705 条的规定，证人拟提交的证据的标的物；以及

(b)证人拟作证的事实和观点的摘要。

D.专家证言的披露时间。当事人应当依照法院命令的时间和顺序作出信息披露。如果没有规定或者法院的命令，披露时间依据下列要求确定：

(a)在预定的开庭审理日期或者开庭准备就绪日期前至少 90 日；或者

(b)如果该证据仅用于抵销或者反驳对方当事人依据本条第 1 款第 2B 项或第 2C 项的规定所确定的同一标的类型的证据，应当在对方当事人披露后 30 日内。

E.补充信息披露。双方当事人应当依据本条第 5 款的要求，对所披露的信息进行补充披露。

(3)审前披露

A.一般规则。除本条第 1 款第 1 项和第 2 项要求的信息披露外，一方当事人应当向对方当事人提供可能在法庭上出示的与证据相关的下列信息，而这些信息并非仅用于对证人进行质疑的目的：

(a)先前未提供的每一名证人的姓名、地址和联系方式，分别列出当事人希望出庭作证的证人名单以及在有需要时可能被传唤的证人名单；

(b)列出当事人希望以庭外证言的方式提供证据的证人名单,如果没有庭外证言的速记材料,应当提供庭外证言有关部分的文字记录;以及

(c)对每一份文件或者其他证物的陈述(包括其他证据的摘要),分别列出当事人希望向法院提供的,或者在有必要时可以向法院提供的信息。

B.审前披露的时间;异议。除法院另有命令外,审前披露应当在开庭审理前至少 30 日作出。除非法院另行规定了其他的时间,当事人作出审前披露后 14 日内,可以送达并且及时提交下列异议清单:(a)对依据本规则第 32 条第 1 款使用另一方当事人依据本条第 1 款第 3A 项(b)指定的证词的任何异议;以及(b)对依据本条第 1 款第 3A 项(c)所确定的材料的可采性提出的任何异议及其理由。除非法院基于适当的理由予以豁免,当事人未按上述要求提出的异议将被视为放弃该权利,但是依据《联邦证据规则》第 402 条或第 403 条提出的异议除外。

(4)信息披露的形式

除法院另有命令外,本条第 1 款规定的所有信息披露都应当以书面方式作出、签署和送达。

2. 证据开示的范围及限制

(1)一般适用范围

除法院命令另有限制外,证据开示的范围如下:当事人可以就与任何一方当事人的诉讼请求或者抗辩相关的,并且与案件审理要求相适应的任何非特权事项进行开示。为此,应当综合考虑诉讼中所涉问题的重要性、争议的金额、当事人获取相关信息的相对机会、各方的资源、开示对于解决纠纷的重要性,以及拟议开示的负担或者费用是否大于其可能的收益等因素。证据开示范围内的信息也可以进行开示,而不必考虑其是否具备证据的可采性。

(2)关于开示次数和范围的限制

A.在允许的情形下。法院可以通过命令改变本规则第 30 条规定的录取庭外证言和质询的次数限制,以及对录取证言的时间长短的限制。法院还可以通过命令或者地方规则,对本规则第 36 条规定的请求次数予以限制。

B.对电子存储信息的特别限制。对一方当事人确认由于不适当的负担或者成本而无法合理地获取其来源的电子存储信息,无须进行开示。基于要求强制作出证据开示或者申请保护令的动议,被寻求证据开示的一方当事人应当举证证明,由于不适当的负担或者费用致使该电子存储

信息无法合理地获得。如果当事人能够对上述事由予以证明,法院可以依据本条第 2 款第 2C 项的限制性要求,在请求方有适当的理由的情形下,命令从此类证据的来源进行开示并且明确规定具体的开示条件。

C.应要求而进行的开示。在下列情形下,法院应当基于当事人的申请或者依职权决定,对本规则或者地方规则所允许的证据开示的次数或者范围予以限制:

(a)所寻求开示的证据是不合理的累积或者重复,或者可以通过更简便、负担更轻或者成本更低的其他来源获得;

(b)所寻求开示证据的一方当事人在诉讼中已有充分的机会通过证据开示获取其所需要的信息;或者

(c)所寻求开示的证据超出了本条第 2 款第 1 项所允许的范围。

(3)审理准备:证据材料

A.文件和有形物。在通常情形下,当事人不得以准备预期诉讼或者开庭审理为目的,要求对其他当事人或者其代理人(包括当事人的律师、顾问、担保人、赔偿人、保险人或者代理人)所拥有的或者为审理而准备的文件和有形物进行开示。但是,依据本条第 2 款第 4 项的规定,可以在下列情形下对该材料进行开示:

(a)依据本条第 2 款第 1 项的规定,在其他情形下也可以开示的;以及

(b)当事人表明,该材料对于准备诉讼材料至关重要,并且在没有特别困难的情形下,难以通过其他方式获得其实质性的等同物。

B.防止信息披露的保护措施。如果法院命令对上述材料进行开示,应当防止披露当事人的律师或者其他代理人有关诉讼的心理印象、结论、意见或者法律理论的信息。

C.先前陈述。任何一方当事人或者其他非当事人均可基于要求而无须出示所需的证明,获得该人士本人先前作出的关于该诉讼或者其标的物的陈述。如果该请求被拒绝,该人士可以申请法院作出命令,并且依据本规则第 37 条第 1 款第 5 项的规定裁决相关的费用承担。先前陈述可以是:

(a)该人士已签署或者以其他方式认可或批准的书面陈述;或者

(b)同期的速记、机械录音、电子记录或者其他记录(包括转录本),该文本实质上能够逐字逐句地再现该人士的口头陈述。

(4)审理准备:专家证人

A.可能作证的专家的证言。当事人可以对任何在审理中提交意见

的专家录取证言。如果依据本条第 1 款第 2B 项的规定要求专家提交报告，那么只有在该专家提交报告后才可以录取其证言。

B.对报告草案或者信息披露的审前准备保护。本条第 2 款第 3A 项和第 3B 项保护依据本条第 1 款第 2 项要求提交的任何报告或者披露的草案，无论它们采取何种记录方式。

C.当事人的代理律师和专家证人之间通信的审前准备保护。本条第 2 款第 3A 项和第 3B 项保护当事人的代理律师与依据本条第 1 款第 2B 项要求提供报告的任何证人之间任何形式的通信，但下列情形除外：

(a)与专家研究的报酬或者由其所提供证言的报酬有关；

(b)确认当事人的代理律师提供的事实或者资料，以及专家在提出意见时所参考的事实或者资料；或者

(c)确认当事人的代理律师提供的假设，以及专家在提出意见时所依赖的假设。

D.仅在庭审准备阶段聘请的专家。在一般情形下，当事人不得通过质询或者录取证言的方式，对由对方当事人在庭审准备阶段所聘请或者雇佣的专家获知的事实或者由其提出的专家意见进行开示。该专家预计不会在庭审阶段被传唤为证人。只有在下列情形下，当事人才能对该专家所作出的专家证言请求证据开示：

(a)符合本规则第 35 条第 2 款的规定；或者

(b)表明当事人具有无法通过其他方式就同一问题获取事实或者意见的特殊情形。

E.支付费用。除非会造成显失公平的情形，法院应当要求请求证据开示的一方当事人：

(a)依据本条第 2 款第 4A 项或第 4D 项的规定，就专家参与证据开示的耗时向专家支付合理的费用；以及

(b)适用本条第 2 款第 4D 项规定的证据开示，还应当向对方当事人支付其为获取专家所知事实及专家意见所产生的部分费用和合理的开支。

(5)保密特权的请求或者保护庭审准备材料的请求

A.拟保留的信息。如果当事人拟保留特定的信息免于被开示，声称该信息享有保密特权或者作为审理准备材料应当受到保护时，该当事人应当：

(a)明确地提出请求；以及

(b)描述未出示或者披露的文件、通信或者有形物品的性质，并在不

披露信息本身享有保密特权或受保护的情形下，使其他当事人能够评估该请求。

B.已提交的信息。如果当事人提出，在证据开示中已经提交的信息属于享有保密特权或者受到保护的审判准备材料，提出请求的当事人可以将该请求通知收到上述信息的任何一方当事人并说明理由。在收到通知后，当事人应当：

(a)立即返还、封存或者销毁指定的信息及其所有副本；

(b)在该请求获得处理前不得使用或者披露该信息；

(c)如果一方当事人在收到通知前披露了该信息，应当采取合理的措施追回信息；以及

(d)当事人可以立即将信息密封后提交法院，以供法院对该请求作出裁定。

提交信息的一方当事人应当在其请求得到处理之前妥善保存该信息。

3. 保护令

(1)一般规定

当事人或被要求证据开示的任何人士都可以向受诉法院申请保护令，或者作为与取证有关事项的替代方案，向能够录取证言的地区法院申请保护令。申请保护令的动议应当包含一份证明，证明申请人已经善意地与或试图与其他受影响的当事人进行协商，以求得在不诉诸法院的情形下解决争议。法院可以基于适当的理由作出下列一项或者多项命令，以保护该当事人或者被要求开示证据的人士免受烦恼、困扰、压迫或者不当负担责任或者费用：

A.禁止披露或者开示；

B.规定披露或者开示的专门条款，包括时间、地点或者费用的分担；

C.规定与寻求开示的当事人选择的开示方法不同的开示方法；

D.禁止调查某些事项，或者将披露或开示的范围限定于特定事项；

E.指定进行开示时可能在场的人员；

F.要求只能根据法院的命令封存和启封证言；

G.要求不得泄露商业秘密或者其他机密性的研究、开发成果及商业信息，或者要求只能以特定方式披露信息；以及

H.要求双方当事人同时将特定的文件或者信息装入密封的文件袋，只能根据法院的指示将其启封。

（2）命令开示

如果当事人申请保护令的动议全部或者部分被驳回，法院可以基于公正的条件，命令任何当事人或者非当事人提供或者允许开示。

（3）支付费用的裁定

支付费用的裁定适用本规则第 37 条第 1 款第 5 项的规定。

4. 开示的时间和顺序

（1）开示的时间

在当事人依据本条第 6 款的规定进行协商之前，不得通过任何途径寻求证据开示。但是，依据本条第 1 款第 1B 项规定的豁免最初披露的程序，或者本规则、其他制定法或法院命令另有规定的除外。

（2）提前提出本规则第 34 条的请求

A.提交的时间。在传票和诉状送达当事人 21 日之后，可以依据本规则第 34 条提出请求：（a）由任何其他当事人向该当事人提交；以及（b）由该当事人送达给任何原告或者已送达的任何其他当事人。

B.视为送达的时间。该请求被视为已经在本条第 6 款规定的当事人会议上首次送达。

（3）开示的顺序

除非当事人特别指明，或者法院基于便利当事人和证人的考虑或司法利益的目的命令：

A.证据开示的方法可以按照任何顺序使用；以及

B.由一方当事人进行证据开示并不需要任何其他当事人推迟其证据开示。

5. 补充信息披露和答复

（1）一般规定

依据本条第 1 款的规定作出信息披露的当事人，或者对质询、请求出示或请求自认作出答复的当事人，应当对其披露或答复予以补充或者更正：

A.如果该当事人获悉其披露或者答复在某些重要方面是不完整或者不正确的，并且在证据开示中或者以书面方式未能告知对方当事人的，应当及时补充或者更正相关信息；或者

B.依照法院命令的要求补充或者更正相关信息。

（2）专家证人

对于依据本条第 1 款第 2B 项的规定应当披露其报告的专家，当事人的补充披露义务既包括报告中所包含的信息，也包括专家在录取证言期

间提供的信息。对于该信息的任何补充或者修订，当事人应当依据本条第 1 款第 3 项的规定在审前披露到期之前作出披露。

6. 当事人会议；证据开示计划

(1)会议的时间

除非依据本条第 1 款第 1B 项规定的豁免最初披露的程序或者法院另有命令，当事人应当在切实可行的范围内尽快进行协商，并且依据本规则第 16 条第 2 款的规定，在日程安排令到期前或者预定的会议到期日期前至少 21 日进行协商。

(2)会议的内容；当事人的责任

在协商过程中，当事人应当考虑其诉讼请求和答辩的性质和依据，以及迅速和解或者解决纠纷的可行性；作出或者安排依据本条第 1 款第 1 项所规定的信息披露；讨论与任何可开示信息的保留有关的任何事项；制定拟议的证据开示计划。在本案中出庭的备案律师和所有没有律师代理的当事人共同负责安排会议，善意地试图就拟议的开示计划达成一致，并且在会议召开后 14 日内向法院提交一份概述该计划的书面报告。法院可以命令当事人或其代理律师亲自出席该会议。

(3)证据开示计划

证据开示计划应当说明各方当事人对以下事项的意见和方案：

A.依据本条第 1 款的规定，对证据披露的时间、形式或者要求应作出哪些改变，包括进行或拟进行最初披露时间的陈述书；

B.可能需要开示的事项，开示完成时间，以及开示是否应当分阶段进行，或者集中或限定于特定的争点问题；

C.关于电子存储信息的披露、开示或者保存的任何问题，包括信息提交的一种或者多种形式；

D.关于申请保密特权或者请求保护庭审准备材料的任何问题，包括双方当事人是否同意在证据开示后主张其请求的程序中，要求法院在依据《联邦证据规则》第 502 条的规定所作出的命令中包括其协议；

E.依据本规则或者地方规则对证据开示的限制，应当作出的调整及增加的限制措施；以及

F.依据本条第 3 款或者本规则第 16 条第 2 款、第 3 款的规定，法院应当作出的任何其他命令。

(4)加速时间安排

如果有必要遵守本规则第 16 条第 2 款有关会议的加速时间安排，法

院可以依照地方规则：

A.要求当事人会议在日程安排会议召开之前21日内召开，或在法院依据本规则第16条第2款的规定作出的日程安排令到期之前召开；以及

B.要求概述证据开示计划的书面报告在当事人会议后14日内提交，或者豁免双方当事人提交书面报告，允许其在依据本规则第16条第2款的规定，在审前会议上就其证据开示计划进行口头报告。

7. 签署信息披露和开示请求、答复和异议

(1)签署的要求；签署的效力

依据本条第1款第1项或第3项的规定作出的每一项披露及每一项开示请求、答复或异议，都应当由至少一名注册的律师以律师的名义签署，或者由没有律师代理的当事人亲自签署。签署时应当注明签署人的地址、电子邮箱和联系电话。律师或者当事人通过签署的行为表明，在经过合理调查后，尽最大努力形成了符合下列要求的知识、信息和观点：

A.对于信息披露，应当在披露时保持该信息的完整和正确；

B.对于证据开示的请求、答辩或者异议，应当：

(a)符合本规则和现行法律的规定，或者对现行法律的扩张、修订、变更，或者制定新法提出有意义的主张；

(b)不得出于任何不当目的，例如骚扰、不必要地拖延造成或者不必要地增加诉讼费用；以及

(c)充分考虑到案件需要、事前证据开示、争议金额以及诉讼中关键问题的重要性，不至于造成不合理或者过度的负担或者费用。

(2)未签署的情形

其他当事人没有义务对未签署的披露、开示请求、答复或者异议采取行动。法院对此应当予以撤销，除非有关律师或当事人在经由法院提请注意遗漏后及时完成签署。

(3)对不当证明的制裁

如果某项证明在没有实质性正当理由的情形下违反了本规则，法院应当依当事人申请或依职权对签署人、签署人所代表的当事人单独或者一并作出适当的制裁。该制裁可以包括一项法院的命令，即要求当事人负担因违规行为而产生的合理费用，包括律师费。

(本条文于1946年12月27日修正，1948年3月19日生效；1963年1月21日修正，同年7月1日生效；1966年2月28日修正，同年7月1日生效；1970年3月30日修正，同年7月1日生效；1980年4月29日修正，

同年8月1日生效;1983年4月28日修正,同年8月1日生效;1987年3月2日修正,同年8月1日生效;1993年4月22日修正,同年12月1日生效;2000年4月17日修正,同年12月1日生效;2006年4月12日修正,同年12月1日生效;2007年4月30日修正,同年12月1日生效;2010年4月28日修正,同年12月1日生效;2015年4月29日修正,同年12月1日生效)

第27条【庭外证言的录取】

1. 在提起诉讼前录取证言

(1)申请书

任何拟就自己或者他人在联邦法院管辖范围内进行审理的事项录取庭外证言的人士,可以向任何潜在的对方当事人居住地的联邦地区法院提交经认证的申请书。该申请书应当请求法院作出命令,授权申请人可以对指定的人士录取庭外证言。该申请书应当以申请人的姓名命名并列明下列事项:

A.申请人是联邦法院管辖范围内诉讼案件的潜在当事人,但目前尚未提起诉讼或者应诉;

B.预期诉讼中的诉讼标的与申请人的利益相关;

C.申请人通过录取庭外证言的方式拟证实的事实以及保全证言的理由;

D.潜在的对方当事人的姓名、基本情况和目前所知的地址;以及

E.每一名宣誓证人[①]的姓名、地址和预期能够获得的主要证言内容。

(2)通知和送达

申请人应当至少在预定的听证日期21日前,向每一名潜在的对方当事人送达一份申请书副本和一份载明听证时间及地点的通知。该通知可以依据本规则第4条规定的方式,在该联邦地区法院辖区或者州范围内外送达。如果通过合理的努力仍然无法送达潜在的对方当事人,法院可以命令通过公告或者其他方式送达。法院应当指定一名律师,代表按照本规则第4条规定的方式仍无法送达的人士。如果未获送达的人士没有

---

① 宣誓证人(deponent),是指通过录取证言(deposition)的方式,经宣誓后为此后的庭审提供证言的人士。宣誓证人通常以书面形式提供证言。

其他代理人，该律师应当对证人进行交叉询问[①]。如果潜在的对方当事人是未成年人或者无行为能力人，应当适用本规则第 17 条第 3 款的规定。

（3）命令和询问

如果法院认为保全证言可以防止审判不公或者诉讼拖延，应当作出命令，确定或者描述将被录取证词的人士，指定询问的事项，并且说明录取庭外证言将以口头或者书面质询的形式进行。此后，可以依据本规则的规定录取庭外证言，法院还可以发出类似本规则第 34 条和第 35 条授权的命令。本条所提及的“受诉法院”是指申请人提交录取庭外证言申请的法院。

（4）庭外证言的使用

如果庭外证言是依据本条的规定录取的，或者虽未依据本条的规定录取，但在被录取证言所在州的法院具有证据的可采性时，那么该证言可以依据本规则第 32 条第 1 款的规定，在此后与同一诉讼标的相关的任何联邦地区法院诉讼中作为证据使用。

2. 上诉程序中录取证言

（1）一般规定

作出判决的地区法院可以在当事人提起上诉后或者未提起上诉但上

---

① 交叉询问（cross-examinination），是指一方当事人或其律师在法庭上对另一方证人进行的盘诘性询问。在美国法院的诉讼程序中，直接询问（direct-examination，又译为主询问）是质证过程的第一步，即一方律师对自己所传唤的证人进行的询问。它发生在交叉询问之前，是交叉询问的基础。交叉询问是开庭审理询问证人的第二个阶段，即在提供证人的一方对证人进行直接询问后，由对方当事人或律师进行的询问，其目的是在事实审理者面前暴露该证人证言中的矛盾，错误或不真实的因素，以此否定或降低该证人证言的证明力。同时，通过交叉询问还可以使对方证人承认那些对于本方有利的事实。一方律师若能在交叉询问中证实为另一方所主张的相反的事实，即对方所诉不是事实或不真实，就等于对方承认了某些有利于本方的事实，该种观点就会被裁定为最终答复，对方不允许反驳。交叉询问作为质证的基本方式，有利于调动当事人进行质证的主观能动性，有利于实现质证的目的和功能，也有利于保障庭审调查的程序公正。诉讼各方在法官主持下进行交叉询问时，应当遵守以下规则：（1）交叉询问的问题应当与证人或鉴定人等陈述的案件事实或鉴定事项有关。对于不具有上述关联性的问题，证人或鉴定人可以拒绝回答，但是涉及证人资格或鉴定人资格的问题除外。（2）在对证人或者鉴定人的资格进行质疑时，可以涉及与个人信誉或品行有关的问题，但不得损害证人或鉴定人的人格尊严。（3）在交叉询问中可以使用带有诱导性质的提问方式，但是不得使用威胁、利诱等语言。（4）如果一方认为对方在交叉询问中提问的方式或内容不合适，应当及时在法庭上提出异议或反对。法官应当对异议或反对作出及时裁判。

诉期间尚未届满前，准许录取证人的庭外证言，以便在以后进行的诉讼程序中加以使用。

（2）动议

拟录取庭外证言的一方当事人，可以向地区法院提交申请录取证言的动议。该动议的申请程序与该诉讼在地区法院初审时相同。动议应当包含下列事项：

A.每一名证人的姓名、地址和预期录取的证言内容；以及

B.录取证言的理由。

（3）法院命令

如果法院认为保全证言将有助于防止审判不公或者诉讼拖延，可以作出准许录取证言的命令，并且可以作出类似本规则第34条和第35条所授权的命令。该证言可以像地区法院初审时所录取的任何其他证言一样使用。

3. 通过诉讼录取证言

本条的规定并不限制法院通过受理诉讼的方式保全证言的权力。

（本条文于1946年12月27日修正，1948年3月19日生效；1948年12月29日修正，1949年10月20日生效；1971年3月1日修正，同年7月1日生效；1987年3月2日修正，同年8月1日生效；2005年4月25日修正，同年12月1日生效；2007年4月30日修正，同年12月1日生效；2009年3月26日修正，同年12月1日生效）

第28条【可以参与录取证言的人士】

1. 在美国境内录取证言

（1）一般规定

在美国或者受美国管辖的领土或岛屿内，录取证言应当在下列人士面前进行：

A.依据联邦法律或者询问地的法律被授权主持宣誓的官员；或者

B.由受诉法院指定的负责主持宣誓和录取证言的人士。

（2）“官员”的定义

本规则第30条、第31条和第32条所指的“官员”，包括由法院依据本条的规定任命的人士，或者由各方当事人依据本规则第29条第1款指定的人士。

2. 在美国境外录取证言

(1)一般规定

可以在美国境外录取证言的情形包括:

A.依据适用的条约或者公约;

B.依据请求书[①],而不论该文件是否冠以"调查委托书"[②]的标题;

C.根据通知,在依据联邦法律或者询问地的法律被授权主持宣誓的人士面前;或者

D.在受法院委任,负责主持任何必要的宣誓和录取证言的人士面前。

(2)签发请求书或委托书

请求书、委托书可以在下列情形下分别签发或者同时签发:

A.在申请和通知之后,依据适当的条件;以及

B.没有证据表明以其他方式录取证言是不可行或者不方便的。

(3)请求、通知或委托书的形式

当依据条约或者公约使用请求书或其他任何委托书时,应当以该条约或公约所规定的形式拟定标题。请求书的抬头可以载明"致(某国)有关当局"。录取证言的通知或者委托书中应当指明负责录取证言的人士的姓名或其描述性头衔。

(4)承认证据的请求书

基于对请求书的回应所获取的证据,不能仅因其未能逐字逐句地记录而予以排除;或者因为录取证言未经过宣誓而予以排除;或者因为其与在美国境内录取证言的要求有所不同而予以排除。

3. 取消资格

下列人士不得作为官员参与录取证言:任何一方当事人的亲属、雇员、代理律师;与代理律师存在关联或者被该律师雇佣的人士;与该诉讼存在经济利害关系的人士。

(本条文于1946年12月27日修正,1948年3月19日生效;1963年1月21日修正,同年7月1日生效;1980年4月29日修正,同年8月1日

① 请求书(letter of request)有多种含义。在国际民事诉讼中,它是指一国法院向外国法院发出的请求外国法院办理如下事项的文件:(1)向居住于外国司法管辖区的特定人士调查取证,或者向外国司法管辖区内的个人或公司送达诉讼文书;(2)交回所录取的证言或送达回证,以供请求国法院审理案件之用。

② 调查委托书(letter rogatory),又称作请求书(letter of request),是指一国法院委托外国法院协助调查证据的文件。

生效;1987 年 3 月 2 日修正,同年 8 月 1 日生效;1993 年 4 月 22 日修正,同年 12 月 1 日生效;2007 年 4 月 30 日修正,同年 12 月 1 日生效)

第 29 条【有关证据开示程序的约定】

除非法院的命令另有规定,当事人可以对下列事项进行约定:

1. 庭外证言的录取将在何人的参与下,在何时、何地,依据何种通知,采取何种方式进行,以及该证言是否可以与其他庭外证言一样被采用;以及

2. 变更本条关于调整或者限制证据开示程序的规定。但是,如果当事人对延长证据开示时间的约定可能妨碍预定的完成证据开示、听取动议或者开庭审理的时间,应当得到法院的准许。

(本条文于 1970 年 3 月 30 日修正,同年 7 月 1 日生效;1993 年 4 月 22 日修正,同年 12 月 1 日生效;2007 年 4 月 30 日修正,同年 12 月 1 日生效)

第 30 条【以口头询问方式录取证言】

1. 录取证言的时间

(1)无须法院准许

除本条第 1 款第 2 项规定的情形外,一方当事人无须经过法院的准许,可以通过口头询问的方式向包括对方当事人在内的任何人士录取证言。当事人可以依据本规则第 45 条的规定向该证人发出传票,强制其到场。

(2)须经法院准许

在下列情形下,当事人录取证言应当获得法院的准许。如果符合第 26 条第 2 款第 1 项和第 2 项的规定,法院应当予以准许:

A.如果当事人对于录取证言未进行约定,并且:

(a)录取该证言将导致原告、被告或者第三人之诉被告依据本条或者本规则第 31 条的规定进行 10 次以上的录取证言的;

(b)该证人在本案中已经被录取过证言的;或者

(c)当事人拟在本规则第 26 条第 4 款规定的时间前录取证言,除非当事人在通知中提供事实证明该证人即将离开美国,并且在某个特定日期之后无法在本国接受质询;或者

B.该证人目前被羁押在监狱中。

2. 录取证言的通知;其他形式要求

(1)一般通知

一方当事人拟通过口头询问方式向某一证人录取证言的,应当向其

他的当事人发出合理的书面通知。该通知应当载明录取证言的时间和地点，以及已知的被询问人的姓名和地址。如果不知道被询问人的姓名，该通知应当载明足以识别该人或该人所属的特定类别或群体的一般性描述。

(2)出示文件

如果必须向拟录取证言的证人送达"随身携带文件或物品的传票"①，应当在传票通知或其附件中载明应当出示的资料目录。依据本规则第 34 条的规定，向一方当事人的证人发出通知的同时，可以附有要求其在作证时提供文件材料和有形物的请求。

(3)录制方法

A.通知中表明的方法。当事人在通知录取证言时应当载明录制证言的方法。除法院的命令另有规定外，庭外证言可以通过音频、影像或者速记的方式录制。录制费用由通知录取证言的当事人承担。任何一方当事人均可以安排转录庭外证言。

B.其他的方法。在事先通知证人和其他当事人的情形下，任何一方当事人都可以在原通知中拟定的录制方法以外，指定其他录制证言的方法。除法院的命令另有规定外，该当事人应当承担额外录制或者记录所产生的费用。

(4)通过远程方式

当事人之间可以进行约定，或者由法院根据动议或依职权命令通过电话或者其他远程方式录取证言。为了实现本条和本规则第 28 条第 1 款、第 37 条第 1 款第 2 项及第 2 款第 1 项的目的，录取证言应当在证人回答问题的场所进行。

(5)官员的职责

A.录取证言之前的职责。除当事人另有约定外，录取证言应当在依据本规则第 28 条任命或者指定的官员面前进行。在录取证言开始时，该官员应当作出一份包含下列事项的陈述并且记录在案：

(a)该官员的姓名和办公地址；

(b)录取证言的日期、时间和地点；

① 随身携带文件或物品的传票(subpoena duces tecum)，是指法院向某人士发出传票时，要求其出庭时随身携带相关的文件或物品并且提交给法庭。duces tecum 是拉丁文，意为"随身携带"(bring with you)。

(c)庭外证人的姓名；

(d)该官员对庭外证人的宣誓[①]或者确认[②]的管理；以及

(e)所有到场人员的身份信息。

B.录取证言中的职责；避免歪曲。如果庭外证言未能以速记方式予以记录，该官员应当在记录媒介的每个单元开始时重复本条第2款第5A项(a)至(c)中规定的事项。此外，不得通过录音技术对证人或者律师的形象或举止加以歪曲。

C.录取证言后的职责。在录取证言结束时，该官员应当在记录中说明证言已录取完成，并且载明律师就笔录副本、录音记录、证物或者其他相关事项所达成的协议。

(6)发给机构的通知或传票

在一方当事人发出的通知或者传票中，可以指定公营或私营公司、合伙企业、社会团体、政府机构或者其他实体作为庭外证人，并且必须以合理的方式详细描述拟询问的事项。被指名的机构应当指定一名或者多名管理人员、董事、经营代理人，或者指定其他同意以该组织的名义作证的人士，并且可以列出每一名被指定人士拟作证的具体事项。在通知或者传票送达之前或者之后，送达方应当与该机构就拟询问的事项进行善意的协商。如果被送达人属于非本案当事人的组织，应当在传票中载明上述指定的义务并确定每一位即将作证的人士。被指定的人员应当对其知晓或者合理获取的有关该组织的事项作证。本项规定不排除通过本条允许的其他方式录取庭外证言。

3. 询问和交叉询问；询问记录；异议；书面提问

(1)询问和交叉询问

对证人的询问和交叉询问应当依据《联邦证据规则》规定的审理程序

① 宣誓(oath)，是指某人郑重声明某特定事实是真实的，或者他将陈述事实的真相，忠实履行法定职责，维护法律的实施等。《联邦证据规则》第603条规定："在作证之前，证人应当宣誓或者郑重确认将如实作证。该宣誓或者确认的形式应当能够体现证人对这一义务的良知。"宣誓之后的虚假陈述将构成伪誓罪(false swearing)或伪证罪(perjury)而受到刑事处罚。

② 确认(affirmation)，是指一种正式的陈述或者声明，用以担保证人证言的真实性。在民事诉讼程序中，对某些基于宗教信仰或其他原因而不愿意宣誓的证人，法律允许他以郑重声明的方式代替宣誓，确认其所陈述的事实为真实，如作伪证，愿意受法律的惩罚。这种确认与宣誓具有同等的效力。

进行,但该规则第 103 条和第 615 条规定的情形除外。在证人宣誓或者对誓愿进行确认后,主持的官员应当依据本条第 2 款第 3A 项指定的方法录制证言。证言的录制应当由该官员亲自进行,或在他在场时,根据其指示由他人录制。

(2)异议

在询问过程中,无论是对证据、当事人的行为、官员的资格、录取证言的方式或者是对与录取证言有关的任何事项提出异议,都必须记录在案,但是异议不影响询问的继续进行。证词的可采性将受制于任何异议。一项异议应当以非争论性和非暗示性的方式予以简明地陈述。当事人可以告知证人,只有在为维护保密特权、执行法院对询问限制的命令,或者依据本条第 4 款第 3 项的规定提出动议的情形下才可以不予作答。

(3)通过书面提问参与

一方当事人可以不参与口头询问,而将书面问题装在密封的信封中,送达通知录取证言的当事人,后者应当将其交给主持的官员。该官员应当向证人询问上述书面问题,并且逐字逐句地录制回答的内容。

4. 期限;制裁;程序终止或限制的动议

(1)期限

除当事人另有约定或者法院另有命令外,录取证言的时间限制在 1 日以内,不得超过 7 小时。如果需要公正地询问证人,或者出现证人、其他人士或者其他原因阻碍或延误询问的情形,法院应当依据本规则第 26 条第 2 款第 1 项和第 2 项的规定追加录取证言的时间。

(2)制裁

对妨碍、延误或者阻挠对证人进行公正的询问的人士,法院可以对其实施适当的制裁,包括命令其负担任何一方当事人由此产生的合理的费用和律师费用。

(3)终止或限制庭外取证的动议

A.理由。在录取证言中的任何时候,证人或者当事人可以以存在恶意或不合理的骚扰、难堪情形或者使其受到压迫为由,提出终止或者限制录取证言的动议。该动议可以向受理案件的法院或者正在录取证言的法院提交。在证人提出异议或者当事人提出动议后,录取证言应当在法院作出命令之前暂停。

B.命令。法院可以依据本规则第 26 条第 3 款的规定,作出终止录取证言的命令或者限制录取证言的范围和方式的命令。如果法院命令终止

录取证言的，只有在受理案件的法院发出新的命令后，录取证言才能恢复进行。

C.费用裁决。与上述命令有关的费用裁决，适用本规则第 37 条第 1 款第 5 项的规定。

5. 由证人进行查阅；变更

(1)查阅；变更陈述

在录取庭外证言结束之前，应庭外证人或者另一方当事人提出的要求，应当在接到主持的官员的通知可以提供下列笔录或记录的 30 日内，允许该证人：

A.查阅录取庭外证言的笔录或记录；以及

B.如果拟对证言作任何形式上或实质上的变更，该证人应当签署一份陈述书并说明变更证言的原因。

(2)官员确认书中的变更

主持的官员应当在本条第 6 款第 1 项规定的确认书中注明证人变更证言的必要性。如果属于必要的变更，应当附上该证人在 30 日内作出的任何变更。

6. 确认和交付；证物；笔录或记录的副本；文件归档

(1)确认和交付

主持的官员应当以书面形式确认证人已正式宣誓，并且所录制的证言是对该证人证言的准确的记录。该确认书应当附于所录制的证言之后。除非法院的命令另有规定外，该官员应当将所录制的证言密封于一个信封或包裹内，标明案件的名称及“证人×××(注明其姓名)的庭外证言”，并且及时地将其提交给被安排记录或制作笔录的律师。该律师应当妥善地保存上述证言，防止其被丢失、损坏、篡改或者发生变质。

(2)文件和有形物

A.原件和副本。在录取证言期间所出示的供查阅的文件和有形物，应当按照当事人的要求添加可供识别的标记并且附于证言之后，以供任何一方当事人查阅和复制。出示上述材料的人士可以采取下列方法保存原件：

(a)提供文件和有形物的副本并且作上标记，附于证言之后。在为各方当事人提供一个公平的机会核对原件后，该副本可以作为原件使用；或者

(b)为各方当事人提供一个公平的机会检查和复制被标记的原件，使得原件可以如同附录于证言之后一样使用。

B.有关原件的命令。任何一方当事人都可以请求法院作出命令，在录取庭外证言最终结束之前将文件和证物的原件附于证言之后。

(3)笔录或文字记录的副本

除法院另有命令或者规定外，主持的官员应当保留以速记方式制作的庭外证言笔录，或者以其他方式记录的庭外证言的文字记录副本。在缴付合理的费用之后，该官员应当向当事人或者证人提供一份庭外证言笔录或文字记录的副本。

(4)归档通知

提交已录制的证言的一方当事人应当立即将文件的归档情况通知所有其他当事人。

7. 未能到场录取证言或未能送达传票；费用

如果发出录取证言通知的当事人存在下列情形，他应当向其他亲自到场或者由代理律师到场的当事人支付因参加录取证言而产生的合理费用，包括律师费在内：

(1)未能到场并录取庭外证言；或者

(2)未向非当事人的证人送达传票，导致其因此未到场录取证言。

（本条文于1963年1月21日修正，同年7月1日生效；1970年3月30日修正，同年7月1日生效；1971年3月1日修正，同年7月1日生效；1972年11月20日修正，1975年7月1日生效；1980年4月29日修正，同年8月1日生效；1987年3月2日修正，同年8月1日生效；1993年4月22日修正，同年12月1日生效；2000年4月17日修正，同年12月1日生效；2007年4月30日修正，同年12月1日生效；2015年4月29日修正，同年12月1日生效；2020年4月27日修正，同年12月1日生效）

第31条【以书面询问方式录取证言】

1. 录取证言的时间

(1)无须法院准许

除本条第1款第2项规定的情形外，一方当事人无须经过法院的准许，可以通过书面询问的方式向包括对方当事人在内的任何人士录取证言。当事人可以依据本规则第45条的规定向该证人发出传票，强制其到场。

(2)须经法院准许

在下列情形下，当事人录取证言必须获得法院的准许。若符合本规则第 26 条第 2 款第 1 项和第 2 项规定的情形，法院应当予以准许：

A.如果当事人对于录取证言未作约定，并且：

(a)该证言的录取将导致原告、被告或者第三人之诉被告依据本条或者本规则第 30 条的规定进行 10 次以上的录取证言的；

(b)该证人在本案中已经被录取过证言；或者

(c)当事人拟在本规则第 26 条第 4 款规定的时间前录取证言；或者

B.该证人目前被羁押于监狱中。

(3)送达；对通知的要求

如果一方当事人期望以书面询问的方式录取证言，应当将询问书连同书面通知送达给所有其他的当事人。该通知应载明已知证人的姓名和地址。如果证人的姓名不详，该通知应当提供足以识别该人或该人所属的特定类别或群体的一般描述。此外，该通知还应当载明将主持录取证言的官员的姓名、职务头衔及其办公地址。

(4)向机构提出的问题

依据本规则第 30 条第 2 款第 6 项的规定，可以以书面询问的方式，向公营或私营公司、合伙企业、有关组织或者政府机构录取证言。

(5)来自其他当事人的问题

其他当事人向证人提出的任何问题应当按照下列方式送达所有当事人：在收到通知书和询问书后 14 日内，送达交叉询问书；在收到交叉询问书后 7 日内，可以送达再次询问书；在收到再次询问书 7 日内，可以送达再次交叉询问书。法院可以基于适当的理由延长或缩短上述期限。

2. 提交给官员；官员的职责

通知录取证言的当事人应当向主持录取证言的官员提交所有书面询问的问题及已送达通知的副本。该官员应当依据本规则第 30 条第 3 款、第 5 款和第 6 款规定的方式，立即：

(1)听取证人对上述问题的证言；

(2)准备并确认证言；以及

(3)将该证言发送给当事人，并附上一份问题及通知的副本。

3. 录制完成通知或归档通知

(1)录制完成

通知录取证言的当事人应当在取证完成时通知所有其他当事人。

(2)文件归档

提交已录制的证言的当事人应当立即将文件的归档情况通知所有其

他当事人。

（本条文于1970年3月30日修正，同年7月1日生效；1987年3月2日修正，同年8月1日生效；1993年4月22日修正，同年12月1日生效；2007年4月30日修正，同年12月1日生效；2015年4月29日修正，同年12月1日生效）

第32条【在诉讼程序中使用庭外证言】

1. 使用庭外证言

（1）一般规定

在听证或者开庭审理中，如果符合下列条件，庭外证言的全部或者部分可用以对抗一方当事人：

A.对方当事人或其代理人在录取庭外证言时在场，或者已获得关于录取庭外证言的合理通知；

B.如果证人在场并作证，可以依据《联邦证据规则》的规定，在其允许范围内使用庭外证言；以及

C.本条第1款第2项至第8项允许的使用范围。

（2）质疑和其他用途

任何一方当事人都可以使用庭外证言反驳或者质疑证人作出的证言，或者根据《联邦证据规则》允许的任何其他目的使用该庭外证言。

（3）当事人、代理人或被指定人士的证言

依据本规则第30条第2款第6项或者第31条第1款第4项的规定，如果证人在录取庭外证言时的身份是一方当事人的管理人员、董事、经营代理人或者被特别指定的人士，对方当事人可以出于任何目的使用该庭外证言。

（4）无法出庭的证人

在经法院认定的下列情形下，当事人可以出于任何目的使用证人的庭外证言，无论该证人是否为当事人：

A.该证人已死亡；

B.该证人所在地距离听证或开庭审理地超过100英里，或者目前在美国境外，但是，该证人的缺席是由提供庭外证言的当事人导致的除外；

C.该证人因为年龄、疾病、身体状况或者被监禁而无法到庭或出庭作证；

D.提供庭外证言的当事人无法通过传票促使该证人出庭；或者

E.在特殊情形下，基于当事人提交的动议和通知，法院可以根据司法

的利益，在充分考虑公开庭审中现场作证的重要性后，允许使用庭外证言。

(5)使用限制

A.根据紧迫通知录取庭外证言。如果一方当事人在收到距录取庭外证言日期不足 14 日的通知后，立即依据本规则第 26 条第 3 款第 1B 项的规定提出保护令申请，要求取消庭外证言或者在另外的时间或地点录取证言，并且在录取庭外证言时该动议还未被裁决，该庭外证言不得用以对抗该当事人。

B.无法出庭的证人；无法聘请律师的当事人。依据本规则第 30 条第 1 款第 2A 项(c)的规定，未经法院准许取得的庭外证言不得用于对抗在通知送达时，虽然已尽了努力但仍无法聘请律师代表其参与庭外取证的当事人。

(6)使用庭外证言的一部分

如果一方当事人仅提供庭外证言的一部分作为证据时，对方当事人可以基于公平审理的目的，要求该当事人提供庭外证言的其他部分。其他当事人也可提供该庭外证言的任何其他部分。

(7)替代诉讼的当事人

依据本规则第 25 条的规定替代诉讼的当事人，其使用先前所取得的庭外证言的权利不受影响。

(8)先前诉讼中取得的庭外证言

在任何联邦或者州法院诉讼中合法取得并在必要时提交的证言，可在相同的范围内用于相同的当事人或与其有利害关系的代表人和继承人之间涉及相同诉讼标的的后续诉讼。在《联邦证据规则》允许的情形下，也可以使用先前取得的庭外证言。

2. 对可采性的异议

在符合本规则第 28 条第 2 款和本条第 4 款第 3 项规定的情形下，可以在听证过程中或者开庭审理时，对于任何证人如其到场作证将不被采信的庭外证言提出异议。

3. 展示形式

除法院的命令另有规定外，申请使用庭外证言的一方当事人应当向法院提供该证言的笔录，但也可以非笔录的形式向法院提供证言。应任何一方当事人的请求，在由陪审团审理的案件中，为质疑证人以外的任何目的提供的证言应当以非笔录的形式提交(如果可能)，除非法院基于适当的理由另外作出命令。

4. 放弃提出异议的权利

(1)针对通知的异议

除非及时地以书面形式送达发出通知的一方当事人,否则视为放弃对庭外证言通知中的错误或者不正当行为提出异议。

(2)针对官员资格的异议

除非存在下列情形,否则视为放弃对主持取证的官员的不适格提出异议:

A.在录取庭外证据开始之前提出的;或者

B.在得知或者经过合理的努力能够得知不适格的依据后立即提出的。

(3)针对录取庭外证言的异议

A.针对证人能力、关联性或重要性的异议。对于证人资格或由其所作出的庭外证言的能力、关联性或重要性的异议,不得因在作证前或作证时未提出异议而视为放弃,除非异议的理由在当时可予以纠正。

B.针对错误或不当行为的异议。在下列情形下,可视为放弃对口头质询中出现错误或者不当行为的异议:

(a)涉及录取庭外证言的方式、提问或者答辩的形式、宣誓或者确认、当事人的行为或者其他在当时可予以纠正的事项的异议;以及

(b)在录取庭外证据时未能及时提出的异议。

C.对书面询问的异议。对于依据本规则第 31 条规定的书面询问的形式提交的异议,如果未能在送达应答问题的合理期间内以书面形式送达提交询问书的当事人,或者未能在送达再次交叉询问的问题后 7 日内以书面形式送达提交询问书的当事人的,视为放弃提出异议。

(4)完成并呈交庭外证言

对于官员在制作、准备、确认、盖章、批注、传递、提交庭外证言及其他处理方式存在错误及不当行为提交的异议,除非当事人在得知或在经过合理的努力能够得知该错误或者不当行为后及时提交证据禁止动议①,否则视为放弃提出异议的权利。

---

① 证据禁止动议(motion to suppress),是指当事人向法院提出动议,请求法院禁止某一项非法或不当取得的证据进入刑事诉讼或民事诉讼的法庭审理。在通常的情况下,法官在收到该动议后,应当举行听证会,要求双方对该问题发表意见。若该动议获得法院的许可,有关的证据将不得在庭审中提交或出示,不得出现在该案件的官方记录中,法官或陪审团在作出判决时对该证据不予以考虑。

（本条文于1970年3月30日修正，同年7月1日生效；1972年11月20日修正，1975年7月1日生效；1980年4月29日修正，同年8月1日生效；1987年3月2日修正，同年8月1日生效；1993年4月22日修正，同年12月1日生效；2007年4月30日修正，同年12月1日生效；2009年3月26日修正，同年12月1日生效）

第33条【向当事人提出质询】

1. 一般规定

(1)质询的次数

除当事人另有约定或者法院的命令另有规定外，当事人可以向任何其他当事人送达不超过25份书面质询书，包括所有独立的子部分。在符合本规则第26条第2款第1项和第2项规定的情形下，可以准许接受追加的质询。

(2)质询的范围

质询可涉及依据本规则第26条第2款可被调查的任何事项。当事人不得仅因询问与事实或法律适用有关的意见或者观点而对质询提出异议。但是，法院可以命令在预定的证据开示活动完成之前，或者在审前会议或其他时间之前，当事人无须对质询作出答复。

2. 答复和异议

(1)答复人

必须对质询作出答复的主体包括：

A.质询所指向的一方当事人；或者

B.如果该当事人是公营或者私营公司、合伙企业、有关组织或者政府机构，由其官员或者代理人作出答复，并提出可供该当事人使用的信息。

(2)答复的时间

答复人应当在收到质询书后30日内作出答复或者提出异议。依据本规则第29条的规定，可以由当事人约定缩短或延长答复期限，也可以由法院作出缩短或者延长答复的时间的命令。

(3)对每一项质询的答复

如果没有人对质询提出异议，答复人应当在宣誓后，以书面形式分别对每一项质询作出全面的答复。

(4)异议

当事人应当说明对质询提出异议的具体理由。如果该当事人未能及

时在提交的异议中陈述其理由，将视为放弃异议权，除非法院基于适当的理由而予以豁免。

(5)签署

对质询的答复应当由答复人签署，对质询的异议应当由提出异议的律师签署。

3. 使用范围

对质询的答复可以在《联邦证据规则》允许的范围内使用。

4. 提交业务记录的选项

如果通过检查、审计、编制、摘录或者总结一方当事人的业务记录(包括电子存储的信息)的形式可以确定质询的答复内容，并且由任何一方当事人推导或者确认答复内容的证明责任基本相同，那么答复人可以通过下列方式作出答复：

(1)详细说明应当审查的记录，以便使质询人能像答复人一样迅速地找到和识别该记录；以及

(2)为质询人提供一个合理的机会对记录加以检查和审核，并且制作相应的副本、汇编、摘要或者总结。

(本条文于1946年12月27日修正，1948年3月19日生效；1970年3月30日修正，同年7月1日生效；1980年4月29日修正，同年8月1日生效；1987年3月2日修正，同年8月1日生效；1993年4月22日修正，同年12月1日生效；2006年4月12日修正，同年12月1日生效；2007年4月30日修正，同年12月1日生效；2015年4月29日修正，同年12月1日生效)

第34条【提交文件、电子存储信息和有形物；为调查和其他目的进入特定土地】

1. 一般规定

依据本规则第26条第2款的规定，一方当事人可以向任何其他当事人送达下列请求：

(1)提交并允许质询人或者其代表人检查、复制、测试下列物品，或者对由答复人占有、保管或者控制的下列物品进行取样：

A.任何指定的文件或者电子存储信息，包括文字、图纸、图表、表格、照片、录音、图像，以及存储于任何可以直接获取信息的介质中的其他数据或者数据汇编，或者在必要时，经答复人转化成合理可用的形式后获取

的信息；或者

B.任何指定的有形物；或者

(2)获准进入答复人拥有或者控制的特定土地或者其他财产，以便质询人能够对该财产或者其上任何指定对象进行检查、测量、勘测、拍照、测试、取样或者进行其他操作。

2. 程序事项

(1)请求的内容

该请求：

A.应当对所调查事项进行逐项或分类说明，并且作出合理的精确性的描述；

B.应当指定进行检查或者进行相关行为的合理时间、地点和方式；以及

C.可以指定提交电子存储信息的一种或者多种形式。

(2)答复和异议

A.答复的时间。答复人应当在请求书送达后30日内，以书面形式作出答复。如果该请求是依据本规则第26条第4款第2项的规定作出的，那么答复人应当在本规则第26条第6款规定的第一次当事人会议召开后30日内，以书面形式作出答复。法院也可以依据本规则第29条的规定，命令缩短或延长答复的时间。

B.对每一个事项的答复。对于每一个或每一类事项，答复应当说明将按照要求进行检查和相关活动，或者具体说明对该请求提出异议的依据，包括相关理由。答复人可以表明其愿意提交该文件或者电子存储信息的副本，而不允许进行检查。但是，提交应当在不迟于请求中指定的检查时间或者答复中确定的其他合理时间内完成。

C.异议。异议中应当说明是否基于该异议而扣留任何答复的材料。对于某一请求的部分提出异议，应当指明该部分并允许对其他部分进行检查。

D.对要求提供电子存储信息的答复。该答复可以对请求书中所要求提供电子存储信息的形式提出异议。如果答复人对所请求的形式提出异议，或者如果请求中没有指定提供的形式的，答复人应当说明其将采取的形式。

E.提交文件或电子存储信息。除当事人另有约定或者法院的命令另有规定外，提交文件或者以电子方式存储的信息适用下列程序：

(a)当事人应当提交在日常业务活动中保存的文件,或者应当根据请求书中的类别对上述文件进行整理和标记;

(b)如果请求书中未指定生成电子存储信息的形式,当事人应当以通常保存的一种或者多种形式,或者其他合理可用的形式提交该信息;以及

(c)一方当事人无须以多种形式提交相同的电子存储信息。

3. 针对非诉讼当事人

依据本规则第 45 条的规定,非诉讼当事人可以被强制要求提交有关文件、有形物或者接受检查。

(本条文于 1946 年 12 月 27 日修正,1948 年 3 月 19 日生效;1970 年 3 月 30 日修正,同年 7 月 1 日生效;1980 年 4 月 29 日修正,同年 8 月 1 日生效;1987 年 3 月 2 日修正,同年 8 月 1 日生效;1991 年 4 月 30 日修正,同年 12 月 1 日生效;1993 年 4 月 22 日修正,同年 12 月 1 日生效;2006 年 4 月 12 日修正,同年 12 月 1 日生效;2007 年 4 月 30 日修正,同年 12 月 1 日生效;2015 年 4 月 29 日修正,同年 12 月 1 日生效)

第 35 条【身体和精神状况检查】

1. 检查命令

(1)一般规定

受诉法院可以作出命令,要求身体或者精神状况(包括血型)存在争议的当事人,接受由具有相应执照或者资质的检查人员的身体或者精神检查。该法院具有同样的权力命令当事人交出由其监管或者在其法律控制下的人士以供检查。

(2)动议和通知;命令的内容

命令应当符合下列要求:

A.只有在基于动议并且具有适当的理由,及时通知所有的当事人和被检查人之后才能作出;并且

B.应当指定检查的时间、地点、方式、条件和范围,以及实施检查的人士。

2. 检查报告

(1)应当事人或被检查人的请求

提议进行检查的当事人应当应要求向请求者提供一份检查报告的副本,以及所有基于相同情况的前期检查报告。该请求既可以由检查命令指向的一方当事人提出,也可以由被检查人提出。

(2)检查报告的内容

检查报告应当以书面形式作出，详细说明检查人员的认定结果，包括诊断、结论和任何测试结果。

(3)应请求方当事人的请求

在送达检查报告后，提出检查请求的当事人可以申请并且有权获得与被检查方当事人有关的，在此前或者此后阶段基于相同情况作出的检查报告。但是，如果对被检查人负有监管或者法律控制的一方当事人证明其无法获取上述报告，则无须提交上述报告。

(4)放弃特权

经请求获得检查人员作出的检查报告，或者通过录取检查人员庭外证言的做法，视为被检查的当事人放弃其在该诉讼中或者涉及相同争议的任何其他诉讼中，针对相同情况的所有检查报告所作出的证言中可能具有的任何特权。

(5)未能交付报告

根据当事人的动议，法院可以在其认为公平的条件下，命令当事人交付检查报告。如果检查人员未能提供检查报告的，法院可以在开庭审理中排除该检查人员的证言。

(6)适用范围

本规则第2款的规定同样适用于由双方协议约定进行的检查，除非该协议另有规定。但是，本款规定并不排除依据其他规定获得检查报告或者录取其庭外证言。

（本条文于1970年3月30日修正，同年7月1日生效；1987年3月2日修正，同年8月1日生效；1991年4月30日修正，同年12月1日生效；2007年4月30日修正，同年12月1日生效）

第36条【对自认的请求】

1. 范围和程序

(1)范围

当事人可以向任何其他当事人送达书面请求书，要求其仅针对未决的诉讼案件，承认就本规则第26条第2款第1项范围内与下列事项有关的真实性：

A.事实问题、法律适用问题，或者对二者的意见；以及

B.请求书中所表述的文件的真实性。

(2)形式;文件副本

当事人应当对每一个事项予以单独说明。要求自认文件真实性的请求应当附有文件副本,除非该文件已有或者已经提供了副本,或者可供查阅或复制。

(3)答复时间;不答复的后果

除非在送达后30日内,收到请求的一方当事人向请求方送达一份针对上述事项的书面答复或者异议,并且由该当事人或其律师签署,否则视为对该事项的承认。该答复期限可以依据本规则第29条的规定或者法院的命令予以缩短或者延长。

(4)答复

如果当事人不承认上述事项,应当在书面答复或者异议中明确否认或者详细说明其无法如实地承认或者否认的原因。如果予以否认,应当对该事项的实质问题作出公允的答复。如果当事人基于诚实信用的要求,作出限定性答复或者否认部分事项时,该答复应当明确地指出承认的部分,以及限定或否认的其他部分。只有在答复人声称其经过合理的调查,并且其所知道或者可获取的信息不足以使其承认或否认上述事项时,答复人才能以缺乏必要知识或信息作为不承认或者否认的理由。

(5)异议

答复人应当说明对要求自认的请求予以反对的理由。当事人不得仅以该请求构成有待法院审查的争点问题为由提出异议。

(6)关于答辩或者异议是否充分的动议

请求方可以提出动议,请求法院对答复或者异议的充分性作出认定。除非法院认为异议是正当合理的,否则它应当作出送达答复的命令。如果法院发现答复不符合本条的规定,可以命令当事人承认该事项或者命令提交修订后的答复。法院可以推迟到审前会议或者开庭审理前的特定时间作出最终决定。有关费用的裁决适用本规则第37条第1款第5项的规定。

2. 自认的效力;撤回或修订

依据本条的要求作出自认的事项被视为最终确定,除非法院基于当事人的动议允许撤回或者修订。在符合本规则第16条第5款规定的情形下,如果撤回或者修订有助于澄清案件事实,并且法院认为这一做法不会损害请求方根据案件事实提出主张或者抗辩的权利,可以允许当事人撤回或修订自认的事项。依据本条的规定作出的自认不得用于任何其他

目的，因而不得在任何其他程序中用于对抗该当事人。

（本条文于1946年12月27日修正，1948年3月19日生效；1970年3月30日修正，同年7月1日生效；1987年3月2日修正，同年8月1日生效；1993年4月22日修正，同年12月1日生效；2007年4月30日修正，同年12月1日生效）

第37条【拒绝披露信息或未能在证据开示中合作；制裁】

1. 申请强制信息披露或证据开示命令的动议

（1）一般规定

在通知其他各方当事人和所有受影响的人士后，当事人可以提出动议，向法院申请强制信息披露或者证据开示的命令。该动议应当包括一份证明，证实申请人已基于诚实信用的要求，与拒绝披露信息或者证据开示的当事人协商或者试图协商，以求在不诉诸法院的情形下获取该信息。

（2）适当的法院

申请向另一方当事人作出命令的动议，应当向受理诉讼的法院提交。申请向非当事人作出命令的动议，应当向正在进行或者将要进行证据开示的法院提交。

（3）专项动议

A.强制信息披露。如果当事人未能依据本规则第26条第1款的要求作出信息披露，任何其他当事人均可向法院提交申请强制信息披露的动议，并请求法院作出适当的制裁措施。

B.强制对证据开示作出答复。寻求证据开示的当事人可以要求法院作出强制答复、指定、提交或者检查的命令。在下列情形下，当事人可以提交此项动议：

（a）庭外证人未能答复依据本规则第30条或第31条提出的问题；

（b）公司或者其他实体未能依据本规则第30条第2款第6项或第31条第1款第4项的规定录取证言；

（c）当事人未能答复依据本规则第33条提交的质询；或者

（d）当事人未能提交文件或者答复允许进行检查，或者未能依据本规则第34条的要求允许检查。

C.与录取证言有关的事项。如果以口头询问的方式录取证言，询问人可以在申请强制信息披露或证据开示命令的动议之前完成询问或者暂停询问。

(4)推托披露或不完整的披露、答复或回复

基于本条第1款的目的,当事人推托披露或者作出不完整的披露、答复或回复,均应被视为未披露、未答复或者未回复。

(5)费用的支付;保护令

A.动议获批准的情形(或在提出动议后作出信息披露或证据开示)。如果动议获得法院的批准,或者在动议提交后对方当事人作出信息披露或证据开示,法院应当在给予各方当事人陈述意见的机会后,要求由其行为导致该动议成为必要的一方当事人或庭外证人,或者建议该行为的一方当事人或其代理律师,或者由上述二者共同负担申请人在提出动议时产生的合理费用,包括律师费。但是在下列情形下,法院不得命令支付该费用:

(a)申请人不通过法院诉讼程序,试图善意地在获得信息披露或者证据开示之前就提出动议的;

(b)对方当事人的不予披露、答复或者异议是充分合理的;或者

(c)其他可能导致费用负担裁决不公正的情形。

B.动议被驳回的情形。如果动议被驳回,法院可以作出本规则第26条第3款授权的任何保护令,并且在给予各方当事人陈述意见的机会后,要求申请人、提出动议的律师,或者由前述二者向对方当事人或庭外证人共同支付因反对动议所产生的合理费用,包括律师费。但是,如果该动议具有充分合理的理由,或者存在导致费用负担裁决不公正的其他情形,法院不得命令支付该费用。

C.动议获得部分批准,部分驳回的情形。如果动议获得部分批准,部分被驳回,法院可以作出本规则第26条第3款授权的任何保护令,并在给予各方当事人陈述的机会后,在当事人之间按比例分配与该动议有关的合理费用。

2. 未遵守法院命令

(1)由录取证言所在地法院作出制裁

如果作出证据开示命令的法院命令证人宣誓或者回答问题,证人未能遵从的行为可以被认定为藐视法庭的行为。如果与录取证言有关的动议移交至受诉法院处理,该法院命令证人宣誓或者回答问题,证人拒不服从的行为也可以被认定为藐视法庭的行为。

(2)寻求受诉法院的制裁

A.对不服从证据开示命令的处理。如果一方当事人或其职员、董事

或者经营代理人，或者依据本规则第30条第2款第6项或第31条第1款第4项的规定指定的证人，未能服从法院命令提供或允许证据开示（包括依据本规则第26条第6款、第35条或第37条第1款作出的命令），受诉法院可以基于公平原则，进一步作出包含下列事项的命令：

(a)指示将命令中包含的事项或者其他由胜诉方主张的事实视为为诉讼目的而确立的事实；

(b)禁止不服从命令的当事人对指定的请求或抗辩进行支持或者反对，或者禁止其提出指定的事项作为证据；

(c)全部或者部分驳回该当事人的诉讼请求；

(d)在命令获得遵守之前继续进行当前的诉讼程序；

(e)驳回全部或者部分的诉讼或者撤销相关诉讼程序；

(f)对不服从命令的当事人作出缺席判决；或者

(g)除接受身体或精神检查的命令外，将不服从法院任何其他命令的行为认定为藐视法庭的行为。

B.对不提供被检查人的处理。如果当事人未能遵从依据本规则第35条第1款所作出的要求提供其他人士以供检查的命令，法院可以作出本条第2款第2A项(a)至(g)所列的任何命令，除非不服从命令的当事人表明其无法提供其他人士以供检查。

C.费用的支付。除上述命令或者作为对上述命令的补充外，法院应当命令不服从命令的当事人、向其提供建议的律师，或者由二者共同负担因不服从命令的行为而产生的合理费用，包括律师费。除非该当事人的不作为具有充分理由，或者存在导致费用负担的裁决不公正的其他情形。

3. 未能披露信息，未能补充先前的答复或不予承认

(1)未能披露信息或补充信息

如果当事人未能依照本规则第26条第1款或第5款的要求提供信息或者确定证人，那么该当事人不得使用该信息或者证人在动议、听证或者审理中提供证据，除非当事人未能披露信息或者补充信息的行为具有实质性的正当理由或者未造成实际损害。基于当事人的动议并在给予其陈述的机会后，法院可以作出下列命令作为对上述制裁的补充或者替代：

A.可以命令当事人负担因其未能作出的行为而产生的合理费用，包括律师费；

B.可以将当事人未能作出的行为通知陪审团；以及

C.可以施加其他适当的制裁，包括本条第2款第2A项(a)至(f)中列出的任何命令。

(2)不予承认

如果当事人未能依据本规则第36条的规定作出自认,而请求方其后证明了有关文件或者事项的真实性,那么该请求方可以提出动议,要求不予承认的当事人负担为证明前述事项而产生的合理费用,包括在取证过程中产生的律师费。法院应当作出支持性的命令,除非出现下列例外情形:

A.依据本规则第36条第1款的规定,该请求是可被提出异议的;

B.请求方所寻求的自认不具有实质上的重要性;

C.不予承认的当事人有充分的理由相信,他对该事项的主张有可能获得法院的支持;或者

D.不予承认具有其他适当的理由。

4. 当事人未能参加对他本人的庭外证言的录取,未能对质询作出答复,或未能对检查请求作出答复

(1)一般规定

A.动议;实施制裁的理由。在下列情形下,受诉法院可以依据当事人的动议发出制裁命令:

(a)当事人或其职员、董事或者经营代理人,或者依据本规则第30条第2款第6项或第31条第1款第4项指定的庭外证人,在收到通知后未能参加该当事人庭外证言的录取;或者

(b)当事人在收到依据本规则第33条的规定发出的质询书后,或者在收到依据本规则第34条的规定发出的检查请求后,未能作出答辩、异议或者书面答复。

B.证明。申请人在提出针对未能作回答或答复的制裁动议时,应当证明申请人已基于诚实信用的要求,与未进行回答或者答复的当事人协商或者试图协商,尽力争取不通过法院诉讼而获取对方当事人的回答或者答复。

(2)不可接受的不作为的借口

本条第4款第1A项所规定的情形不能以所寻求的证据开示可以提出异议为由而予以免责,除非不遵从命令的当事人依据本规则第26条第3款的规定,向受诉法院提出申请保护令的动议。

(3)制裁的类型

法院作出的制裁措施可以包括本条第2款第2A项(a)至(f)中列出

的任何命令。除上述制裁措施外作为对上述制裁措施的补充，法院应当要求不遵从命令的当事人、向其提供建议的律师，或者由二者共同负担因不遵守命令的行为而产生的合理费用，包括律师费。除非该当事人的不作为具有充分理由，或者存在导致费用负担的裁决不公正的其他情形。

5. 未能保存电子存储的信息

如果由于当事人未能及时采取合理的措施，导致本应保存的电子存储信息在起诉前或者诉讼进行中遗失，并且无法通过再次证据开示对该信息予以恢复或者替代，法院应当进行下列处理：

(1)在发现因信息遗失对另一方当事人造成损害时，可以命令采取不超过必要限度的措施以消除该损害；或者

(2)只有在确认该行为人有意不让其他当事人在诉讼中使用该信息时，才可以：

A.推定已灭失的信息对该当事人不利；

B.指示陪审团可以或者应当推定该信息对该当事人不利；或者

C.驳回起诉或作出缺席判决。

6. 未能参与制订证据开示计划

如果当事人或其代理人未能按照本规则第 26 条第 6 款的要求，诚实守信地参与制订并提交证据开示计划，法院可以在给予其陈述的机会后，要求该当事人或其代理律师向任何其他方当事人支付因其不服从命令的行为而产生的合理费用，包括律师费。

(本条文于 1948 年 12 月 29 日修正，1949 年 10 月 20 日生效；1970 年 3 月 30 日修正，同年 7 月 1 日生效；1980 年 4 月 29 日修正，同年 8 月 1 日生效；1981 年 10 月 21 日修正，1981 年 10 月 1 日生效；1987 年 3 月 2 日修正，同年 8 月 1 日生效；1993 年 4 月 22 日修正，同年 12 月 1 日生效；2000 年 4 月 17 日修正，同年 12 月 1 日生效；2006 年 4 月 12 日修正，同年 12 月 1 日生效；2007 年 4 月 30 日修正，同年 12 月 1 日生效；2013 年 4 月 16 日修正，同年 12 月 1 日生效；2015 年 4 月 29 日修正，同年 12 月 1 日生效)

第六章　开庭审理

第 38 条【要求陪审团审判的权利；提出要求】

1. 保留权利

由《美利坚合众国宪法》第七修正案宣示的或者由联邦制定法规定的请求陪审团审判的权利，属于受法律保护的不可侵犯的当事人权利。

2. 提出要求

对于任何涉及可以由陪审团审判的权利问题，当事人可以通过下列方式要求由陪审团审判：

(1)在针对该权利问题的最后一份诉答文书送达后 14 日内，将要求书送达其他当事人，该要求书可以包含在该诉答文书中；以及

(2)依据本规则第 5 条第 4 款的规定提出该要求。

3. 确定争点问题

当事人可以在要求书中指明其希望由陪审团审判的具体争点问题，否则将视为要求由陪审团审判全部的争点问题。如果一方当事人仅要求陪审团对部分争点问题进行审判，任何其他当事人可以在收到该要求书送 14 日内，或者在法院命令的较短时间内，提出要求由陪审团审理该诉讼案件其他部分或者全部事实争点问题的请求。

4. 弃权；撤回请求

只有在当事人的要求得到适当的送达和提交时，才可以放弃要求由陪审团审判的权利；只有在经过所有当事人同意的情形下，才可以撤回适当的由陪审团审判的要求。

5. 海事和海商请求

本条不创设对本规则第 9 条第 8 款所规定的海事或海商请求中的争点问题请求陪审团审判的权利。

(本条文于 1966 年 2 月 28 日修正，同年 7 月 1 日生效；1987 年 3 月 2 日修正，同年 8 月 1 日生效；1993 年 4 月 22 日修正，同年 12 月 1 日生效；2007 年 4 月 30 日修正，同年 12 月 1 日生效；2009 年 3 月 26 日修正，同年 12 月 1 日生效)

第 39 条【陪审团审判或法院审判】

1. 提出要求的情形

在当事人依据本规则第 38 条的规定要求由陪审团审判后,应当在待审案件表中将该诉讼标示为陪审团审判的案件。所有当事人要求的事实争点问题都应当交由陪审团审判,除非出现下列情形:

(1)当事人或其代理律师提交关于某项争点问题适用非陪审团审判的约定或者法庭记录;或者

(2)法院依据当事人的动议或者依职权认定,对于当事人要求陪审团审判的部分或者全部问题,依据联邦法律无权要求陪审团审判。

2. 未提出要求的情形

未能适时要求由陪审团审判的争点问题应当由法院审判。但是,法院可以依据当事人的动议,命令将任何可能需要由陪审团审判的争点问题交由陪审团审判。

3. 咨询陪审团[①];经当事人同意由陪审团审判

对于陪审团无权审判的案件,法院可以依据当事人的动议或者依职权裁定:

(1)可以由咨询陪审团对任何争点问题作出裁决;或者

(2)经双方当事人同意,可以由陪审团审理任何争点问题,其裁决与陪审团享有审判权审判的裁决具有同等的效力。除非该诉讼以联邦政府作为被告,并且联邦制定法规定了非陪审团审判的方式。

(本条文于 2007 年 4 月 30 日修正,同年 12 月 1 日生效)

第 40 条【审判日程表】

每个法院应当依据特定的规则制定审判日程表。法院应当优先对依据联邦制定法的规定享有优先权的诉讼案件作出审判。

(本条文于 2007 年 4 月 30 日修正,同年 12 月 1 日生效)

---

① 咨询陪审团(advisory jury),是指对当事人无权要求陪审团审判的案件,法庭可以召集一个咨询陪审团,由其审理案件并对特定的事实争点问题作出裁决。对咨询陪审团的裁决,法庭可以采纳也可以拒绝。

第 41 条【撤销诉讼】

1. 自愿撤销诉讼①

（1）原告撤诉

A.无须法院命令的撤诉。依据本规则第 23 条第 5 款、第 23.1 条第 3 款、第 23.2 条及第 66 条的规定，以及任何可适用的联邦制定法，原告可以在没有法院命令的情形下通过下列方式撤销诉讼：

（a）在对方当事人作出答辩或者提交即决判决动议之前发出撤诉通知；或者

（b）由所有到庭的当事人签署一份撤销诉讼协议；

B.效力。除撤诉通知或者协议书另有规定外，撤销诉讼不影响当事人的实体权利②。但是，如果原告曾经在任何联邦法院或者州法院撤销过基于或者包含同一诉讼请求的诉讼，该撤诉通知具有实体判决的效力。

（2）需要法院命令的撤诉；效力

除本条第 1 款第 1 项规定的情形外，只有根据原告的请求，法院才能在其认为适当的条件下作出撤销诉讼的命令。如果被告在收到原告要求撤诉的动议之前提出了反诉，那么只有在反诉可以继续进行审理的情形下，法院才可以根据被告的异议作出撤销诉讼的命令。除该命令另有规定外，依据本款第 2 项作出的撤销诉讼命令不影响当事人的实体权利。

2. 非自愿撤销诉讼；效力

如果原告不继续进行诉讼，或者不遵守本规则或法院命令的，被告可以提交撤销诉讼的动议③或者要求法院驳回原告的诉讼请求。除法院撤销诉讼的命令另有规定外，依据本条第 2 款和本条未作规定的其他撤销诉讼具有实体裁判的效力。但是，因缺乏管辖权、审理地点不当或者未能

① 自愿撤销诉讼（voluntary dismissal），是指原告基于本人的意愿或根据双方当事人的约定，撤回诉讼的行为。在民事诉讼中，当事人可以在法院开庭审理之前，撤回与其相关的诉讼或请求。

② 不影响实体权利的撤诉（dismissal without prejudice）与影响实体权利的撤诉（dismissal with prejudice）相对应。前者不妨碍原告在撤诉后以同一诉因再次起诉；后者视为法院已对案件实体问题作出最终裁决，禁止原告在撤诉后以同一诉因或者请求再次起诉。若原告再次起诉，被告可以提出既决事项（res judicata）的抗辩。

③ 撤销诉讼的动议（motion to dismiss an action），是指在民事诉讼中，当事人基于案件已获得和解解决、自愿撤诉或者程序上的重大缺陷（例如法院对案件无管辖权、审判地不适当、送达程序不合法）等事由，请求法院撤销诉讼。原告或被告都有权提出撤销诉讼的动议。

依据本规则第19条的规定合并当事人而撤销诉讼的除外。

3. 撤销反诉、交叉请求或第三人请求

本规则适用于撤销任何反诉、交叉请求或第三方请求。依据本条第1款第1A项(a)的规定，申请人自愿撤销诉讼应当符合下列条件：

(1)在应答性文书送达之前提出；或者

(2)如果不需要提交应答性文书，在听证或者开庭审理中，在提交证据之前提出。

4. 先前撤回的诉讼所产生的费用

如果原告先前曾在任何法院撤回诉讼，此后又针对相同的被告提起基于或者包含同一诉讼请求的诉讼，法院可以：

(1)命令原告负担先前诉讼的全部或者部分费用；以及

(2)在原告遵守该命令之前，中止诉讼程序。

(本条文于1946年12月27日修正，1948年3月19日生效；1963年1月21日修正，同年7月1日生效；1966年2月28日修正，同年7月1日生效；1967年12月4日修正，1968年7月1日生效；1987年3月2日修正，同年8月1日生效；1991年4月30日修正，同年12月1日生效；2007年4月30日修正，同年12月1日生效)

第42条【诉讼合并；分别审理】

1. 诉讼合并

如果在同一法院提起的多个诉讼涉及共同的法律问题或者事实问题，法院可以：

(1)将多个诉讼中的任何或者所有争点问题合并进行听审或者审理；

(2)将多个诉讼予以合并；或者

(3)作出任何有助于节约诉讼成本或者避免诉讼延误的其他命令。

2. 分别审理

出于方便审理、避免偏见的目的，或者为了加快诉讼进程、节省费用，法院可以命令对一个或多个独立的争点问题、诉讼请求、交叉请求、反诉或者第三人请求予以分别审理。在分别审理的情形下，法院必须保留应当由陪审团审判的任何联邦权利。

(本条文于1966年2月28日修正，同年7月1日生效；2007年4月30日修正，同年12月1日生效)

第 43 条【收集证人证言】

1. 在公开法庭上

在开庭审理中，除联邦制定法、《联邦证据规则》、本规则或者联邦最高法院采用的其他规则另有规定外，收集证人证言应当在公开的法庭上进行。如果基于情势所迫并且有充分理由，在有适当保护措施的情形下，法院可以允许在公开的法庭上提交从异地同步实时传输的证言。

2. 确认书代替宣誓

本规则所要求的宣誓可以由郑重的确认书所替代。

3. 有关动议的证据

当一项动议所依据的事实不在记录范围内时，法院可以根据庭外证人提交的宣誓书对该事实进行听审，也可以基于口头证言或者庭外录取的证言对该事实的全部或者部分进行听审。

4. 翻译人员

法院可以自行指定翻译人员，依据法定的基金或者由一方或多方当事人提供的资金确定该人员的合理报酬，并将该报酬计入诉讼费用。

（本条文于 1966 年 2 月 28 日修正，同年 7 月 1 日生效；1972 年 11 月 20 日和 12 月 18 日修正，1975 年 7 月 1 日生效；1987 年 3 月 2 日修正，同年 8 月 1 日生效；1996 年 4 月 23 日修正，同年 12 月 1 日生效；2007 年 4 月 30 日修正，同年 12 月 1 日生效）

第 44 条【官方记录的证明】

1. 证明方式

(1)国内记录

下列每一项材料均证明官方记录或其中的条目具有可采性，并且保存在联邦、任何州、地区、自治领或者任何受联邦行政或司法管辖的领域内：

A.该记录的官方出版物；或者

B.由合法保管该记录的官员或该官员的代理人出具证明的副本，并且附有该官员具有保管权的证明书。该证明书应当加盖下列人员的印章：

(a)由保存记录的存卷法院[①]的法官或者所在行政辖区的有关部门办理;或者

(b)由保存记录的存卷法院或者所在行政辖区执行公务并持有官方印章的公职人员办理。

(2)外国记录

A.一般规定。下列每一项材料均证明外国官方记录或其中的条目具有可采性:

(a)该记录的官方出版物;或者

(b)经被授权人证明的记录或其副本,并且附有有关真实性的最终证明,或者依据记录所在国和美国同为缔约方的条约或公约的规定提供的证明。

B.有关真实性的最终证明。最终证明应当确认证明人或者与证明有关的,或者在与证明有关的一系列认证书中的任何外国官员的签名和官方职位的真实性。该认证书可由美国大使馆或公使馆的秘书、总领事、副领事或领事代办出具,也可以由指派或者派驻美国的外交官员或者领事官员出具。

C.其他证明方式。如果各方当事人都有合适的机会调查一份外国记录的真实性和准确性,法院可以基于适当的理由采取下列做法:

(a)采信未有最终证明的经证明的副本;或者

(b)允许该记录通过一个经证明的摘要予以证明,无论是否存在最终证明。

2. 记录缺失

如果一份书面陈述表明,在经过努力查找指定的记录后仍无法发现任何特定期限的记录或者条目,该陈述可以作为指定的记录中不包含该记录或者该条目的证据。对于国内记录而言,该陈述应当依据本条第1款第1项的规定进行认证;对于国外记录而言,该陈述应当符合本条第1款第2C项(b)的要求。

---

① 存卷法院(court of record),又译为记录法院,与非存卷法院(court not of record)相对应,源自英国,最初是指那些行为或程序被记录在羊皮上的法院。一般而言,存卷法院应按要求保存其日常诉讼活动的记录,有权对藐视法庭的行为作出罚款或监禁处罚的法院。存卷法院的记录被推定为真实准确的,不容质疑的。对低级别、具有有限管辖权的法院,不要求其保存日常诉讼活动的记录。

3. 其他证明

一方当事人可以通过法律授权的任何其他方式证明一项官方记录或者其中的条目，以及条目缺失的情况。

（本条文于 1966 年 2 月 28 日修正，同年 7 月 1 日生效；1987 年 3 月 2 日修正，同年 8 月 1 日生效；1991 年 4 月 30 日修正，同年 12 月 1 日生效；2007 年 4 月 30 日修正，同年 12 月 1 日生效）

第 44.1 条【外国法律的查明】

当事人拟对外国法律问题提出异议，应当以诉答文书或者其他书面形式发出通知。在查明外国法律时，法院可以考虑包括证人证言在内的任何相关材料或来源，不论是否由当事人提交，也不论其依据《联邦证据规则》是否具有可采性。法院的决定应当视为对该外国法律问题的裁定。

（本条文于 1966 年 2 月 28 日增设，同年 7 月 1 日生效；1972 年 11 月 20 日修正，1975 年 7 月 1 日生效；1987 年 3 月 2 日修正，同年 8 月 1 日生效；2007 年 4 月 30 日修正，同年 12 月 1 日生效）

第 45 条【传票】

1. 一般规定

（1）形式和内容

A.有关要件的一般规定。每一份传票都应当：

（a）载明签发的法院；

（b）载明案件名称及其民事案件编号；

（c）要求有关人士在指定的时间和地点作出下列行为：出庭并作证；提交指定的文件、电子存储的信息或者该人士拥有、保管或控制的有形物；或者允许检查处所；以及

（d）提供本条第 4 款和第 5 款所要求的文本。

B.出席录取证言的要求：录制方式的通知。要求出席录取证言的传票应当说明录制证言的方式。

C.提交要求或允许检查要求的合并或分离；指定电子存储信息的形式。提交文件、电子存储信息、有形物或者允许检查处所的要求既可以包含在要求出庭作证、听证或开庭审理的传票中，也可以在单独的传票中列出。传票可以指定提交电子存储信息的一种或者多种形式。

D.提交材料的要求；包括其中的义务。如果传票要求提交文件、电子

存储信息或者有形物的，相对人应当允许对相关材料进行检查、复制、测试或者抽样。

(2)签发传票的法院

传票应当由受诉法院发出。

(3)签发人

书记官应当将已签署的空白传票发给提出请求的当事人。该当事人应当在送达前填写该传票。经授权在签发法院执业的律师也可以签署并发出传票。

(4)在送达传票前通知其他当事人

如果传票要求在开庭审理前提交文件、电子存储信息、有形物，或者在开庭审理前检查处所的，在该传票送达相对人之前，应当向每一方当事人送达一份通知及传票副本。

2. 送达

(1)送达主体和送达方式；履行费用

任何年满18岁并且非当事人的人士均可送达传票。送达传票时，应当向传票中列明的人士提供一份传票副本；如果要求被传唤人出庭，需要向其提供法律规定的一日的出庭费用和差旅费。如果传票是向联邦政府或其官员、行政机构发出的，无须提供有关出庭费用及差旅费。

(2)在美国境内送达

传票可以在美国境内的任何地方送达。

(3)在外国送达

向居住在外国的美国公民或者居民签发和送达传票，适用《美国法典》第28编第1783条所规定的条件和方式。

(4)送达证明

在必要的情形下，证明传票已送达需要向签发传票的法院提交一份陈述书，说明送达的日期、方式以及被送达人的姓名。该陈述书应当由送达人确认。

3. 合规送达的地点

(1)关于审判、听证或录取证言的传票

传票只能按下列条件要求相关人士参加开庭审理、听证或者录取证言：

A.在该人居住、受雇或者通常进行业务活动的100英里范围内；或者

B.在该人居住、受雇或者通常进行业务活动的州，如果该人：

(a)是一方当事人或者当事人的职员；或者

(b)被要求参加诉讼,但不会因此产生过于高额的费用。

(2)关于其他证据开示的传票

传票可以要求:

A.在距离该人居住、受雇或者通常进行业务活动的100英里范围内提交文件、电子存储信息或者有形物;以及

B.对有待检查的处所进行检查。

4. 保护被传唤人;强制执行

(1)避免过度的负担或费用;制裁

负责发出和送达传票的当事人或其代理律师应当采取合理的措施,避免给被传唤人造成过度的负担或者费用。要求自觉遵从传票的地区法院应当严格执行此项义务,并且可以对违反该义务的当事人或其代理律师予以适当的制裁,包括补偿对方当事人的收入损失以及合理的律师费。

(2)要求提交材料或允许检查

A.不要求到场。被要求提交文件、电子存储信息、有形物的人士,或者被要求允许对其处所进行检查的人士,可以不必亲自到场,除非他们同时被要求出席录取庭外证言、听证或者开庭审理的现场。

B.提出异议。被要求提交文件、有形物,或者被要求允许对其处所检查的人士,可以向传票中指明的当事人或其律师送达书面异议,反对对任何一项或者所有的材料进行检查、复制、测试或抽样;或者反对对其处所进行检查;或者反对以被要求的一种或者多种形式提交电子存储信息。该异议应当在规定的履行期限届满之前或者在传票送达后14日内送达,以较早者为准。下列规则适用于处理被传唤人提出的异议:

(a)在通知被传唤人后的任何时间,送达方随时可以请求法院作出强制要求被传唤人提交材料或者接受检查的命令。

(b)上述行为只能依据法院的命令作出,而且该命令应当保护既非当事人也非当事人职员的人士免受因遵从命令而产生巨额的费用。

(3)撤销或修订传票

A.根据要求撤销或修订。根据当事人及时提出的动议,签发传票的法院应当撤销或修订下列传票:

(a)未能给予被传唤人合理的时间履行的;

(b)要求被传唤人遵从的行为超出了本条第3款所规定的地理限制;

(c)要求被传唤人披露具有特权或其他受保护的事项,如果不存在例外情形或者不适用豁免权;或者

(d)使被传唤人承受不合理的负担。

B.准许撤销或修订。为保护被传唤人或者受传票影响的人士，签发传票的法院可以根据当事人的动议，准许撤销或者修订下列传票：

(a)披露商业秘密或者其他机密性的研究、开发或者商业信息的传票；或者

(b)披露未经保留的专家意见，或者披露未描述争议中的具体事件和未经一方当事人要求所作出的专家研究结果的信息。

C.指定替代的条件。在本条第4款第3B项所述的情形下，如果送达方存在下列情形，法院可以在指定的条件下要求被送达人出庭或者出示传票，以替代撤销或者修订传票：

(a)表明对难以通过其他方式获取的证言或者材料的实质性需求；以及

(b)确保被传唤人将得到合理的补偿。

5. 答复传票的义务

(1)提交文件或电子存储信息

下列程序适用于提交文件或电子存储的信息：

A.文件。应传票要求提交文件的人士，应当按照该文件在正常业务过程中通常保存的形态予以提交，或者应当按照传票要求的类别对其进行编制和标注。

B.未指定提交电子存储信息的形式。如果传票没有制定提交电子存储信息的形式，答复人应当以通常保存的形式或者使其能够合理使用的一种或者多种形式提交该信息。

C.只需以一种形式提交的电子存储信息。答复人无须以多种形式提交相同的电子存储信息。

D.无法访问的电子存储信息。答复人无须对下列来源的电子存储信息作出证据开示，如果他认为由于不适当的负担或者成本而无法合理地获取该信息。在申请强制证据开示或者申请保护令的动议中，答复人应当证明由于过度的负担或者成本而无法合理地获取该信息。如果答复人作出上述证明，但考虑到本规则第26条第2款第2C项的限制，法院可以在申请人具有充分理由的情形下命令从上述来源进行证据开示。法院也可以规定证据开示的具体条件。

(2)主张享有特权或保护

A.拟保留的信息。对于传票所要求提供的信息，当事人以享有特权或者受保护的开庭审理准备材料为由拒绝提供时，应当：

(a)提出明确的请求;以及

(b)描述拟保留文件、通信或者有形物的性质,以不泄露享有特权或者受保护的信息的方式,使得各方当事人能够对该请求进行评估。

B.已提交的信息。如果根据传票的要求而提交的信息属于作为审判准备材料而享有特权或者受到保护,请求人可以通知任何收到该请求及其依据的任何当事人。该当事人在收到通知后,应当及时归还、封存或者销毁指定的信息及其所有副本;在该请求获得解决前,不得使用或者披露该信息;如果当事人在获得通知前披露了该信息,应当采取合理的步骤收回该信息,并可立即将密封的信息提交要求自觉遵从传票的地区法院,以便其对上述请求作出决定。提交信息的人士应当保存信息,直到其请求得到解决。

6. 移交与传票有关的动议

当要求遵从传票的地区法院未签发传票时,如果经被传唤人的同意或者法院发现存在特殊情形的,可以依据本条的规定将与传票有关的动议移交给签发传票的法院。此后,如果被传唤人的代理人获得授权在提出动议的法院执业,该律师可以提交文件并以签发法院官员的身份出庭。为执行其命令,作出命令的法院可以将该命令移交给提出动议的法院。

7. 藐视法庭的行为

要求自觉遵从传票的地区法院,以及在动议移交后签发传票的法院,可以对在送达后没有充分的理由而不遵守传票或者与传票有关的命令的人士,认定其行为构成藐视法庭的行为并且予以制裁。

(本条文于 1946 年 12 月 27 日修正,1948 年 3 月 19 日生效;1948 年 12 月 29 日修正,1949 年 10 月 20 日生效;1970 年 3 月 30 日修正,同年 7 月 1 日生效;1980 年 4 月 29 日修正,同年 8 月 1 日生效;1985 年 4 月 29 日修正,同年 8 月 1 日生效;1987 年 3 月 2 日修正,同年 8 月 1 日生效;1991 年 4 月 30 日修正,同年 12 月 1 日生效;2005 年 4 月 25 日修正,同年 12 月 1 日生效;2006 年 4 月 12 日修正,同年 12 月 1 日生效;2007 年 4 月 30 日修正,同年 12 月 1 日生效;2013 年 4 月 16 日修正,同年 12 月 1 日生效)

第 46 条【对裁定或命令的异议】

对裁定或者命令的异议无须正式的异议书。当请求或者由法院依职权作出裁定或者命令时,当事人只需要表明其希望法院作出支持或者反对的裁定或者命令,以及该请求或者异议的理由。如果一方当事人在法

院作出裁定或者命令时没有机会提出异议，该当事人的利益不受损害。

（本条文于1987年3月2日修正，同年8月1日生效；2007年4月30日修正，同年12月1日生效）

第47条【陪审员的选任】

1. 审查陪审员

法院既可以允许当事人或其代理律师对陪审员人选进行审查，也可以依职权主动进行审查。在后一种情形下，法院应当允许当事人或其代理律师进行法院认为适当的补充性询问，或者由法院提出其认为适当的任何其他问题。

2. 无因回避①

法院应当依据《美国法典》第28编第1870条的规定，允许提出一定次数的无因回避要求。

3. 豁免陪审员

在审判或者审议期间，法院可以基于适当的理由豁免陪审员的陪审义务。

（本条文于1966年2月28日修正，同年7月1日生效；1991年4月30日修正，同年12月1日生效；2007年4月30日修正，同年12月1日生效）

第48条【陪审员的人数；裁决；投票】

1. 陪审员的人数

陪审团应当由不少于6名且不超过12名的陪审员组成。除非适用

---

① 无因回避(peremptory challenges)制度是美国诉讼制度中回避的一种形式，即当事人及其律师可以在不说明理由的情形下，拒绝或者组织某人担任本案的陪审员，法院应当及时更换并召集其他陪审员。但此种回避的提出在次数上有一定的限制，通常为原被告双方各3次。如果案件存在多个诉讼当事人，多名原告或多名被告一般只能共享这3次取消陪审员资格的权利，除非法院增加了取消的数量，或者允许各当事人分别提出其无因回避的要求。与无因回避相对应的是有因回避(challenge for cause)。在陪审员资格审查中，如果任何一方律师认为某一位陪审员人选的回答表明他或她存在偏见或敌意，不能公正地处理案件，可以提出异议，阻止该陪审员人选进入陪审团。这种排除陪审员的努力，被称为“有因回避”。如果法官批准律师的申请，那么这位准陪审员将丧失陪审员资格；如果法官否决律师的回避申请，代理律师可以在上诉中对最终判决提出相同的回避申请，如果上诉法院认定初审法院滥用自由裁量权，初审判决将会被推翻。提出有因回避的理由通常包括陪审员人选不符合法定资格、陪审员人选存在偏见或者与当事人有密切联系等。

本规则第47条第3款有关豁免陪审员的规定，所有的陪审员都应当参与案件的裁决。

2. 裁决

除当事人另有约定外，裁决结果应当由至少6名陪审员组成的陪审团作出并且达成一致意见。

3. 投票

在宣告裁决结果之后、陪审团解散之前，法院应当根据当事人的请求或者依职权，对陪审员进行个别调查。如果调查结果显示，陪审员的意见未能达成一致，或者赞同裁决结果的陪审员人数不符合双方当事人约定的人数，法院可以指示陪审团进一步审判或者命令其重新审理。

（本条文于1991年4月30日修正，同年12月1日生效；2007年4月30日修正，同年12月1日生效；2009年3月26日修正，同年12月1日生效）

第49条【特别裁决①；概括裁决②和书面问题】

1. 特别裁决

(1)一般规定

法院可以要求陪审团以仅对每一个事实争点问题作出特别书面裁决

---

① 特别裁决(special verdict)，又称为个别裁决，是指陪审团就其认定的案件事实作出裁决，但不确定案件的哪一方胜诉，而是将此问题留给法官通过对所认定的事实适用法律来作出判决。特别裁决是对一般裁决的具体化，它要求陪审团对于诉答争点的主要事实进行个别认定。至于哪一方胜诉的结论则是在陪审团认定事实争点之后，由法官对该裁决适用法律并作出判决。设置特别裁决的意义在于，一方面可以帮助陪审团把注意力集中在争点上；另一方面可以防止陪审团依偏见行事或抛开法律作出判断，使审判更加科学；此外，在裁判发生可更改的错误时，能够尽可能地缩小重新审理的需要和范围。然而，这种裁决方式也招致了一些批评，因为这使得陪审团评议程序更加艰难而缓慢。从特别裁决中可以看出陪审团是如何认定事实的，但要求陪审团对个别问题作出具体的回答往往比较困难。

② 概括裁决(general verdict)，又称为一般裁决，是指陪审团作出的概括地宣布原告胜诉或被告胜诉的或者被告人有罪或无罪的裁决，不同于陪审团为解决某一个具体的事实问题而作出的特别裁决。除非法官根据当事人一方的动议对陪审团作出特别指示，陪审团作出概括裁决时无须说明理由。这种裁决形式只要求陪审团对案件作出审理结论，而不必对诉讼中的具体争点进行认定，也不必为结论提供任何理由。这是陪审团审判中最传统、最普遍的裁决方式。虽然概括裁决的作出比较简单，也可以避免裁决中的相互矛盾，但从概括裁决中看不出陪审团是如何进行裁决的，即无法得知陪审团对事实争点的认定是否遵循了法官的指示。陪审团裁决究竟采用特别裁决还是概括裁决由法官裁量决定。在一般情况下，双方代理律师提出指示方案的同时可提出陪审团裁决的形式，至于陪审团最终采用何种形式则由法官最终定夺。

的形式作出特别裁决。法院可以采用以下方式：

A.提交容易得到明确或者简要答案的书面问题；

B.以书面形式提交特别的事实认定，以便陪审团能够依据诉答文书和证据作出特别裁决；或者

C.采用法院认为适当的任何其他方式。

(2)指示

法院应当作出必要的指示和解释，使得陪审团可以针对所提交的每一个争点问题作出裁决。

(3)未提交的问题

除非在陪审团休庭前，当事人要求向陪审团提交某一事实争点问题，否则视为该方当事人放弃就起诉状或者证据提交的任何事实争点问题请求陪审团审判的权利。如果当事人不要求提交的，法院可以就该争点问题作出裁决。如果法院没有对该争点问题作出裁决，视为法院就该争点问题作出与特别裁决一致的判决。

2. 包含回答书面问题的概括裁决

(1)一般规定

法院可以向陪审团提供概括裁决的表格，以及应当由陪审团作出裁决的一项或者多项事实争议的书面问题。法院应当为陪审团提供必要的指示和解释，以便陪审团在作出概括裁决的同时，以书面形式回答上述事实争议问题。

(2)裁决与回答一致的情形

如果概括裁决与回答是一致的，法院应当依据本规则第58条的规定，批准根据概括裁决和回答作出适当的判决。

(3)回答与裁决不一致的情形

如果对各项事实争点问题的回答相互一致，但其中有一项或者多项回答与概括裁决不一致的，法院可以：

A.尽管已有概括裁决，但是仍依据本规则第58条的规定，批准根据回答所作出判决登记；

B.指示陪审团重新考虑其所作出的回答和裁决；或者

C.命令重新审理。

(4)各项回答相互不一致，而且与裁决也不一致的情形

如果对各项事实争点问题的回答相互不一致，并且其中一项或者多项回答与概括裁决也不一致的，法院不得作出判决。相反地，法院应当指

示陪审团重新考虑其回答和裁决，或者命令重新审理。

（本条文于1963年1月21日修正，同年7月1日生效；1987年3月2日修正，同年8月1日生效；2007年4月30日修正，同年12月1日生效）

第50条【在陪审团审判中作为法律问题的判决；重新审理的动议[①]；附条件的裁定】

1. 作为法律问题的判决

（1）一般规定

在陪审团审判中，如果当事人就某一个事实争点问题已经作出充分的举证和陈述，而理性的陪审团未能找到作出有利于该当事人裁决的足够的、合法的证据基础，法院可以：

A.解决对该当事人不利的事实争点问题；以及

B.批准当事人提交的将该问题作为法律问题的判决的动议，并且依据相关的应适用的法律，法院只有在对该问题作出有利的认定后才能判决维持或者驳回该当事人的请求或者抗辩。

（2）动议

作为法律问题的判决的动议，可以在案件提交陪审团审判前的任何

---

① 重新审理的动议（motion for a new trial），是指初审判决作出之后，当事人向法院提出的要求撤销原判决，重新审理该案件的动议。在陪审团作出的裁决或法官作出的判决被登记后的一定期限内，初审法院可以根据当事人的申请，将案件全部或部分争点再次提交法庭审理。美国联邦和各州的民事诉讼规则均规定了重新审理制度。重新审理使初审法官获得纠正已经发生错误的机会，从而避免了判决在上诉审被撤销的风险。重新审理最根本的理由是初审法院或陪审团在先前的庭审中存在错误。在陪审团审判的案件中，法官可以依据任何普通法规定的理由决定重新审理；在法官审判的案件中，可以依据以前衡平法院认可的任何理由决定重新审理。重新审理通常基于以下理由：（1）司法错误。司法错误是指法官在庭审中所犯的错误。例如在陪审团评议之前，法官向陪审团作出了不适当的甚至是错误的指示。（2）当事人、证人、律师存在不当行为。（3）支持裁决的证据不充分。（4）裁决的数额偏高或偏低。（5）发现新的证据。（6）陪审团的不当行为。当事人重新审理的动议获得法院支持有一个前提，即在原审程序中，当事人曾就有关的错误或瑕疵及时提出过异议。如果当事人在法庭审理中对有关的错误或瑕疵没有及时提出过异议，则在判决登记后就无权申请重新审理本案。但是，并非只要具备重新审理的理由，法院就会准予重新审理。根据《联邦民事诉讼规则》第61条的规定，只有在拒绝重新审理将导致违背实体公正的情形下，法院才会准许重新审理。对于那些没有损害当事人实质性利益的程序中的错误和瑕疵，法院应当予以忽略，这就是所谓的"无害错误"原则（harmless error doctrine）。

时间提交。该动议应当具体说明申请人寻求的判决结果，以及支持该动议的法律和事实依据。

2. 在陪审团审判后更新动议；重新审理的替代动议

如果法院由于某种原因未能批准当事人依据本条第1款提出的作为法律问题的判决的动议，视为法院将该诉讼提交陪审团审判，但须由法院对与该动议相关的法律问题作出判决。申请人可以在不迟于判决登记后28日内，重新提交作为法律问题的判决的动议；或者为解决陪审团的裁决没有决定的争点问题，由申请人在不迟于陪审团解散后28日内提交作为法律问题的判决的新动议。同时，可以依据本规则第59条的规定提交请求重新审理的替代或者合并动议。在对更新的动议作出判决时，法院可以：

(1)在陪审团作出裁决后，允许依据该裁决作出法院的判决；

(2)命令重新审理；或者

(3)指示作出作为法律问题的判决。

3. 批准更新的动议；对重新审理动议的附条件的裁定

(1)一般规定

如果法院批准作为法律问题的判决的更新的动议，它还应当有条件地对任何重新审理的动议作出裁定，考虑判决有可能被撤销或者被改判的情形，是否应当作出重新审理的裁决，并且阐述有条件地批准或拒绝重新审理动议的理由。

(2)附条件裁决的效力

法院有条件地批准重新审理的动议不影响判决的终局性。如果重新审理的请求被初审法院有条件地批准，但是该判决在上诉审程序中被撤销的，除非上诉法院另有命令，否则将进行重新审理。如果重新审理的动议被初审法院有条件地驳回，被上诉人可以在上诉审程序中主张该驳回决定存在错误；如果初审法院的判决在上诉程序中被撤销，随后的诉讼程序应当依照上诉法院的命令继续进行。

4. 败诉方提交重新审理动议的时间

败诉的一方当事人可以依据本规则第59条的规定，在判决登记后28日内提交针对作为法律问题的判决要求重新审理的任何动议。

5. 驳回作为法律问题的判决的动议；通过上诉予以撤销

如果初审法院驳回作为法律问题的判决的动议，而上诉法院认为初审法院驳回该动议的决定存在错误，胜诉方作为被上诉人可以主张请求重新审理的理由。如果上诉法院撤销初审法院的判决,可以命令重新审理,指示初审法院决定是否准许重新审理,或者指示其作出相关的判决。

(本条文于1963年1月21日修正,同年7月1日生效;1987年3月2日修正,同年8月1日生效;1991年4月30日修正,同年12月1日生效;1993年4月22日修正,同年12月1日生效;1995年4月27日修正,同年12月1日生效;2006年4月12日修正,同年12月1日生效;2007年4月30日修正,同年12月1日生效;2009年3月26日修正,同年12月1日生效)

第51条【向陪审团作出指示[①];异议;保存关于错误的请求】

1. 请求

(1)在提交证据完成前或结束时

在提交证据结束时或者在法院指定的任何较早的合理时间内,当事人可以向法院提出书面请求并且告知其他当事人,要求法院向陪审团作出指示。

(2)在提交证据结束后

在提交证据结束后,当事人可以:

A.就法院规定的较早时间内无法合理预期的争点问题,提出要求法院向陪审团作出指示的请求;以及

B.在法院准许的情形下,就任何争点问题及时提出要求法院向陪审团作出指示的请求。

---

① 向陪审团作出指示(instructions to the jury),是指法官向陪审团提供的关于陪审团的义务、证据、当事人的证明责任、所适用的法律原则的说明。陪审团由在法律上外行的人士组成,但他们握有对案件事实的决定权。为了弥补陪审团法律知识的欠缺,法官有必要就某些与事实认定有关的法律问题作出指示。法官的指示是陪审团对争议事实作出裁决时所适用的法律原则。由于作出指示是法官的一项义务,因此这个程序在陪审团审判程序中必不可少。法官要求陪审团依据法官所描述和解释的法律,依据他们对案件事实的理解作出裁决。陪审团无权创制新的法律,无权抛弃符合自己价值观或符合正义的案件事实。服从法官的指示是陪审团的义务,陪审团必须按照法官的指示认定事实,不得为了得出自己认为正确的结论而无视法律原则。如果陪审团违反了法官的指示作出裁决,可能会成为上诉审法院驳回原审判决的一个主要理由。根据《联邦民事诉讼规则》第51条的规定,任何当事人都可以向法院提出关于法官向陪审团指示的书面请求。

2. **指示**

法院应当：

(1)在向陪审团作出指示和陪审团进行最后讨论之前，应当将其拟作出的指示和拟采取的行动通知当事人；

(2)在作出指示和提交陪审团讨论之前，应当向当事人提供在法庭记录中和陪审团听审之外提出异议的机会；以及

(3)可以在陪审团解散前的任何时间随时对陪审团作出指示。

3. **异议**

(1)提出异议的方式

对指示提出异议或者对未作出指示而提出异议的当事人，应当在法庭记录中注明有关情况，并且说明异议的事项及相关理由。

(2)提出异议的时间

如果符合下列情形，视为及时提出异议：

A.当事人依据本条第 2 款第 2 项的规定提出异议；或者

B.当事人在有机会提出异议之前，没有收到法院就该请求事项拟作出的指示和拟采取的行动的通知，而且该当事人在得知该指示或者请求的处理情况（获得准许或者被拒绝）后，立即提出异议。

4. **指出错误；明显的错误**[①]

(1)指出错误

当事人可以指出下列错误：

A.如果当事人已经按适当的方式提出异议，而法院实际作出的指示仍存在错误；或者

B.法院未能作出指示，如果当事人适时地请求法院作出指示，而法院在法庭记录的最终裁定中驳回该请求，当事人适当地提出了反对。

(2)明显的错误

如果指示中的明显的错误影响当事人的实质性权利，法院可以考虑指示中的明显错误，且该错误未依据本条第 4 款第 1 项的要求予以保存。

---

① 明显的错误(plain error)，是指法院的判决或裁定中存在的错误十分明显，如不予以纠正，将损害当事人的实质性权利和司法程序的公信力，造成不公正的结果。因此，即使当事人未对此提出异议，法院也应当予以处理。上诉法院通常只审查当事人提请其注意的错误，但是它有权纠正那些没有解决或放弃的明显错误。

（本条文于1987年3月2日修正，同年8月1日生效；2003年3月27日修正，同年12月1日生效；2007年4月30日修正，同年12月1日生效）

第52条【法院认定的事实和结论；对部分事实认定的判决】

1. 认定事实和法律结论

（1）一般规定

在没有陪审团或者经咨询陪审团而对案件事实进行审理的案件中，法院应当在认定事实的基础上单独陈述其法律结论。认定结果和法律结论可以在证明程序结束后记录在案，也可以体现在法院提交的司法见解或者判决备忘录中。法院应当依据本规则第58条作出判决。

（2）关于临时禁令

在批准或者拒绝一项临时禁令时，法院都应当对作出该决定所依据的事实认定结果和法律结论加以说明。

（3）关于动议

除本规则另有规定外，法院依据本规则第12条或第56条的规定对任何动议作出裁定时，无须陈述其事实的认定结果或者法律结论。

（4）主事官的认定效力

在法院采信的范围内，应当将主事官对事实的认定结果视为法院对事实的认定结果。

（5）对证据支持的异议

当事人可以在事后对支持事实认定结果的证据的充分性提出异议，而无论该当事人此前是否曾对认定结果提出质疑或者异议，或者是否曾提交要求修订事实认定结果或者仅作出部分事实认定的动议。

（6）撤销事实认定结果

对于地区法院基于口头证据或者其他证据而作出的事实认定，除非确实存在明显的错误，不得予以撤销。上诉法院应当充分尊重初审法院判断证人证言可信性的机会。

2. 对认定结果作出修订或补充

基于当事人在判决登记后的28日内提出的动议，法院可以对事实认定结果进行修订或者补充，并且可以据此对判决作出修订。该动议可以与依据本规则第59条提出的重新审理的动议一并提出。

3. 对部分认定事实的判决

在没有陪审团参与审判的诉讼中，如果当事人对于某一个争点问题已经作了充分的举证和陈述，但是法院对该争点问题的认定不利于该当事人，而依据所适用的法律，法院只有在对该争点问题作出有利的认定后，才能支持或驳回该请求或者抗辩，法院即可依此规定作出对该当事人不利的判决。但是，在证明程序结束前，法院可以拒绝作出判决。法院对部分事实的判决应当依据本条第 1 款所要求的事实认定结果和法律结论。

（本条文于 1946 年 12 月 27 日修正，1948 年 3 月 19 日生效；1963 年 1 月 21 日修正，同年 7 月 1 日生效；1983 年 4 月 28 日修正，同年 8 月 1 日生效；1985 年 4 月 29 日修正，同年 8 月 1 日生效；1991 年 4 月 30 日修正，同年 12 月 1 日生效；1993 年 4 月 22 日修正，同年 12 月 1 日生效；1995 年 4 月 27 日修正，同年 12 月 1 日生效；2007 年 4 月 30 日修正，同年 12 月 1 日生效；2009 年 3 月 26 日修正，同年 12 月 1 日生效）

第 53 条【主事官】

1. 任命

（1）职权范围

除法律另有规定外，法院可以任命一名主事官负责下列事项：

A.履行双方当事人同意的职责；

B.主持审判程序，并就未由陪审团决定的事项作出或建议事实认定结果，如果该任命：

（a）存在某些特殊情况；或者

（b）需要进行会计核算或者解决损害赔偿计算的困难；或者

C.处理审前和审后事项，而该事项无法由一名可用的地区法院法官或者治安法官及时有效地处理。

（2）取消资格

依据《美国法典》第 28 编第 455 条的规定，主事官不得与有可能导致取消法官资格的当事人、律师、案件或者法院存在关联。除非在主事官披露任何可能被取消法官资格的事由后，当事人仍然同意该任命，并且经过法院的批准。

（3）可能的费用或延误

在任命主事官时，法院应当考虑将可能的费用由当事人负担的公平性问题，并且应当防止产生不合理的费用或者延误。

2. 任命主事官的命令

(1)通知

在任命主事官之前，法院应当通知各方当事人并给予其陈述意见的机会。任何当事人都可以对候选人的任命提出建议。

(2)命令的内容

任命主事官的命令应当指示主事官作出一切合理的努力以履行其职责，并且应当说明：

A.主事官的职责，包括任何调查或者执行的职责，以及依据本条第3款对主事官权力的任何限制；

B.主事官可以与法院或者当事人进行单方沟通的特殊情形；

C.作为主事官活动记录保存和存档的材料的性质；

D.记录时限、存档方式、其他程序，以及审查主事官命令、认定结果和建议的标准；以及

E.依据本条第8款的规定，确定主事官薪酬的依据、条款和程序。

(3)命令的签发

法院只能在下列情形下才可以作出任命主事官的命令：

A.由主事官提交一份宣誓书，披露是否存在《美国法典》第28编第455条规定的取消法官资格的事由；以及

B.在披露有关事由后，经法院批准，当事人放弃取消资格的权利。

(4)命令的修订

法院可以在通知各方当事人并且给予听取其意见的机会后，随时对任命主事官的命令予以修订。

3. 主事官的权限

(1)一般规定

除非任命主事官的命令另有规定，主事官具有下列权限：

A.规范所有程序；

B.采取一切适当的措施，公平有效地履行其所承担的职责；以及

C.在主持证据听证时，行使签发命令的法院所具有的强制权、取证权和记录证据的权力。

(2)制裁

主事官可以对当事人实施本规则第37条或第45条规定的任何非藐视法庭的行为作出制裁，并且可以建议对当事人藐视法庭的行为作出制

裁，对非当事人作出其他制裁。

4. 主事官的命令

发出命令的主事官应当将命令存档，并且及时将命令副本送达各方当事人。书记官应当在案卷上对主事官的命令进行登记。

5. 主事官的报告

主事官应当按照任命主事官的命令的要求向法院报告。除非法院另有命令，主事官应当提交报告并及时将报告的副本送达各方当事人。

6. 执行主事官的命令、报告或建议

(1)听证机会；通常行动

在执行主事官的命令、报告或者建议时，法院应当通知各方当事人并且给予听取其意见的机会；可以采集证据；并且可以采纳或者确认、修订、全部或部分驳回或撤销有关决定，或者作出重新提交主事官处理的指示。

(2)提出异议或申请采纳或修订的时间

除法院另有规定外，当事人可以在主事官的命令、报告或者建议副本送达后 21 日内提出异议或者动议，要求法院采纳或者修订上述命令、报告或者建议。

(3)审查事实认定结果

法院应当对主事官提出或者建议的事实认定结果的异议重新作出判决，除非当事人经法院批准并对下列事项作出约定：

A.对出现明显错误的认定结果进行审查；或者

B.依据本条第 1 款第 1A 项或者第 1C 项的规定，所任命的主事官的认定结果为最终结果。

(4)审查法律结论

法院应当对主事官提出或者建议的法律结论的异议重新作出判决。

(5)审查程序事项

除非在任命主事官的命令中规定了不同的审查标准，否则法院只能因滥用自由裁量权而撤销主事官对程序事项的裁决。

7. 薪酬

(1)固定薪酬

在裁判作出之前或之后，法院应当依据任命主事官的命令中规定的依据及条款确定主事官的薪酬。但是，法院可以在通知各方当事人并且给予其陈述机会后，确定新的薪酬依据和条款。

(2)支付方式

薪酬的支付方式如下：

A.由一方或多方当事人支付；或者

B.由法院控制范围内的基金或诉讼标的物支付。

(3)费用分配

法院应当在充分考虑争议的性质和金额、当事人的经济状况以及各方当事人对主事官所处理事项的责任大小等影响因素后，在各方当事人之间合理分配费用。法院也可以依据案件的裁判结果对临时分配方案作出修订。

8. 任命治安法官

只有在将某一事项交由治安法官处理的命令表明该事项是依据本条的规定提出时，治安法官才受本条规定的约束。

(本条文于1966年2月28日修正，同年7月1日生效；1983年4月28日修正，同年8月1日生效；1987年3月2日修正，同年8月1日生效；1991年4月30日修正，同年12月1日生效；1993年4月22日修正，同年12月1日生效；2003年3月27日修正，同年12月1日生效；2007年4月30日修正，同年12月1日生效；2009年3月26日修正，同年12月1日生效)

第七章　判决

第 54 条【判决[①]；诉讼费用】

1. 定义；形式

本规则所使用的“判决”包括可以提起上诉的裁定和任何命令。判决不包括诉答文书的陈述、主事官的报告或者先前诉讼程序的记录。

2. 针对多项诉讼请求或涉及多方当事人的判决

当同一诉讼提出多于一项的诉讼请求时，无论是作为诉讼请求、反诉、交叉请求或者第三人请求；或者当同一诉讼涉及多方当事人时，只有当法院确定不存在正当的迟延理由时，才能指示对部分诉讼请求和部分当事人作出终局判决[②]。否则，法院对全体请求和权利的一部分，或者对全体当事人的一部分的责任作出的任何裁判或者其他形式的决定，均不会终止针对任何诉讼请求或者针对任何当事人的诉讼。同时，法院可以在就所有诉讼请求和所有当事人的权利和责任作出终局判决前随时进行修正。

3. 请求判决；给予救济

缺席判决不得与诉答文书中诉讼请求的种类相异，也不得超出诉讼请求的数额。任何其他的终局判决都应当给予各方当事人有权获得的救济，即便该当事人在诉答文书中未曾请求获得该救济。

---

① 判决(judgment)，是指经法庭审理，对案件各方当事人的权利和义务或是否承担责任问题作出的最终决定。在诉讼实践中，判决包括衡平法判决(decree)与可以上诉的命令或裁定(order)。其中，“decree”特指衡平法中的判决，即法庭在审理和听取各方辩论意见后，根据公平和良知原则确定诉讼各方权利而作出的裁决或命令。在普通法诉讼与衡平法诉讼的程序合二为一后，一般用“judgment”代替“decree”，但在某些情形下，decree 仍在司法审判中使用。

② 终局判决(final judgment)，又称为终局决定(final decision)，是指初审法院在审理之后，对案件的全部实体问题以及所有争点作出处理的最后的判决。当事人如果不服该判决，可以向上一级法院提起上诉。《联邦民事诉讼规则》第 54 条第 2 款并不是对终局判决规则的例外规定，而是对多项诉讼请求、多方当事人的案件如何适用该规则确立了一个法定标准。

4. 诉讼费用;律师费[①]

(1)律师费以外的其他诉讼费用

除联邦制定法、本规则或者法院命令另有规定外,应当允许胜诉方承担律师费以外的诉讼费用。但是,对于联邦政府及其官员、联邦机构而言,只能在法律规定的范围内承担相关诉讼费用。书记官可以在发出通知 14 日后评定诉讼费用[②]。在送达动议后的 7 日内,法院可以对书记官的处理情况予以审查。

(2)律师费

A.通过动议提出请求。除非依据实体法的规定,必须在开庭审理中证明律师费构成损害的一部分,否则当事人应当通过动议提出律师费和相关的免税费用的索赔请求。

B.提出动议的时间和内容。除制定法或法院命令另有规定外,该动议应当:

(a)在判决登记后 14 日内提出;

(b)列明有关的判决和使动议人有权获得律师费负担裁决的制定法、规则或者其他根据;

(c)说明所请求的金额或提供合理的估算金额;以及

(d)依据法院的命令,披露与所请求的服务费相关的任何协议的条款。

C.程序。依据本规则第 23 条第 8 款的规定,法院应当依据一方当事人的请求,并依据本规则第 43 条第 3 款或第 78 条的规定,给予对方当事人对动议提出异议的机会。法院可以在收到有关服务费估算书之前,决定有关费用的责任问题。法院应当依据本规则第 52 条第 1 款的规定查明事实并阐述其法律结论。

D.地方规则中的特殊程序;交由主事官或者治安法官处理。依据地

① 律师费(attorney's fees),是指律师向委托人收取的提供法律服务的费用。其计费方式有按小时收费(hourly fee)、固定收费(flat fee)或者胜诉酬金(contingent fee)等,通常可以由双方协商具体的收费方式。一般而言,只有原告的律师采用胜诉酬金方式收费。美国律师协会(ABA)制定的《律师职业行为示范规则》(Model Rules of Professional Conduct)禁止刑事辩护律师和家事诉讼律师采用胜诉酬金方式收费。

② 评定诉讼费用(tax costs),是指法院依据败诉方的请求,审查胜诉方提交的费用清单。在民事诉讼中,法院通常命令败诉方负担胜诉方的诉讼费用。在胜诉方提交费用清单后,被诉方有权提出动议,请求法院评定并减少胜诉方所提出的费用项目和数额。

方规则，法院可以制定特别程序，用以解决与费用相关的问题，而无须进行广泛的证据听证。此外，法院可以依据本规则第53条的规定，将有关服务估价的问题交由特别主事官处理，而无须考虑第53条第1款的限制，并且可以依据本规则第72条第2款的规定将请求律师费的动议交由治安法官处理，视同一个处分性的审前事项。

5. 例外情形

因违反本规则而产生的费用制裁或者依据《美国法典》第28编第1927条的规定而作出的制裁，不适用本条第1款至第4款的规定。

（本条文于1946年12月27日修正，1948年3月19日生效；1961年4月17日修正，同年7月19日生效；1987年3月2日修正，同年8月1日生效；1993年4月22日修正，同年12月1日生效；2002年4月29日修正，同年12月1日生效；2003年3月27日修正，同年12月1日生效；2007年4月30日修正，同年12月1日生效；2009年3月26日修正，同年12月1日生效）

第55条【缺席；缺席判决[①]】

1. 登记缺席的情形

当被寻求肯定性救济[②]判决的一方当事人未提出答辩或者以其他方式进行抗辩，并且以上事实已由庭外证言宣誓书或者其他方式所确认时，书记官应当将该当事人登记为缺席。

---

① 缺席判决(default judgment)，是指被告不出席审判或不应诉答辩，法院据此作出的不利于被告、满足原告在起诉状中所要求的救济的判决。原告起诉后，在通知诉讼的传票中必须明示被告应诉和答辩的期间，并应告知被告若不出席审判并对起诉状提出答辩将导致法院作出缺席判决。缺席判决的前提是登记有关当事人缺席的事实，即被请求肯定性救济判决的当事人，不应诉或未能行使《联邦民事诉讼规则》规定的其他抗辩权，且该事实已被宣誓书或其他方法所确认，则法院的书记官应将该当事人登记为缺席。缺席可分为两种：一种是被告不出席审判或不对原告的起诉状作出答辩，另一种是被告曾经到庭但不提交正式的答辩状或者在开庭审理时不出庭。另有一种缺席判决是针对在证据开示中不合作的当事人。如果该当事人不遵从法院关于证据开示的命令，法院可以对其作出缺席判决，以此作为对不合作的当事人的处罚。

② 肯定性救济(affirmative relief)，有两种含义：其一是指法院根据原告的请求作出的特别救济，即除了判决被告赔偿原告的损失之外，还要求被告履行特定的行为。其二是指被告以提出反诉(counterclaim)或者交叉请求(crossclaim，又译为交叉诉讼)的方式来维持一件独立于原告的起诉的诉讼而寻求的救济。即便后来原告撤回起诉或者败诉，被告也可以通过其提起的反诉或交叉诉讼而获得救济。

2. 作出缺席判决

(1)由书记官作出

如果原告所请求的救济是确定的金额或是通过计算可以确定的金额,而被告因为不应诉而被登记为缺席,并且该被告并非未成年人或无行为能力人时,书记官应当依据原告的请求及金额的宣誓书,作出要求缺席的被告承担请求的数额和诉讼费用的判决。

(2)由法院作出

在所有其他案件中,当事人应当向法院申请作出缺席判决。但是,缺席判决不得对未成年人或无行为能力人作出,除非他的一般监护人、保护人①或其他类似的受托人出庭进行诉讼。如果被请求接受缺席判决的当事人或其代理人出庭应诉,应当在听证会前至少 7 日向其送达申请缺席判决的书面通知书。当法院作出或执行判决时,可以举行听证会或者将案件转介处理,但同时保留任何联邦制定法规定的请求陪审团审判的权利。法院需要:

A.进行会计审核;

B.确定损害赔偿的金额;

C.通过证据证明任何指控的真实性;或者

D.调查任何其他事项。

3. 撤销缺席或缺席判决

法院可以基于适当的理由撤销缺席的记录,也可以依据本规则第 60 条第 2 款的规定撤销最终的缺席判决。

4. 针对联邦政府的判决

只有在原告提出足以使法院认为充分的证据,并以此确立请求权或救济权基础时,法院才能对联邦政府及其官员或者联邦机构作出缺席判决。

(本条文于 1987 年 3 月 2 日修正,同年 8 月 1 日生效;2007 年 4 月 30 日修正,同年 12 月 1 日生效;2009 年 3 月 26 日修正,同年 12 月 1 日生效;2015 年 4 月 29 日修正,同年 12 月 1 日生效)

---

① 保护人(conservator),是指由法院任命并受法院监督的保护无行为能力成年人的人士,其职责相当于监护人,但是其权限大于监护人而类似于受托人(trustee)。保护人可以管理无行为能力成年人的财产,并且可以进行投资。

第 56 条【即决判决】

1. 即决判决或部分即决判决的动议

一方当事人可以针对一项诉讼请求或者抗辩，或者针对一项诉讼请求或者抗辩的部分内容，通过动议请求法院作出即决判决。如果动议人表明对案件的重要事实不存在真正的争议，而且动议人有权获得作为法律问题的判决，法院应当作出即决判决。法院应当在记录中说明批准或者拒绝该动议的理由。

2. 提出动议的时间

除地方规则或法院命令另有规定外，一方当事人可以在证据开示结束后 30 日内随时提出动议，请求法院作出即决判决。

3. 程序

(1)支持事实立场

声称某一事实不存在争议或确实存在争议的一方当事人应当通过以下方式支持其主张：

A.引用已录制的材料中的特定部分，包括庭外证言、文件、电子存储信息、宣誓书或声明书、约定(包括仅为动议目的而订立的约定)、承认、对质询的答复或者其他材料；或者

B.表明被引用的材料不能证明对某事实不存在争议或者存在真正的争议，或者对方当事人不能提供可采信的证据用以支持该事实。

(2)对缺少可采信的证据支持事实的异议

一方当事人可以就支持或质疑某一事实的材料未能以可采信的证据形式提交而提出异议。

(3)未被引用的材料

法院只需要考虑被引用的材料，但也可以考虑已记录在案的其他材料。

(4)宣誓书或陈述书

用于支持或反对动议的宣誓书或陈述书应当在个人知悉的情形下作出，列出可作为证据采信的事实，并且表明证人或陈述人具有就所述事项作证的资格。

4. 非动议人无法获得事实的情形

如果一名非动议人通过宣誓书或者声明书表明，由于特定的原因，他无法为其异议的正当性提供关键的事实，法院可以：

(1)推迟审议或者驳回该动议；

(2)给予一定的时间以获取庭外证言宣誓书、声明书或者进行证据开

示;或者

(3)作出任何其他适当的命令。

5. 未能正确地支持或解释事实

如果一方当事人未能依照本条第3款的要求适当地支持事实主张,或者未能适当地处理另一方当事人的事实主张,法院可以:

(1)提供一个可以适当地支持或解释该事实的机会;

(2)结合动议的目的,将该事实认定为无争议的事实;

(3)如果该动议及其支持材料(包括被认定为无可争议的事实)都表明动议人有权获得判决,则作出即决判决;或者

(4)作出任何其他适当的命令。

6. 独立于动议的判决

在发出通知并给予合理的答辩时间后,法院可以:

(1)针对非动议人作出即决判决;

(2)以当事人未提出的理由批准该动议;或者

(3)在确认当事人之间对案件的重要事实不存在真正的争议后,依职权作出即决判决。

7. 未能批准动议要求的所有救济

如果法院未能批准动议所要求的所有救济,它可以作出命令,说明包括损害赔偿或者其他救济在内的请求的任何重要事实均不存在真正的争议,并且将该事实视为已经在案件中确定的事实。

8. 出于恶意而提交的庭外证言宣誓书或声明书

如果法院认定,依据本条规定所提交的庭外证言宣誓书或者声明书是出于恶意,或者仅仅出于拖延诉讼的目的,法院可以在发出通知书并且给予合理的答辩时间后,命令提交方向另一方当事人支付由此产生的合理费用,包括律师费。此外,违反本条规定的当事人或其代理律师可能被法院判定为藐视法庭罪或者受到其他适当的制裁。

(本条文于1946年12月27日修正,1948年3月19日生效;1963年1月21日修正,同年7月1日生效;1987年3月2日修正,同年8月1日生效;2007年4月30日修正,同年12月1日生效;2009年3月26日修正,同年12月1日生效;2010年4月28日修正,同年12月1日生效)

第 57 条【宣告性判决[①]】

本规则适用于依据《美国法典》第 28 编第 2201 条规定的获得宣告性判决的诉讼程序。本规则第 38 条、第 39 条适用于请求陪审团审判的案件。其他适当的救济方式的存在并不排除法院作出适当的宣告性判决。法院可以命令对宣告性判决的诉讼进行快速审理。

（本条文于 1948 年 12 月 29 日修正，1949 年 10 月 20 日生效；2007 年 4 月 30 日修正，同年 12 月 1 日生效）

第 58 条【判决的登记[②]】

1. 单独文件

每一个判决和每一个修订的判决都应当在单独的文件中列出，但是处理下列动议的命令不需要单独的文件：

(1)申请依据本规则第 50 条第 2 款的规定作出判决；

(2)申请依据本规则第 52 条第 2 款的规定修订或补充事实的认定；

(3)申请依据本规则第 54 条的规定支付律师费；

(4)申请依据本规则第 59 条的规定进行重新审理，或者更改或修订判决；或者

(5)申请依据本规则第 60 条的规定获得救济。

① 宣告性判决(declaratory judgment)，亦称确认判决，是指当事人请求法院对一定的权利或者法律关系的存在与否予以宣告的一种判决类型。在宣告性判决的诉讼(declaratory judgment action)中，法院仅仅表明对该案有关法律问题的观点或者确认当事人的权利，其目的在于解决法律关系的不确定性。它并不像通常的判决那样，包含可以强制执行的内容。例如，法院对确认不侵权之诉作出的判决就是典型的宣告性判决。该制度最早起源于美国国会于 1934 年制定的《联邦宣告性判决法》(Federal Declaratory Judgment Act)。该法规定，在存在实际争议的案件中，如果双方当事人请求确认各自权利或其他法律关系，法院有权作出相应的判决，而不论当事人是否请求给予进一步的救济措施，即当事人可以仅请求法院对某种法律关系是否存在作出判决认定。但是，该法并未特别规定宣告性判决诉讼的程序，此类案件适用《联邦民事诉讼规则》进行审理。

② 判决的登记(entering judgment)，是指将诉讼判决登录法院的判决卷册中。它是一种行政事务，而非司法行为。这对提起上诉或者根据该判决采取任何行动都是必要的前提事项。它不同于法院对判决的宣告(rendition of judgment)，后者是指法院根据法律的规定，宣告对双方的争议事项作出判决的司法行为。

2. 登记判决

(1)无须法院的指示

除法院另有命令外,在下列情形下,书记官应当依据本规则第 54 条第 2 款的规定,无须等待法院指示而迅速地准备、签署并且登记判决:

A.陪审团作出的概括裁决;

B.法院仅裁决诉讼费用或部分金额;或者

C.法院驳回当事人请求的所有救济。

(2)须经法院准许

在下列情形下,法院应当依据本规则第 54 条第 2 款的规定批准判决的形式,且书记官应当立即按此形式登记判决:

A.陪审团作出特别裁决或概括裁决及对书面问题的答复;或者

B.法院准许的本条第 2 款中未规定的其他救济。

3. 登记的时间

依据本条的规定,法院应当在以下时间登记判决:

(1)在不需要单独文件的情形下,依据本规则第 79 条第 1 款的规定,将判决登记于民事案件系统时;或者

(2)在需要单独文件的情形下,依据本规则第 79 条第 1 款的规定,将判决登记于民事案件系统,并且以下列事件中的较早发生者为准:

A.在单独文件中对其进行说明;或者

B.在 150 日期限内,从该判决登记于民事案件系统时起算。

4. 申请登记判决

一方当事人可以依据本条第 1 款的规定,要求以单独文件的形式登记判决。

5. 判决承担诉讼成本或费用

在一般情形下,为评定诉讼费用或者裁决律师费的负担,不得迟延作出判决,也不得延长上诉期限。但是,如果当事人依据本规则第 54 条第 4 款第 2 项的规定及时提出律师费动议的,法院可以在当事人提交上诉状并发生效力前作出命令,认定依据《联邦上诉程序规则》第 4 条第 1 款第 4 项规定提出的动议,与依据本规则第 59 条的规定及时提出的动议,具有同等的效力。

(本条文于 1946 年 12 月 27 日修正,1948 年 3 月 19 日生效;1963 年 1 月 21 日修正,同年 7 月 1 日生效;1993 年 4 月 22 日修正,同年 12 月 1 日生效;2002 年 4 月 29 日修正,同年 12 月 1 日生效;2007 年 4 月 30 日修

正,同年12月1日生效)

第59条【重新审理[①];变更或修正判决】

1. 一般规定

(1)重新审理的理由

法院可以依据当事人的动议,对下列诉讼中的全部或部分争点问题,对任何一方当事人进行重新审理:

A.在陪审团审判之后,出现由于此前在联邦法院根据普通法进行的诉讼中被批准重新审理的任何事由;或者

B.在非陪审团审判之后,出现由于此前在联邦法院根据衡平法进行的诉讼中被批准重新审理的任何事由。

(2)非陪审团审判之后的处理

在非陪审团审判之后,法院可以依据当事人提出的重新审理的动议对已经登记的判决进行重新审理,录取补充性的证言,修正或者作出新的事实认定结果和法律结论,并且指示登记新的判决。

2. 提出重新审理动议的时间

重新审理的动议应当在判决登记之后28日内提出。

3. 送达宣誓书的时间

如果重新审理的动议是基于宣誓书而作出的,该宣誓书应当与动议一并提交。对方当事人可以在被送达后14日内向法院提出反对宣誓书。法院可以准许提出答辩。

4. 基于法院的能动性或基于动议中未提出的事由而进行重新审理

在判决登记后28日内,法院可以基于其能动性,以任何能够证明批准当事人的动议具有正当性的理由,作出重新审理的命令。在向各方当事人发出通知并给予其陈述的机会后,法院可以基于动议中未说明的事由及时批准重新审理的动议。在上述任何一种情形下,法院都应当在其命令中具体说明重新审理的理由。

---

① 重新审理(new trial),是指在案件判决作出之后对判决中所裁决的部分或全部争点问题重新进行审理。初审法院可以依据当事人的申请,命令对案件进行重审,也可以依职权决定重审。上诉审法院在撤销初审法院判决的情形下也可以将案件发回初审法院,要求对其中的部分或全部争点问题重新进行审理。

5. **变更或修正判决的动议**

变更或修正判决的动议必须在判决登记后28日内提出。

（本条文于1946年12月27日修正，1948年3月19日生效；1966年2月28日修正，同年7月1日生效；1995年4月27日修正，同年12月1日生效；2007年4月30日修正，同年12月1日生效；2009年3月26日修正，同年12月1日生效）

第60条【对判决或命令的救济】

1. **对笔误的补正；疏忽和遗漏**

法院可以根据当事人的动议或者依职权，不论是否发出通知，随时对判决、命令或者其他法院文书中的笔误，或因疏忽和遗漏出现的错误予以补正。但是，如果该案件已经被上诉法院立案并且上诉程序正在进行中，只有经过上诉法院的许可，才能对判决或命令中的笔误或错误予以补正。

2. **对终局判决、命令或诉讼程序予以救济的理由**

根据当事人的动议和适当的事由，法院可以基于下列原因对与一方当事人或其法定代表人有关的终局判决、命令或诉讼程序予以救济：

（1）存在错误、疏漏、突袭①或者可被原谅的疏忽；

（2）发现新的证据；此前虽然经过合理的努力，但是仍然无法及时地发现该证据并依据本规则第59条第2款的规定，申请重新审理；

（3）内部或外部欺诈、虚假陈述或者对方当事人的其他不当行为；

（4）无效的判决；

（5）判决已被履行、免除或者撤销，或者作为该判决基础的先前判决已被推翻或撤销，或者履行该判决可能会导致不公平的情形；或者

（6）任何其他能够证明予以救济是适当的理由。

---

① 突袭（surprise），是指出其不意的突然袭击。此处的"突袭"是指诉讼突袭，即在诉讼过程中，诉讼主体基于故意或重大过失而实施的缺乏合理依据的诉讼行为。该行为的实施者企图以此获得对其有利的法律效果，但是可能造成诉讼状态的紊乱，损害其他诉讼主体的利益。为此，《联邦民事诉讼规则》设置各种程序制度，尽最大努力限制诉讼突袭。例如，在审理过程中，如果一方当事人突然传唤某一位事先未列明的证人出庭作证，从而形成对对方当事人的诉讼突袭，使之因此受到损害，该证人证言将被予以排除。再如，如果一方当事人已经尽其所能地准备诉讼材料，但仍受到对方当事人在开庭时突然提出的某一个重要事实的证据突袭，受到该事实不利影响的当事人可以依据《联邦民事诉讼规则》第59条和第60条的规定，申请重新审理或者请求对终局判决予以救济。

3. 提出动议的时间和效力

(1)时间

依据本条第2款提出的动议应当在合理的时间内提出,而以第2款第1项至第3项的规定为理由的动议,必须在判决、命令作出之日或者诉讼程序进行之日起1年内提出。

(2)对判决终局性的影响

该动议不影响判决的终局性,也不会导致有关程序的中止。

4. 赋予救济的其他权力

本规则并不限制法院行使以下权力:

(1)受理针对判决、命令或诉讼程序提起的单独诉讼,以便对当事人予以救济;

(2)依据《美国法典》第28编第1665条的规定,对未直接收到诉讼通知的被告提供救济;或者

(3)撤销受诉讼欺诈而作出的判决。

5. 令状的废除

下列令状已被废除:复审令状[①]、具有复审令状性质的令状[②]、本院纠错令状[③]、他法院纠错令状[④]和怨诉听审令状[⑤]。

(本条文于1946年12月27日修正,1948年3月19日生效;1948年12月29日修正,1949年10月20日生效;1987年3月2日修正,同年8月1日生效;2007年4月30日修正,同年12月1日生效)

---

① 复审令状(bill of review)是衡平法上的一种令状,当事人通过此种令状申请复审衡平法院已经作出的判决(decree)。

② 具有复审令状性质的令状(bill in the nature of bill of review)是衡平法上的一种令状,非当事人通过此种令状申请复审衡平法院已经作出的判决(decree)。

③ 本法院纠错令状(writ of coram nobis),是指作出判决的法院纠正其判决存在的事实上的错误的令状。

④ 他法院纠错令状(writ of coram vobis),是指上诉审法院要求初审法院纠正其判决存在的事实上的错误的令状,与本法院纠错令状相对应。

⑤ 怨诉听审令状(writ of audita querela)是一种传统的普通法令状形式。根据普通法,在法院判决之后,出现了对于被告答辩的关键事实,或是被告在判决之前没有机会提出如此的抗辩,法院为此签发给被告这样一个救济令。目前美国大多数州已经废除这种令状形式,由中止执行申请书取而代之。

第 61 条【无害错误[①]】

除司法正义另有要求外，在采纳或排除证据过程中出现的错误，或者由法院或任何当事人所作出的任何其他错误，均不得作为允许重新审理或者撤销陪审团的裁决、更改和中断法院判决或命令效力的理由。不论在诉讼程序的何种阶段，法院都必须忽略那些不影响当事人实体权利的错误或者瑕疵。

（本条文于 2007 年 4 月 30 日修正，同年 12 月 1 日生效）

第 62 条【执行判决程序的中止】

1. 自动中止

除本条第 3 款和第 4 款规定的情形外，除非法院命令另有规定，对判决的执行以及相关的执行程序在判决登记后中止 30 日。

2. 通过提供保证金或其他担保获得中止

在判决登记后的任何期间内，当事人可以通过提供保证金或者其他担保获得执行的中止。中止令在法院批准保证金或者其他担保时生效，并且在保证金或者其他担保确定的期间内持续有效。

3. 通过禁令、接管令或专利会计令获得中止

除法院命令另有规定外，即使当事人提起上诉，下列事项在判决登记后也不得中止：

（1）申请禁令或者接管令诉讼的中间判决[②]或者终局判决；或者

（2）专利侵权诉讼中指令进行会计处理的判决或命令。

4. 暂缓上诉的禁令

当事人对批准、继续、修订、驳回、解除、拒绝解除或者拒绝修正禁令的中间判决或者终局判决提起上诉时，法院将暂停、修正、恢复或者批准

---

① 无害错误（harmless error）作为美国诉讼制度的一项原则，是指上诉法院不会因为审判过程中的轻微的或无害的错误而撤销初审法院的判决。所谓无害错误是指任何轻微的、形式上的或纯理论上的、没有侵犯当事人的实体权利和对判决没有影响或仅有极小影响的错误。它不构成准予对案件进行重新审理，或者撤销陪审团的裁决，或者撤销、变更法院裁判的根据。

② 中间判决（interlocutory judgment），是指法院为准备作出终局判决，而预先解决当事人之间有关本案或者诉讼程序的某个争点或先决性问题的判决，它不同于法院为解决全案而作出的终局判决。法官依职权或者依当事人的申请，经审查认为中间争点或先决性问题达到可以裁判的程度时，可以就该争点或先决性问题作出中间判决。

有关担保条款或者其他保障对方当事人权利的条款的禁令。如果被上诉的判决是由地区法院组成的3名法定的法官所作出的，法院应当作出下列命令：

(1)由该法院开庭审理；或者

(2)由该法院全体法官同意并在命令上署名。

5. 对联邦政府及其官员或机构的上诉中止无须提供担保

当联邦政府及其官员或者联邦机构提起上诉，或者根据联邦政府部门的指令而提起上诉，法院在批准基于上诉而中止执行程序时，不得要求上诉人提供保证金、承担责任或者提供其他担保。

6. 根据州法有利于判决债务人的中止

如果根据法院所在州的法律，判决内容涉及对判决债务人财产的留置，该判决债务人有权获得与该州法院进行诉讼时相同的请求中止执行判决的权利。

7. 上诉法院的权限不受限制

本条的规定并不限制上诉法院或者其法官的下列权力：

(1)在上诉期间内中止诉讼程序，或者暂停、修订、恢复或发布禁令；或者

(2)作出适当的命令，保全现状或者维持即将作出判决的效力。

8. 对多项请求或多方当事人的中止

对依据本规则第54条第2款的规定作出的终局判决，法院可以在随后的一个或者多个判决作出前中止执行判决，并且可以规定必要的条件，以确保胜诉的当事人的利益不受中止执行判决的影响。

(本条文于1946年12月27日修正，1948年3月19日生效；1948年12月29日修正，1949年10月20日生效；1961年4月17日修正，同年7月19日生效；1987年3月2日修正，同年8月1日生效；2007年4月30日修正，同年12月1日生效；2009年3月26日修正，同年12月1日生效；2018年4月26日修正，同年12月1日生效)

第62.1条【被上诉程序所禁止的救济动议的指示性裁决】

1. 对上诉程序的救济

如果当事人及时地提出救济的动议，但法院因为上诉案件已经立案待决而无权予以批准，法院可以：

(1)推迟审理该动议；

(2)驳回该动议；或者

(3)声明如果上诉法院为此目的而发回重审，它将批准该动议，或者该动议将会引发实质性的争点问题。

2. 上诉法院的通知

依据《联邦上诉程序规则》第12.1条的规定，如果地区法院表明它将批准该动议或者该动议将引发实质性的争点问题，动议人应当立即通知巡回上诉法院的书记官。

3. 发回重审

如果上诉法院为此目的而将案件发回重审，地区法院可以对该动议作出决定。

(本条文于2009年3月26日增设，同年12月1日生效)

第63条【法官无法继续履职】

如果主持听证会或者审理案件的法官无法继续履职，任何其他法官可以在证明其熟悉诉讼记录并且确定案件的完成不会对当事人产生损害的情形下，继续履行前任法官的职责。在听证会或者没有陪审团参与的审理中，如果某证人的证言具有重要性且存在争议，并且再次作证不会对该证人构成不当负担，继任法官应当依一方当事人的要求重新听取该证人的证言，也可以重新听取其他证人的证言。

(本条文于1987年3月2日修正，同年8月1日生效；1991年4月30日修正，同年12月1日生效；2007年4月30日修正，同年12月1日生效)

第八章　临时性和终局性救济

第 64 条【对人或对财产的扣押】

1. 依照州法的救济;一般规定

在诉讼开始时或者诉讼过程中,为确保将来判决的实现,根据地区法院所在州的法律规定,可以采用对相关人士或者财产进行扣押的任何救济方式。但是,其适用范围由联邦制定法规定。

2. 特别救济

依据本条的规定可采取的救济措施包括以下类别,无论如何命名或者依据所在州的程序法是否需要采取独立行动:

- 拘留;
- 扣押财产①;
- 扣押债权②;
- 返还被扣押的财物③;
- 财产监管④;以及
- 其他相应或者同等的救济措施。

(本条文于 2007 年 4 月 30 日修正,同年 12 月 1 日生效)

---

① 扣押财产(attachment),是指根据债权人的申请和法院的命令,扣押债务人的财产的行动或相关文件。扣押财产的目的在于将该财产置于法院的控制之下,从而保证将来针对该财产所有人的判决能够实现。法院发出扣押命令之前,通常应当举行听证会,并且多数法院会要求债权人提供担保。如果因扣押错误,造成财产所有人的损失,申请人应当予以赔偿。

② 扣押债权(garnishment),是指案内债权人申请扣押案外债务人(garnishee)处的属于被告的金钱或者财产,或冻结被告的债权,以此偿还债务人的债务。例如,扣押债务人(通常指根据生效判决负有还债义务的债务人)的工资、银行存款。

③ 返还被扣押的财物(replevin),又译为动产之诉或返还物品的诉讼,是指要求被告返还其非法取得或扣押的财物的诉讼,在某些情况下,也包括要求被告赔偿因财物被非法扣押所遭受的损失的诉讼。在此类诉讼中,法院在作出判决之前可发出要求被告返还财物的令状(writ of replevin),作为对原告的临时救济。

④ 财产监管(sequestration)有多种含义。在民事诉讼中,它是指根据法院的命令,暂时扣押并保管被告的财产,直至法院作出判决,或者被告遵从法院的命令或履行法院的判决。在破产程序中,它是指根据法院的命令,扣押破产人的财产,用于清偿其债务。

第 65 条【禁令和限制令[1]】

1. 初步禁令[2]

(1)通知

法院可以在通知对方当事人之后,发布初步禁令。

(2)听证与对事实问题审理的合并

在对初步禁令的动议进行听证之前或者之后,法院可以推进案件事实问题的审理,并将其与听证会合并。即使未能作出合并的命令,通过动议获取且在审判中具有可采性的证据可以成为开庭审理笔录的一部分,无须在开庭审理时重复调查。但是,法院应当保护任何一方当事人获得陪审团审判的权利。

2. 临时限制令

(1)无通知而签发临时限制令

在符合下列条件时,法院可以不向对方当事人或者其代理律师发出书面或者口头通知而发出临时限制令:

A.庭外证言宣誓书或者经核实的起诉状中的具体事实清楚地表明,在对方当事人的异议进行听审之前,申请人将遭受直接的且不可弥补的伤害、损失或者损害;以及

B.申请人的代理律师以书面形式证明为发出通知所作出的努力,以及不需要发出通知的理由。

(2)内容;有效期届满

任何未经通知发出的临时禁止令,应当注明发出的日期和时间。该命令应立即交由书记官办公室归档并且记录在案;该命令应明确说明所受侵害、不可弥补的原因及不发出通知而作出命令的理由。该命令在作出后 14 日内因法院决定的期间届满而终止,除非在上述法院决定的期间内基于适当的理由延长一个相似的期间,或者经对方当事人的同意而延

---

① 限制令(restraining order),又译为禁止令、制止令、抑制令等,是指法院作出的要求必须做某事或者不得做某事的命令。这种命令不必经过庭审即可作出,但是只在一定期间内有效。例如,禁止或限制接近受保护者,有时甚至禁止与受保护者签订合同。这种禁令经常在存在家庭暴力的情形下使用。

② 初步禁令(preliminary injunction),又称作中间禁令(interlocutory injunction)、暂时禁令(temporary injunction)、临时禁令(provisional injunction),是指法院在案件审理之前或审理过程中作出的暂时性禁令,以防止在法院对案件作出判决之前,当事人遭受不可弥补的损失。这种禁令必须在被告收到通知并且有机会陈述意见后才能作出。

长期间。延长期限的理由应当记录在案。

(3)加快初步禁令的听证

如果该指令是在未经通知的情形下发出的,应当尽早举行初步禁令动议的听证会,该安排优先于同一性质的在先事项举行听证以外的所有其他事项。在听证会上,获得指令的当事人应当继续提交证据材料;如果当事人不同意的,法院应当解除该命令。

(4)解除命令的动议

对未通知对方当事人而获得临时禁令的当事人,对方当事人可以在2日内通知或者法院规定的更短的期间内发出通知后,出庭并且请求法院解除或者变更临时禁令。在此情形下,法院应当基于司法公正的要求尽快听取其陈述并且作出裁定。

3. 担保

在申请人提供担保的情形下,法院可以发布初步禁令或者临时限制令。申请人应当提供法院认为合适的担保金额,用于支付被错误地禁止或者限制的当事人可能遭受的损失或者损害。对美国联邦政府及其官员或者联邦机构提出的申请,则不要求提供上述担保。

4. 禁令和限制令的内容及范围

(1)内容

每一项授予禁令的命令和每一项限制令都应当:

A.说明签发的理由;

B.具体说明其条款;以及

C.对所限制的行为或者要求作出的行为的细节进行合理的阐述,而非仅仅引述起诉状或者其他文件。

(2)受约束的人士

该命令仅对通过直接送达或者其他方式送达实际通知的下列人士具有约束力:

A.当事人;

B.当事人的管理人员、代理人、职员、雇员和律师;以及

C.与本条第4款第2A项或第2B项中所述的任何人士进行合作或者参与其活动的其他人士。

5. 其他不受调整的法律

本规则不改变下列事项:

(1)任何与劳资关系诉讼中的临时限制令或者初步禁令有关的联邦

制定法；

(2)依据《美国法典》第28编第2361条的规定，关于互争权利或者具有互争权利诉讼程序性质的初步禁令；或者

(3)依据《美国法典》第28编第2284条的规定，关于应当由地区法院的3名法官审理并且进行裁判的诉讼案件。

6. 著作权的扣押

本条的规定适用于著作权的扣押程序。

(本条文于1946年12月27日修正，1948年3月19日生效；1948年12月29日修正，1949年10月20日生效；1966年2月28日修正，同年7月1日生效；1987年3月2日修正，同年8月1日生效；2001年4月23日修正，同年12月1日生效；2007年4月30日修正，同年12月1日生效；2009年3月26日修正，同年12月1日生效)

第65.1条【针对担保人的诉讼】

根据本规则及其附则(包括《海事或海商请求和资产扣押诉讼补充规则》)的要求或者允许一方当事人提供担保，并且由一个或者多个担保人提供担保时，每一名担保人都应当服从受诉法院的管辖，并且不可撤销地指定法院书记官为代理人，以便接收任何影响其担保责任的文件。担保人的责任可以基于当事人的动议而强制执行，而不必提起单独的诉讼。对于该动议以及与法院作出命令相关的任何通知，书记官应当及时地将所有文件的副本送达给已知其地址的每一名担保人。

(本条文于1966年2月28日增设，同年7月1日生效；1987年3月2日修正，同年8月1日生效；2006年4月12日修正，同年12月1日生效；2007年4月30日修正，同年12月1日生效；2018年4月26日修正，同年12月1日生效)

第66条【接管人[①]】

本规则适用于请求任命接管人或接管人起诉或被起诉的诉讼。但是，由接管人或类似的法院指定的官员管理财产的做法应当符合联邦法院传统的习惯做法或者地方规则。在涉及已指定的接管人的诉讼中，只

---

① 接管人(receiver)，又译为破产管理人、官方接管人，通常是指在破产清算程序中，根据法院的任命，接管债务人的财产或企业，保护债务人财产的人士。

能通过法院命令撤销该任命。

（本条文于 1946 年 12 月 27 日修正，1948 年 3 月 19 日生效；1948 年 12 月 29 日修正，1949 年 10 月 20 日生效；2007 年 4 月 30 日修正，同年 12 月 1 日生效）

第 67 条【争讼物提存[①]】

1. 财产提存

如果某一案件所寻求的救济包含金钱判决[②]，或者包含一定数额的金钱或其他可交付之物的判决，当事人在通知其他所有当事人并经法院准许后，可以将该款项或者物品的全部或一部分向法院提存，无论请求方是否提出该主张。提存方应当向法院书记官送交准许提存命令的副本。

2. 提存和提取款项

根据本条的规定支付给法院的款项，应当依照《美国法典》第 28 编第 2041 条、第 2042 条以及相关制定法的规定提存和提取。该笔款项应当存入一个有息账户，或者投资于法院批准的有息证券。

（本条文于 1948 年 12 月 29 日修正，1949 年 10 月 20 日生效；1983 年 4 月 28 日修正，同年 8 月 1 日生效；2007 年 4 月 30 日修正，同年 12 月 1 日生效）

第 68 条【判决方案要约】

1. 提出要约；基于接受要约的判决

在开庭审理期日 14 日前的任何时间，被告在提交抗辩的同时，可以向原告发出判决方案要约，其中包括费用的计算。在该要约发出后 14 日内，如果对方当事人送达关于接受判决方案要约的书面通知，任何一方当事人都可以将判决方案要约、接受要约的通知以及其送达回证一并提交给法院。此后，书记官在此基础上登记判决。

---

① 争讼物提存(deposit into court)，是指当潜在的责任人同意承担赔偿责任，但受偿人不明确时，由潜在的责任人将金钱或物品交予法院保管，待法院确定权利人之后再行交付。在请求支付租金的案件有待于收回租物之诉(eviction case)作出判决时，也可适用提存这种方式，即根据法院的命令，由当事人向法院先行支付一定的款项。

② 金钱判决(money judgment)，是指法院在审理之后，确认被告对原告所遭受的损害负有责任，作出的以金钱支付原告的判决。对违约之诉和侵权之诉的案件，法院通常会作出金钱判决。

2. 未被接受的要约

未被对方当事人所接受的要约应视为已被撤回，但这并不排除此后当事人发出新的要约。未被接受的要约除用于诉讼费用裁定程序外，不得被法院作为证据而采纳。

3. 确定责任后的要约

如果一方当事人对另一方当事人的责任已经确定，但责任的大小仍有待后续的程序加以确定，承担责任的当事人可以提出判决方案要约。该要约应当在规定的听证期日前至少 14 日的合理期间内送达，以确定赔偿责任的范围。

4. 负担未接受要约后的费用

如果受要约人最终获得的判决并不优于其未接受的要约，受要约人应当负担该要约发出后所产生的费用。

（本条文于 1946 年 12 月 27 日修正，1948 年 3 月 19 日生效；1966 年 2 月 28 日修正，同年 7 月 1 日生效；1987 年 3 月 2 日修正，同年 8 月 1 日生效；2007 年 4 月 30 日修正，同年 12 月 1 日生效；2009 年 3 月 26 日修正，同年 12 月 1 日生效）

第 69 条【执行】

1. 一般规定

（1）金钱判决；适用的程序

除法院的命令另有规定外，金钱判决通过执行令状执行。执行程序以及作为判决和执行的附属和补充的程序，应当符合联邦地区法院所在州程序法的规定，但其适用范围适用联邦制定法的规定。

（2）进行证据开示

为协助判决或者执行程序，判决债权人或法庭记录显示与该判决有利害关系的承继人，可以依据本规则的规定或者依据地区法院所在州程序法的规定，对包括判决债务人在内的任何人进行证据开示。

2. 针对特定公职人员的执行

如果法院依据《美国法典》第 28 编第 2006 条的规定对税务官作出败诉判决，或者依据《美国法典》第 2 编第 118 条[①]的规定对国会官员作出败诉判决，判决的执行应当符合上述联邦制定法的规定。

---

① 现重新编号为第 2 编第 5503 条。

（本条文于1948年12月29日修正，1949年10月20日生效；1970年3月30日修正，同年7月1日生效；1987年3月2日修正，同年8月1日生效；2007年4月30日修正，同年12月1日生效）

第70条【对特定行为判决的执行】

1. 当事人未履行；命令他人代为履行

如果判决命令当事人交出土地，交付契据或其他文件，或者履行其他特定行为，而该当事人未能在限定的时间内履行时，法院可以命令由法院指派的第三人完成该行为，相关费用由不履行判决的当事人承担。履行完毕后，第三人所为的行为与该当事人所为的行为具有同等的效力。

2. 赋予权利

如果不动产或动产位于地区法院所在辖区之内，法院可以判决剥夺原财产所有人的权利，并且将该权利赋予其他人，以此代替作出转移不动产所有权的命令。该判决与依法执行的不动产或动产所有权转移具有同等的效力。

3. 获取扣押令状或财产监管令状

经有权要求作出特定行为的一方当事人的申请，书记官应当对不履行方当事人的财产发出扣押令状或者财产监管令状，以强制其履行特定行为。

4. 获取执行令状或协助执行令状

经获得财产占有权的判决或者法院命令的一方当事人的申请，书记官应当签发执行令状或者协助执行令状。

5. 认定藐视法庭的行为

对于不服从命令的当事人，法院可以将其行为认定为藐视法庭的行为。

（本条文于2007年4月30日修正，同年12月1日生效）

第71条【为非当事人提供或对其进行的执行救济】

当法院命令为非当事人提供救济或者对非当事人强制执行时，该命令的执行程序与针对当事人进行的执行程序相同。

（本条文于1987年3月2日修正，同年8月1日生效；2007年4月30日修正，同年12月1日生效）

第九章　特别程序

第 71.1 条【不动产或动产征收】

1. 其他规则的适用性

除非本条另有规定，本规则适用于依据政府征用权征收不动产和动产的诉讼程序。

2. 财产合并

原告可以将不同的独立财产在单一诉讼中予以合并，不论其财产权是否由同一个人享有，也不论是否因相同的目的而提出请求。

3. 起诉状

(1)标题

起诉状应当包含依据本规则第 10 条第 1 款规定的诉答文书的标题。但是，原告应当将通常按照种类、数量和所在地指定的财产以及对该财产拥有部分或者享有其中权益的至少一名所有者列为被告。

(2)内容

起诉状应当包含对以下事项的简要说明：

A.征收的权限；

B.被征收财产的用途；

C.对财产状况的充分描述；

D.拟获取的收益；以及

E.对于每一份独立财产，指定一名被告作为被合并的所有权人或者权益所有者。

(3)当事人

在诉讼开始时，原告只需要将已知其姓名的在财产中拥有或者主张权益的人士合并为被告。但是，在任何关于补偿金的听证会开始前，考虑到所涉及财产的性质、价值以及将要获得的权益，原告应当通过合理的尽力调查，将所有已知或可能的对财产拥有或者主张权益的人士追加为被告。所有其他人士都可以在“未知所有权人”的名义下成为案件的被告。

(4)程序

无论当事人是在诉讼开始时被列为案件的被告，还是其后被追加为被告的，都应当依据本条第 4 款的规定向所有的被告送达通知书。被告可以按照本条第 5 款的规定进行答辩。在此期间，法院可以作出命令，分

配作为事实证明的保证金。

(5)提交;追加的副本

除向法院提交一份起诉状外,原告还应当向书记官提交至少一份拟送达被告的起诉状副本,并且根据书记官或者被告的要求增加副本的份数。

4. 处理过程

(1)向书记官提交通知书

原告向法院提交起诉状后,应当立即向书记官提交针对起诉状中指定的被告合并或分别的通知书。如果原告在诉讼中追加被告,还应当向书记官提交针对新追加的被告的通知书。

(2)通知书的内容

A.主要内容。每份通知书都应当载明法院的名称、诉讼的名称以及所需送达的被告的姓名。该通知书应当对该诉讼所征收的财产作出足以识别的充分描述,但无须描述拟从指定的被告取得的财产以外的任何财产。此外,该通知书还应当载明下列事项:

(a)该诉讼的目的在于征收财产;

(b)拟征收的权益;

(c)征收的权限;

(d)拟征收的财产的用途;

(e)被告可以在收到通知后 21 日内向原告的律师送达答辩状;

(f)如果被告不提交答辩状即视为同意征收,并且视为同意法院有权继续审理该诉讼并确定补偿金额;以及

(g)未送达答辩状的被告仍然可以向法院和其他当事人提交愿意参与诉讼的通知书。

B.结尾。通知书的结尾应当载明原告律师的姓名、电话号码和电子邮件地址,以及在提起诉讼的地区内可以向律师送达的地址。

(3)通知书的送达

A.直接送达。如果已知地址的被告居住在美国或者受联邦行政或司法管辖的领域内,应当依据本规则第 4 条的规定直接送达通知书,但不必同时送达起诉状副本。

B.公告送达。

(a)如果原告的律师能够证明,在原告提起诉讼的州的范围内,经过勤勉的调查后仍不能确定被告的居住地址,或者即使被告的居住地址能

够确定，但按照本条的规定超出了可以直接送达的范围，在此情形下，原告的律师可以提交一份无法向被告直接送达的证明，通过公告送达的方式向被告送达通知书。原告的律师应当通过财产所在的县通常发行的报纸发布公告（每周公告一次，公告期至少连续三周）。如果没有上述报纸，可以在财产所在地普遍发行的报纸上进行公告。在最后一次公告之前，还应当将通知书的副本邮寄给已知其居住地址但无法直接送达的每一名被告。对于未知的所有权人，也可以通过同样的方式进行公告送达，并在通知书上注明"未知所有权人"的字样。

(b)公告送达在最后一次公告期届满时完成。原告的律师应出具一份证明书，证明公告送达和邮寄送达。该证明书应当附上印制的已经公告的通知书，并且注明报纸的名称和历次公告的日期。

(4)提交和送达的效力

将通知书提交书记官并且进行送达，与依据本规则第 4 条的规定送达传票具有同等的效力。

(5)修订通知书；送达证明和修订证明

本规则第 4 条第 1 款第 2 项的规定适用于对通知书的修订。本规则第 4 条第 12 款的规定适用于送达证明和修订证明。

5. 应诉或答辩

(1)应诉通知书

如果被告对征收其财产无异议或者抗辩时，可以送达应诉通知书，指明其有权益主张的财产。此后，应当向被告通知所有其后对其产生影响的诉讼程序。

(2)答辩

如果被告对财产征收提出异议或抗辩，应当在收到应诉通知书后 21 日内送达答辩状。答辩状应当包含以下事项：

A.确定被告主张享有权益的财产；

B.陈述被告主张享有权益的财产的性质和范围；以及

C.陈述所有被告对征收财产的异议和抗辩。

(3)放弃其他异议和抗辩；关于补偿的证据

对于被告在答辩状中未陈述的所有异议和抗辩，均视为放弃。此外，不允许被告提交追加异议或抗辩的其他答辩状或者动议。但在关于补偿事项的审理中，无论被告先前是否出庭或者进行答辩，都可以提交有关应支付的补偿数额的证据，并且可以参与补偿金的分配。

6. **起诉状的修正**

在有关补偿事项的开庭审理之前，原告无须经过法院的许可，可以随时修正起诉状。但是，如果修正的事项不符合本条第 9 款第 1 项或第 2 项的规定并且可能会导致诉讼被撤销的后果，则不得进行修正。原告无须送达修正后的起诉状副本，但应当依据本规则第 5 条第 2 款的规定，向所有出庭并受影响的当事人，以及依据本条第 4 款的规定，向所有未出庭但受影响的当事人送达有关事项的通知书。此外，原告应当针对每一次的修正，向书记官提交至少一份修正后的起诉状副本以供被告使用，并应书记官或者被告的要求提供追加的修正后的起诉状副本。被告可以依据本条第 5 款规定的时间和方式出庭或者进行答辩，并且与之具有同等的效力。

7. **替代当事人**

如果被告死亡、丧失行为能力或者在被合并起诉后转让其财产权益的，法院可以根据动议及庭审的通知书，命令适当的主体替代原先的当事人。同时，法院应当依据本条第 4 款第 3 项的规定向非当事人送达动议和庭审的通知书。

8. **审理争点问题**

(1)补偿金以外的争点问题；补偿金

在依据联邦制定法进行的涉及财产征收的诉讼中，法院将审理包括补偿金在内的所有争点问题，除非对补偿金的确定问题符合下列情形：

A.由依据联邦制定法设立的任何专门法庭对补偿金问题进行审理；或者

B.如果没有上述专门法庭，任何一方当事人在答辩期间内或者在法院指定延长的期间内，可以要求陪审团对补偿金问题作出裁决，除非法院另行指定一个专门委员会进行处理。

(2)委员会的任命；委员会的权限和报告

A.任命的理由。如果一方当事人要求由陪审团审判，法院可以改为任命一个由 3 人组成的委员会，并且基于拟征收的财产的性质、地点、数量或者其他适当的理由，由该委员会决定补偿金问题。

B.候补委员。法院可以任命最多 2 名候补委员审理案件，用以替代在补偿决定作出前法院认为无能力或无资格履行其职责的委员。在委员会作出最终决定后，对任何未替代正式委员的候补委员，法院应当及时解除其任命。

(3)委员人选的审查

在作出任命之前,法院应当向双方当事人告知每一名委员和候补委员人选的身份和资格,并且允许当事人对其进行审查。当事人无权提出委员的人选,但是有权以适当的理由对任何委员人选或者候补委员人选提出异议。

(4)委员会的权限和报告

委员会享有依据本规则第 53 条第 3 款规定的主事官的权限,该委员会的行动和报告以多数表决的方式决定。本规则第 53 条第 4 款、第 5 款和第 6 款的规定适用于委员会的行动和报告。

9. 撤销诉讼或排除被告

(1)撤销诉讼

A.由原告撤销诉讼。如果对一项财产征收赔偿的审理尚未开始,并且原告未获得该财产的所有权、次要权益或者占有权,该原告无须法院的命令,可以通过提交简要的关于撤销所涉及的财产诉讼的通知书撤销诉讼。

B.依据协议撤销。在作出赋予原告所有权、次要权益或者占有权的判决登记之前,原告和受影响的被告可以在没有法院命令的情形下,通过向法院提交撤诉协议的方式撤销全部或部分诉讼。如果双方当事人达成上述协议的,法院可以撤销已经登记的判决。

C.依据法院的命令撤销。在确定和支付财产补偿金前,法院随时可以在当事人提出动议和进行听证后撤销对该财产的诉讼。但是,如果原告已经取得该财产的所有权、次要权益或者占有权时,法院应当对该财产任何部分的所有权、次要利益或者占有权作出补偿的判决。

(2)排除被告

法院可以在任何时候排除不必要或者被不当合并的被告。

(3)效力

除非通知书、协议书或者法院命令另有规定,撤销诉讼不会使当事人的实体权益受到损害。

10. 提存及其分配

(1)提存

原告应当向法院提存相关法律规定的一定数额的款项,作为行使土地征收权的条件,并且可以按照制定法允许的条件提存。

(2)分配;分配的调整

进行提存后,法院和各方当事人的律师都应当加快诉讼程序,以便对提存的保证金进行分配，以及确定并支付补偿金。如果最终判决给予被告的补偿金超过根据提存分配给予该被告的金额，法院应当判决原告支付被告补偿金的差额部分；如果最终判决给予被告的补偿金少于分配给被告的金额，则法院应当判决被告支付原告补偿金的差额部分。

11. 依据州的不动产征收权征收

本条所规定的有关诉讼程序适用于依据州的法律行使征收权的诉讼。但是，如果州法律规定由陪审团审判某个争点问题，或者由陪审团或专门委员会审判补偿金问题，或两种情形兼而有之，则适用州法的规定。

12. 诉讼费用

诉讼费用不受本规则第54条第4款的约束。

（本条文于1951年4月30日增设，同年8月1日生效；1963年1月21日修正，同年7月1日生效；1985年4月29日修正，同年8月1日生效；1987年3月2日修正，同年8月1日生效；1988年4月25日修正，同年8月1日生效；1993年4月22日修正，同年12月1日生效；2003年3月27日修正，同年12月1日生效；2007年4月30日修正，同年12月1日生效；2009年3月26日修正，同年12月1日生效）

第72条【治安法官的审前命令】

1. 非处分性事项

如果将一项不属于对诉讼请求或者抗辩处分性的审前事项交由治安法官处理和决定，治安法官应当立即适用所要求的程序予以处理，在适当的情形下作出书面命令并对该决定予以说明。当事人可以在收到该命令的副本后14日内送达并提交书面异议。如果当事人未能及时对该命令提出异议，此后不能再指出该命令中的错误。审理该案的地区法院法官应当对异议予以及时考虑，修正或者删除该命令中任何明显错误或者违背法律的内容。

2. 处分性动议及羁押人员的请求书

(1)事实认定和建议书

治安法官在被指派对当事人的请求或者抗辩的审前事项进行听审，或者听取囚犯对于监禁条件的申诉时，无须双方当事人的同意，应当及时适用所要求的程序予以处理。治安法官应当对所有的证明程序进行录制，并且可以依据自由裁量权对其他程序进行录制。治安法官应当针对上述事项作出处理建议书，包括在适当的情形下作出事实认定结果。书记官应当及时向双方当事人邮寄送达事实认定结果和建议书的副本。

(2)提出异议

在收到建议书副本后的14日内,当事人可就拟议的事实认定结果和建议书送达并提交具体的书面异议。对方当事人可以在收到异议副本后14日内对该异议作出应答。除非地区法院法官在命令中另有规定,异议方应当及时安排转录已经录制的材料,或者转录双方当事人同意或者治安法官认为理由充分的任何材料。

(3)解决异议

地区法院法官应当重新决定治安法官在处理过程中遭受适当的异议的任何部分。地区法院法官可以接受、拒绝或者修正建议书;获得进一步的证据;或者将该事项发回治安法官,指示其重新处理。

(本条文于1983年4月28日增设,同年8月1日生效;1991年4月30日修正,同年12月1日生效;1993年4月22日修正,同年12月1日生效;2007年4月30日修正,同年12月1日生效;2009年3月26日修正,同年12月1日生效)

第73条【治安法官:合意审理;上诉】

1. 合意审理

依据《美国法典》第28编第636条第3款的授权,治安法官可以在获得双方当事人同意后主持民事诉讼及相关程序,包括陪审团审判或者非陪审团审判的程序。同时,应当依据《美国法典》第28编第636条第5款的要求对诉讼程序进行录制。

2. 合意审理的程序

(1)一般规定

当治安法官被指派主持民事诉讼或相关程序时,书记官应当向双方当事人发出书面通知,告知他们有机会依据《美国法典》第28编第636条第3款的规定表示其同意。为表示其同意,双方当事人应当共同或者分别提交一份同意转介案件的陈述书。只有在双方当事人都同意转介案件的情形下,才能将当事人对书记官的书面通知的反馈意见告知地区法院法官或者治安法官。

(2)提醒双方当事人是否同意

地区法院法官、治安法官或者其他法院官员都可以向双方当事人提示有关治安法官审理的可行性,也应当告知双方当事人有权撤回同意而不会产生不利的实质性后果。

(3)撤销案件转介

地区法院法官依据职权,基于适当的理由或者当事人所阐述的特殊情况,可以依据本条的规定作出撤销将案件转介由治安法官处理的决定。

3. 对判决提起上诉

依据《美国法典》第28编第636条第3款第3项的规定,针对基于治安法官的命令权作出的判决而提出的上诉,可以像地区法院作出的任何其他判决一样,提交上诉法院审理。

(本条文于1983年4月28日增设,同年8月1日生效;1987年3月2日修正,同年8月1日生效;1993年4月22日修正,同年12月1日生效;1997年4月11日修正,同年12月1日生效;2007年4月30日修正,同年12月1日生效)

第74条【本条文已于1997年4月11日废止】

第75条【本条文已于1997年4月11日废止】

第76条【本条文已于1997年4月11日废止】

第十章　地区法院和书记官:办理业务;发布命令

第 77 条【办理业务;书记官的权限;命令或判决的通知】

1. 法院的工作时间

每个地区法院在其工作时间都随时允许提交任何文书,发出和返还令状,提出动议或者作出命令。

2. 审理及进行其他程序的场所

针对案件实体问题的审理都应当在公开的法庭进行,并且尽可能地在正规的法庭进行。任何其他的行为或者诉讼程序,均可由法官在会议室作出或进行,无须书记官或者其他法院人员参与。上述行为或者程序也可以在法院所在辖区之内或之外的任何地方进行。但是,除非取得与此有利害关系的所有当事人的同意,不得在地区法院所在辖区之外举行听证会,单方听审的情形除外。

3. 书记官的办公时间;书记官的命令

(1)办公时间

除星期六、星期日和法定节假日外,书记官的办公室应当在每日的正常工作时间对外开放,并且配有一名当值的书记官或副书记官。但是,地方法院可以依据地方规则或者作出命令,要求书记官的办公室在星期六或者依据本规则第 6 条第 1 款第 6A 项所列出的特定法定假日以外的特定时间开放。

(2)作出命令

在不影响法院基于适当的理由暂停、变更或者撤销书记官的行为的权限前提下,书记官可以:

A.签发令状;

B.登记缺席情况;

C.依据本规则第 55 条第 2 款第 1 项的规定登记缺席判决;以及

D.进行不需要法院采取措施的任何其他事务。

4. 送达有关命令或判决的通知

(1)送达

在命令或者判决登记后,书记官应当立即依照本规则第 5 条第 2 款的规定,向非因过错而缺席的当事人送达相应的登记通知书,并且将送达情况记录在案。一方当事人也可以依照本规则第 5 条第 2 款的规定送达

登记通知书。

(2)上诉期间不受未送达通知书的影响

除《联邦上诉程序规则》第4条第1款另有规定外,未送达登记通知书既不影响上诉期间,也不影响对未能在准许的期限内提起上诉的当事人予以救济或授权法院予以救济。

(本条文于1946年12月27日修正,1948年3月19日生效;1963年1月21日修正,同年7月1日生效;1967年12月4日修正,1968年7月1日生效;1971年3月1日修正,同年7月1日生效;1987年3月2日修正,同年8月1日生效;1991年4月30日修正,同年12月1日生效;2001年4月23日修正,同年12月1日生效;2007年4月30日修正,同年12月1日生效;2014年4月25日修正,同年12月1日生效)

第78条【听证会的动议;提交案件摘要】

1. 提供口头听证的日程安排

法院可以根据当事人的动议,确定口头听证的通常时间和地点。

2. 提交案件摘要

法院可以依据规则或命令作出规定,在不进行口头听证的情形下提交和决定关于案件摘要的动议。

(本条文于1987年3月2日修正,同年8月1日生效;2007年4月30日修正,同年12月1日生效)

第79条【由书记官保存的记录】

1. 民事诉讼案卷

(1)一般规定

书记官应当以联邦法院行政管理局局长规定并获得联邦司法会议批准的格式和方式,保管命名为"民事待审案卷"的登记簿。书记官应当将适用本规则的每一起民事诉讼案件登记在案卷中,并且为案件编上连续的案卷号码。每个案件的案卷号码应当标注在首次登记该诉讼的案件记录簿上。

(2)需编制的项目

下列项目应当标记上文件编号,并按时间顺序录入案卷:

A.提交给书记官的文件;

B.签发的程序通知、送达证明或者其他表明执行的回执;以及

C.出庭应诉、命令、裁定及判决。

(3)录入的内容;陪审团审判的要求

每一项条目都应当简洁地载明提交的每一份文件或者签发的命令的性质,每一份送达证明或其他表明执行的回执的内容,以及每一项法院命令或判决的内容和登记日期。如果陪审团被适当地要求或者命令参与案件审理时,书记官应在诉讼案卷中注明“陪审团”字样。

2. 民事判决和命令

书记官应当在获得联邦司法会议的批准后,以联邦法院行政管理局局长规定的格式和方法保管下列诉讼文书的副本:由法院作出的所有终局判决和可上诉的命令;影响不动产或动产的所有权或留置权的命令;以及依据法院指示保存的任何其他命令。

3. 索引;审理日程表

书记官应当根据法院的指示完成下列工作:

(1)依据本条第 2 款的规定,保存案卷索引和判决、命令的索引;以及

(2)为所有等待审理的案件制定审理日程表,区分陪审团审判和非陪审团审判的案件。

4. 其他记录

经联邦司法会议批准后,书记官应当保存联邦法院行政管理局局长所要求的任何其他记录。

(本条文于 1946 年 12 月 27 日修正,1948 年 3 月 19 日生效;1948 年 12 月 29 日修正,1949 年 10 月 20 日生效;1963 年 1 月 21 日修正,同年 7 月 1 日生效;2007 年 4 月 30 日修正,同年 12 月 1 日生效)

第 80 条【作为证据的速记笔录】

如果在听证会或审理中用速记法所记录的证言在此后的审理中可以作为证据使用,该证言可以由记录人认证的笔录加以证明。

(本条文于 1946 年 12 月 27 日修正,1948 年 3 月 19 日生效;2007 年 4 月 30 日修正,同年 12 月 1 日生效)

第十一章　一般规定

第81条【本规则适用性的一般规定；移送的案件】

1. 适用于特定诉讼的程序

(1)海上捕获物①诉讼程序

本规则不适用于依据《美国法典》第10编第7651条至第7681条规定的由海事法院审理的海上捕获物诉讼程序。

(2)破产程序

本规则适用于《联邦破产程序规则》规定范围内的破产程序。

(3)公民入籍程序

联邦制定法对于公民入籍程序没有规定的事项，如果符合先前民事诉讼的实务，可以适用本规则。《美国法典》第8编第1451条关于公告送达和答辩的规定适用于注销公民身份证书程序。

(4)特别令状

本规则适用于请求人身保护令和资格审查令的程序，如果上述程序中的实务符合下列条件：

A.联邦制定法及有关第2254条案件或第2255条案件的规则对此未作规定；以及

B.符合先前民事诉讼的实务。

(5)涉及传票的诉讼程序

本规则适用于联邦政府官员或机构依据任何联邦制定法发出传票，强制有关人士提供证言或者提交文书的诉讼程序，但是，联邦制定法、地区法院的规则或者受诉法院命令另有规定的除外。

(6)其他诉讼程序

本规则在适当的范围内适用于下列法律规定的程序，除非该法律规定了其他程序：

A.依据《美国法典》第7编第292条和第499条第7款第3项的规定，审查农业部部长的命令；

B.依据《美国法典》第9编的规定，审查与仲裁有关的事项；

---

① 海上捕获物(prize)，是指战争时期通过国家武力在海上捕获或在港口扣押的船舶或货物，这些捕获物可能被战时海上捕获物法庭认定为敌产而被判处没收或征用。

C.依据《美国法典》第 15 编第 522 条的规定，审查内政部部长的命令；

D.依据《美国法典》第 15 编第 715 条第 4 款第 3 项的规定，审查拒绝办理清关证书的命令；

E.依据《美国法典》第 29 编第 159 条、第 160 条的规定，执行国家劳动关系委员会的命令；

F.依据《美国法典》第 33 编第 918 条、第 921 条的规定，执行或者审查《码头和港口工人赔偿法》中所规定的赔偿令；以及

G.依据《美国法典》第 45 编第 159 条的规定，审查铁路劳资关系纠纷的仲裁裁决。

2. 告知令状和职务执行令

告知令状和职务执行令状已被废止。先前通过这两种令状获得的救济，现在可以通过本规则所规定的适当的诉讼程序或者动议获得。

3. 移送的诉讼案件

(1)适用性

本规则适用于从州法院移送联邦法院的民事案件。

(2)后续的诉答文书

除非法院作出命令，否则移送后无须再次进行诉答。如果被告在案件移送前未作出答辩的，应当在下列最长的期限内依据本规则提交答辩状、其他抗辩或者异议：

A.收到送达或者以其他方式收到陈述救济请求的最初起诉状副本后 21 日内；

B.在送达时提交的连同最初起诉状的传票后 21 日内；或者

C.提交移送通知[①]后 7 日内。

(3)要求陪审团审判

A.受州法律的影响。如果当事人在案件移送前明确要求依照州法律进行陪审团审判的，在移送后无须重新提交要求。如果州法律不要求当事人对陪审团审判提出明确要求，当事人无须在案件移送后提出要求，

① 移送通知(notice of removal)，是指在案件审理过程中，被告向受理案件的州法院所在地的联邦地区法院申请移送案件的请求书。被告申请移送案件的，应当在收到案件的程序通知后的 30 日内向联邦地区法院提出申请。该通知应当简要陈述申请移送的理由，并且附上有关的案件材料。被告还应当将申请移送之事告知审理该案的州法院和其他当事人。

除非法院命令当事人在指定的时间内这样做。法院必须应当事人的请求作出命令,也可以依职权主动作出命令。如果当事人在收到命令时未提交要求,视为放弃陪审团审判的权利。

B.依据本规则第38条的规定。如果所有必要的诉答文书在移送时已送达,依据本规则第38条的规定,有权获得陪审团审判的当事人可以在出现下列情形后14日内送达其请求函:(a)提交移送通知;或者(b)收到另一方当事人提交的移送通知。

(4)适用法律

A."州法律"的定义。当本规则涉及州法律时,"法律"一词包括州的制定法和州的司法裁判。

B."州"的定义。当本规则使用"州"一词时,在适当的情形下包括哥伦比亚特区以及任何美国自治领或者领土。

C."联邦制定法"在哥伦比亚特区的定义。对于哥伦比亚特区的联邦地区法院而言,"联邦制定法"一词包括任何适用于哥伦比亚特区的国会制定法。

(本条文于1939年12月28日修正,1941年4月3日生效;1946年12月27日修正,1948年3月19日生效;1948年12月29日修正,1949年10月20日生效;1951年4月30日修正,同年8月1日生效;1963年1月21日修正,同年7月1日生效;1966年2月28日修正,同年7月1日生效;1967年12月4日修正,1968年7月1日生效;1971年3月1日修正,同年7月1日生效;1987年3月2日修正,同年8月1日生效;2001年4月23日修正,同年12月1日生效;2002年4月29日修正,同年12月1日生效;2007年4月30日修正,同年12月1日生效;2009年3月26日修正,同年12月1日生效)

第82条【管辖权和审理地点不受影响】

本规则不能对联邦地区法院的管辖权或与此有关的审理地进行扩大解释或者缩小解释。依据本规则第9条第8款的规定提出的海事或海商诉讼请求,适用《美国法典》第28编第1390条的规定进行审理。

(本条文于1948年12月29日修正,1949年10月20日生效;1966年2月28日修正,同年7月1日生效;2001年4月23日修正,同年12月1日生效;2007年4月30日修正,同年12月1日生效;2016年4月28日修正,同年12月1日生效)

第 83 条【地区法院规则;法官的指令】

1. 地区法院的规则

(1)一般规定

在发布公告并且使得公众有机会发表意见后,地区法院可以通过该法院法官多数表决的方式,制定和修正本法院适用的规则。地区法院应当与联邦制定法和《美国法典》第 28 编第 2072 条和第 2075 条的规则相一致(但不应全盘复制),同时符合联邦司法会议规定的统一编号体系。地区法院规则自地区法院规定之日起生效,直至被该法院修正或者被该巡回区司法委员会废除。地区法院规则及其修正案副本应当在其颁布之时提交巡回区司法委员会和联邦法院的行政事务管理局,并提供给公众随时查阅。

(2)形式要求

实施地区法院规则中有关诉讼形式的要求时,除非当事人故意不遵守该规定,否则不应当使得该当事人丧失任何权利。

2. 缺乏可适用法律时的程序

法官可以以符合联邦法律,符合《美国法典》第 28 编第 2072 条和第 2075 条的规则,以及地区规则的任何方式指挥诉讼程序。法官不得对联邦法律、联邦规则或地区规则中未作要求的任何行为施加制裁或其他不利影响,除非该法官在特定情形下已经向被指控的违反者提供了有关该要求的实际通知。

(本条文于 1985 年 4 月 29 日修正,同年 8 月 1 日生效;1995 年 4 月 27 日修正,同年 12 月 1 日生效;2007 年 4 月 30 日修正,同年 12 月 1 日生效)

第 84 条【本条文已于 2015 年 4 月 29 日废止】

第 85 条【本规则的称谓】

本规则可以被引用为《联邦民事诉讼规则》。

(本条文于 2007 年 4 月 30 日修正,同年 12 月 1 日生效)

第 86 条【生效日期】

1. 一般规定

在遵守《美国法典》第 28 编第 2074 条的前提下，本规则及任何修正案在联邦最高法院规定的时间生效。本规则的适用范围包括：

(1)在本规则生效之日后开始的诉讼程序；以及

(2)在本规则生效之日后待决案件的诉讼程序，除非：

A.联邦最高法院另有规定；或者

B.法院认为，在某一特定诉讼中适用本规则是不可行的，或者将导致不公正的情形。

2. 2007 年 12 月 1 日生效的修正案

如果本规则第 1 条至第 5.1 条，第 6 条至第 73 条，第 77 条至第 86 条中的任何规定与其他法律规定相冲突，则依据《美国法典》第 28 编第 2072 条第 2 款的规定应当优先适用，且不受 2007 年 12 月 1 日生效的修正案的影响。

(本条文于 1946 年 12 月 27 日修正，1948 年 3 月 19 日生效；1948 年 12 月 29 日修正，1949 年 10 月 20 日生效；1961 年 4 月 17 日修正，同年 7 月 19 日生效；1963 年 1 月 21 日和 3 月 18 日修正，同年 7 月 1 日生效；2007 年 4 月 30 日修正，同年 12 月 1 日生效)

附则　海事或海商请求和资产扣押诉讼补充规则

第 1 条【适用范围】

1. 本补充规则适用于：

（1）《联邦民事诉讼规则》第 9 条第 8 款规定的海事或海商请求中关于下列事项的救济程序：

A.海事扣押财产和海事扣押债权；

B.对物诉讼①；

C.确认占有权、确认所有权和要求分配财产的诉讼；以及

D.免除或者限制赔偿责任的诉讼。

（2）产生于联邦制定法的对物没收诉讼；以及

（3）与海事领域对物诉讼相类似的法定征收诉讼程序，无论其是否在海事和海商管辖范围内。除另有规定外，本补充规则中提及的对物诉讼包括此类法定征收诉讼程序。

2.《联邦民事诉讼规则》的规定同样适用于上述程序，但其中与本补充规则不一致的除外。

（本条文于 1966 年 2 月 28 日增设，同年 7 月 1 日生效；2006 年 4 月 12 日修正，同年 12 月 1 日生效）

---

① 对物诉讼（action in rem）与对人诉讼（action in personam）相对应，是指针对某物而不是针对某人主张权利，旨在追回财产的诉讼程序。当事人请求法院作出判决，确认某项财产的所有权以及当事人对该财产的权利。法院的判决不但对诉讼当事人有效，而且对所有在任何时间对该财产主张权益的人有效。对物诉讼最初起源于海商法。在海事对物诉讼中，原告力图通过以诸如船舶或货物等财产来满足其权利请求，海事法院通过扣押被诉船舶或其他财产，取得该案的管辖权，并迫使财产所有人出庭应诉，交付用以执行对其不利的判决的保证金。虽然这种做法已经过时，但是海事法院据此确立了对被扣押的财产进行判决的权利。其根据在于，自关于某项财产的诉讼请求提出开始，在该诉讼请求范围内的财产上便产生了海事抵押权。现代法律已经将这种扣押财产的权利扩大到许多并未产生海上留置权（又称为海事优先请求权）的法律关系中。

第 2 条【对人诉讼[①]：扣押财产和扣押债权】

1. 适用情形；起诉状、宣誓书、司法机关和诉讼程序

在对人诉讼中：

(1)如果在提交经核实的请求扣押财产的起诉状和依照本条第 1 款第 2 项所要求的宣誓书时，在该地区内未找到被告，经核实的起诉状可以包括请求扣押指定的第三债务人[②]所控制的被告的有形或者无形的个人财产，以不超过该案诉讼标的的金额为限。

(2)原告或其代理律师必须签署一份宣誓书，连同起诉状一并提交法院，声明根据宣誓人所掌握的知识、信息或者信念，无法在该地区找到被告。法院应当审查起诉状和宣誓书，并且在符合本条的要求时作出命令，以说明并授权扣押财产和扣押债权的程序。书记官可以根据申请作出执行法院命令的补充程序，而无须经由法院进一步的命令。

(3)如果原告或其代理律师证实存在紧急情况，使得法院的审查无法实施，书记官应当签发传票并实施扣押财产和扣押债权程序。依据本补充规则第 5 条第 4 款第 6 项的规定，在任何扣押实施后所进行的听证中，原告对存在紧急情况都负有证明责任。

(4)A.如果该财产是船舶或者船上的有形财产，相关的传票、令状和任何补充令状都应当交由执行官送达。

B.如果该财产是其他有形或者无形财产，相关的传票、令状和任何补充令状都应当交由获得授权的人士或者组织送达，该人士或者组织可以是：

(a)执行官；

(b)与美国政府订有合同的人士；

(c)法院为此目的特别委任的人士；或者

(d)在美国政府提起的诉讼中，美国政府的任何官员或雇员。

---

① 对人诉讼(action in personam)与对物诉讼相对应，是指针对某人而不是针对某物主张权利，旨在确定当事人自身对诉讼标的享有权利和利益的诉讼程序。对人诉讼的判决对该判决的债务人有约束力，可以据此对该债务人的所有财产进行强制执行。

② 第三债务人(garnishee)，又译为案外债务人、次债务人，是指占有属于案件被告的金钱或者财物，对被告负有债务的人士或机构。在扣押债权诉讼程序(garnishment action)中，第三债务人由于持有判决债务人(judgment debtor)的款项或财物，因而有义务根据法院的扣押债权通知，将其所管控的款项或财物交付判决债权人(judgment creditor)。此处的第三债务人包括自然人(例如雇主)或机构(例如银行)，其所管控的款项或财物可用于偿还判决债务人的债务。

(5)原告可以依据《联邦民事诉讼规则》第 64 条的规定，援引州法律规定的救济措施对相关人士或者财产进行扣押，以确保判决的履行。

2. 通知被告

在下列情形下，法院不得作出缺席判决，除非有经过宣誓的庭外证词加以证明：

(1)起诉状、传票及扣押财产令或扣押债权令已按照《联邦民事诉讼规则》第 4 条授权的方式送达被告；

(2)原告或第三债务人已将起诉状、传票及扣押财产令或扣押债权令以任何需要回执的邮件形式邮寄给被告；或者

(3)原告或第三债务人已尽其所能地向被告发出有关的诉讼通知，但未能实际送达。

3. 答辩

(1)第三债务人的答辩

第三债务人应当在诉讼通知送达后 21 日内提交答辩状，连同对与起诉状一并送达的质询书的答复一并送达。对第三债务人的质询无须法院的许可，可以连同起诉状一并送达。如果第三债务人拒绝或者怠于就被告在第三债务人手中的债务、债权及其相关财产作出宣誓性答辩，或者回复原告可能提出的任何有关债务、债权及其相关财产的质询，法院可以裁定对第三债务人采取强制措施。如果第三债务人承认任何债务、债权及其相关财产，该债务、债权及财产应当由第三债务人保管或者由其提存至法院的登记处，并且在任何情形下都应当根据法院的进一步命令予以保管。

(2)被告的答辩

无论是在扣押财产或者向第三债务人送达的情形下，被告都应当在令状执行后 30 日内送达其答辩状。

(本条文于 1966 年 2 月 28 日增设，同年 7 月 1 日生效；1985 年 4 月 29 日修正，同年 8 月 1 日生效；1987 年 3 月 2 日修正，同年 8 月 1 日生效；2000 年 4 月 17 日修正，同年 12 月 1 日生效；2005 年 4 月 25 日修正，同年 12 月 1 日生效；2009 年 3 月 26 日修正，同年 12 月 1 日生效)

第 3 条【对物诉讼：特别规定】

1. 适用情形

在下列情形下，可以提起对物诉讼：

（1）为行使船舶优先权；

（2）联邦制定法作出海事对物诉讼或者类似的诉讼程序的规定。

除法律另有规定外，可以提起对物诉讼的当事人也可以以替代方式对任何可能负有责任的人士提起对人诉讼。

本规则不影响有关由美国政府拥有或者占有、运营的船舶或其他财产免于被扣留或扣押的法律规定。当制定法如此规定时，针对美国政府或其机构的诉讼可以适用对物诉讼的原则性规定。

2. 起诉状

在对物诉讼中，起诉状必须：

（1）经过核实；

（2）以合理的特定性描述作为本案诉讼标的物的财产；以及

（3）声明该财产位于该地区范围内，或者在审理期间将位于该地区范围内。

3. 司法机关及其程序

（1）扣押令

A.法院应当对起诉状和任何证明文件进行审查。如果符合对物诉讼的构成条件，法院必须作出命令，指令书记官签发扣押令，扣押作为诉讼标的物的船舶或者其他财产；

B.如果原告或其代理律师证实存在紧急情况，使得法院的审查无法实施，书记官应当立即发出传票和扣押令，扣押作为诉讼标的物的船舶或其他财产。依据补充规则第5条第4款第6项的规定，在任何实施扣押后的听证会上，原告对于确实存在紧急情况负有证明责任。

（2）送达

A.如果作为诉讼标的物的财产是船舶或船舶上的有形财产，扣押令和任何补充令状应当交由执行官送达；

B.如果作为诉讼标的物的财产是其他有形或者无形财产，扣押令和任何补充令状应当交由获得授权的人士或者组织送达，该人士或者组织可以是：

（a）执行官；

（b）与美国政府订有合同的人士；

（c）法院为此目的而特别委任的人士；或者

（d）在美国政府提起的诉讼中，美国政府的任何官员或雇员。

(3)向法院提存

如果作为诉讼标的物的财产包括全部或者部分运费、出售财产的收益或者其他无形财产，书记官应当在作出扣押令的同时签发传票，要求任何控制财产的人士说明不能依据法院判决由法院提存该财产的理由。

(4)补充令状

书记官可以依据当事人的申请，签发执行法院命令的补充令状，而无须法院的进一步的命令。

4. 通知

当作为诉讼标的物的财产已经依据本补充规则第5条第5款的规定解除扣押时，除令状执行程序外，无须发出其他任何通知。如果财产在执行程序之后14日内未解除扣押的，原告应当立即或者在法院允许的时间内，在法院指定的当地普遍发行的报纸上刊登有关的诉讼及扣押的公告。但是，如果该财产在公告刊登之前已经解除扣押的，可以终止刊登。该通知应当指明依据本补充规则第3条第6款的规定，提交对被扣押财产的利益或者权利陈述并作出答辩的时间。本条的规定不影响依据《美国法典》第46编第31301条及其后的修正规定，在取消优先受偿的抵押船舶赎回权的诉讼中对通知的要求。

5. 辅助令状

在任何已依据本条规定的送达程序送达令状的对物诉讼中，如果作为诉讼标的物的部分财产已被转移或者售卖，因而未能置于法院的控制之下，或者由于该财产属于无形财产且被未受令状送达的人士所掌握，因而未能置于法院的控制之下，法院可以依据当事人的动议，命令任何占有或者控制该财产或其收益的人士，说明为何不将该财产交付法院执行官或者其他持有该财产扣押令的人士或者组织保管，或者支付款项给法院以遵守该判决。在听证会之后，法院可以作出符合法律和司法公正要求的判决。

6. 应答答辩；质询

(1)利益陈述书；答辩

在对物诉讼中：

A.主张对作为诉讼标的物的财产的占有权或者任何所有权权益的人士，应当在下列时限内提交一份经核实的利益或权利陈述书：

(a)在令状执行程序开始后14日内；或者

(b)在法院允许的时间内；

B.在利益或权利陈述书中，应当说明支持该人士要求归还财产的财产利益或者进行抗辩的权利；

C.代理人、受托人或者律师应当说明代表他人提交利益或权利陈述书的权限；以及

D.主张占有权或任何所有权权益的人，应当在提交利益或权利陈述书之后21日内送达答辩状。

(2)质询书

在对物诉讼中，质询书可以连同起诉状一并送达，而不必经过法院的准许。对质询书的答复应当连同对起诉状的答辩一并送达。

（本条文于1966年2月28日增设，同年7月1日生效；1985年4月29日修正，同年8月1日生效；1987年3月2日修正，同年8月1日生效；1991年4月30日修正，同年12月1日生效；2000年4月17日修正，同年12月1日生效；2002年4月29日修正，同年12月1日生效；2005年4月25日修正，同年12月1日生效；2006年4月12日修正，同年12月1日生效；2008年4月23日修正，同年12月1日生效；2009年3月26日修正，同年12月1日生效）

第4条【回复占有诉讼[①]、确认所有权诉讼[②]和分配财产诉讼[③]】

在有关船舶的回复占有、分配财产以及根据海事实践试图维持船舶所有权的诉讼中；在有关主张货物或者其他海事财产回复占有的诉讼中；以及在一名或者多名船东针对其他船东所提起的，对任何未经他们的同意而进行的任何航程中船舶返回而获得担保的诉讼中；或者在一名或者多名船东针对其他船东所提起的，在提供担保的情况下，为保证该船舶的安全返航而占有该船舶的诉讼中，应当通过对该船舶、货物或其他财产发

① 回复占有诉讼(possessory action)，是指请求取得或恢复对财产的实际占有的诉讼，例如承租人不支付租金时，出租人可以解除合同，要求返还租赁物。此类诉讼不涉及所有权的问题。

② 确认所有权诉讼(petitory action)，是指原告请求法院确认、保护和实现其财产(通常指不动产)所有权的诉讼。此类诉讼通常是由并不实际占有该财产的人士提起的。

③ 分配财产诉讼(partition action)，又译为分割财产诉讼，通常是指为分割共同所有或共同占有的财产而提起的诉讼。在海事诉讼中，是指原告要求法院出售船舶或其他海上财产并在所有人之间分配出售所得。

出扣押令的方式实施相关令状，并依据本补充规则第 2 条第 2 款规定的方式通知对方当事人。

（本条文于 1966 年 2 月 28 日增设，同年 7 月 1 日生效）

第 5 条【对物诉讼和准对物诉讼[①]：一般规定】

1. 可适用性

除另有规定外，本条适用于具有海事扣押财产令和扣押债权令的对人诉讼、对物诉讼以及回复占有、确认所有权和分配财产的诉讼，并作为本补充规则第 2 条、第 3 条和第 4 条的补充。

2. 起诉状；担保

（1）起诉状

在适用本条规定的诉讼中，起诉状应阐明请求权产生的基础，以使被告或者请求人可以在不提交更明确陈述的动议的情形下，开展事实调查并提出应答答辩。

（2）诉讼费用担保

在不违反《联邦民事诉讼规则》第 54 条第 4 款及相关制定法的情形下，法院可以在原告起诉时，或者任何被告、请求人或其他当事人出庭时，或者在此后的任何诉讼阶段中，要求原告、被告、请求人或其他当事人提供诉讼费用担保或附加担保。初审法院将通过中间命令或者终局判决的形式，或者以任何上诉法院对上诉作出判决的形式，指令担保人负担相应的诉讼费用和支出。

3. 令状

（1）在海事和海商诉讼中，关于对物诉讼令状或者海事扣押财产令和扣押债权令，只能在该地区内送达。

（2）签发和交付

如果原告提出要求，法院应当暂停签发和交付对物诉讼程序或海事

① 准对物诉讼（quasi in rem action）不同于对物诉讼，是指虽然有明确的当事人，但其直接目的在于获得或处理某一项财产或对该财产的某种权利的诉讼；其判决解决的是某一项特定财产的法律地位、所有权以及法律责任等方面的问题，且只在该诉讼的双方当事人之间有效。在准对物诉讼中，原告利用法院对被告的财产具有管辖权而提起诉讼，以期实现其对被告提出的请求。该制度源于英国，后来被美国所采用并得到发展。最初该制度主要适用于土地所有权纠纷，如今已经广泛应用于动产，例如汽车或银行存款。

扣押财产令和扣押债权令。

4. 令状的执行;执行官令状的返还;财产监管;解除扣押程序

(1)一般规定

在有关令状发出和交付后,或者在附有扣押财产令和扣押债权令的传票发出后,如果有关情况表明未能在本地区找到被告,执行官或者持有扣押令的其他的个人或组织应当立即依照本条第4款的规定执行该令状,并在到期时及时返还令状。

(2)有形财产

如果扣押、监管的标的物是有形财产,执行官或者持有扣押令的其他个人或组织应当将其交由执行官占有并妥善监管。如果该财产的性质或者情况导致实际占有是不现实的,执行官或其他执行该令状的人士应当在该财产的显著位置张贴一份令状副本,并且将起诉状及令状的副本交给占有该财产的人士或其代理人。为加强执行官对船舶的监管,执行官有权向海关官员提交书面请求,在执行官、副执行官或者书记官通知该船舶依据本补充规则的规定放行之前,海关不许可该船舶的清关。

(3)无形财产

如果扣押、监管的标的物是无形财产,执行官或者持有扣押令的其他个人或组织应当向被扣押人或其他债务人送达起诉状和令状,要求其依据本补充规则第2条第3款第1项和第3条第6款的规定对起诉状提出答辩。如果债务人将原告索赔的金额以及相应的利息和诉讼费用交至法院登记处,执行官可以接受。在此情形下,除非再次送达令状,否则不要求被扣押人或者其他债务人提交答辩状。

(4)有关监管财产的指示

执行官或者持有扣押令的其他个人或组织可以随时就已被扣押或监管的财产请求法院作出指示,并且应当将该请求通知任何或者所有与法院指示相关的当事人。

(5)扣押和保管财产的费用;押金

本补充规则并不改变经修订的《美国法典》第28编第1921条中关于扣押和保管被扣押或被监管财产的费用,以及支付此类费用所需的押金的规定。

(6)解除扣押或监管的程序

当财产被扣押或被监管时,任何声称对该财产拥有一定权益的人士都有权要求立即举行听证。在听证会上,原告应当说明不应撤销扣押或者监管或者给予符合本补充规则规定的其他救济方式的理由。本款的规定不适用于依据《美国法典》第46编第603条和第604条的规定，发出具有充分理由的令状而引发的有关海员工资的诉讼，也不适用于美国政府以违反任何联邦制定法为由提起的没收财产的诉讼。

5. 财产扣押的解除

(1)专门担保

在签发海事扣押财产令和扣押债权令或者对物诉讼令状后，如果当事人提供相应的担保，法院或者书记官可以依职权或者当事人的约定，中止该令状的执行，或者解除对该财产的扣押，其条件是此后对初审法院或者任何上诉法院的判决予以履行。当事人可以就担保的数额和性质作出约定。如果当事人未能或者拒绝就担保的数额和性质作出约定的，法院应将保证金或者当事人约定提供担保的数额确定为足以覆盖原告请求赔偿的金额以及应计利息和费用；但是担保的本金在任何情形下都不得超过：(i)原告请求赔偿金额的2倍，或者(ii)经适当评估后该财产的价值。以较少者为准。保证金或者当事人约定的担保金额应当以本金和6%的年利率作为条件。

(2)综合担保

任何船舶的船东都可以通过提交具有充分保证力、经法院同意的综合保证书或者当事人的约定，以获准解除对财产的扣押，其条件是在船舶被扣押或者监管的法院提起的所有或任何诉讼中对该法院的判决均予以履行。因此，只要该保证书或者当事人约定的担保金额至少是原告在该船舶已被扣押或被监管时所有已开始和未决诉讼中请求赔偿金额的2倍，就应当中止对该船舶执行所有此类程序。法院可以参照在类似诉讼中提出专门担保或约定中的做法，对该保证书或者当事人约定的金额作出判决和予以救济。地区法院可作出必要的命令，以使本条的规定得以施行，特别是对已提交综合担保的船舶提起诉讼或者对被扣押船舶发出适当的通知。书记官应当在该保证书或者当事人的约定上背书，并附上中止该令状程序的案件记录。法院可以随时要求当事人提供进一步的担保。

如果在特定案件中作出专门担保或者约定，对于综合担保或者约定的责任随即终止。

(3)经批准或依约定解除扣押；法院或书记官的命令；费用

由执行官或者持有扣押令的其他的个人或组织保管的任何船舶、货物或其他财产，在执行官接受并且批准当事人的约定、保证书或者提供其他担保，并且先行支付法院及其工作人员的所有费用和开支后，可以立即解除扣押。释放船舶、货物或者其他财产需要经由代表申请财产扣押的一方当事人或其律师签署，并且表明其获得明确的授权。否则，未经法院的命令，由执行官或者持有扣押令的其他个人或组织保管的任何财产均不得解除扣押。该命令可以由书记官依据法律和本条规定的担保获批后，或者在撤销或中止诉讼后作出。但是，在支付法院及其工作人员的费用和开支之前，执行官或者持有扣押令其他的个人或组织不得交付任何已经解除扣押的财产。

(4)回复占有、确认所有权和要求分配财产的诉讼

本款的前述规定不适用于回复占有、确认所有权和要求分配财产的诉讼。在此类案件中，只有根据法院的命令，符合法院的相关要求和条件，并且提供法院可能要求的担保，才能解除对有关财产的扣押。

6. 减少或减值担保

无论何时采取担保措施，法院都可以依据当事人的动议及听证程序，基于适当的理由减少担保人应当提供的担保金额。如果担保不充足或者可能不充足的，法院基于动议和听证程序，可以要求提供新的担保或者附加担保。

7. 对反诉的担保

(1)在本诉中为损害赔偿提供担保的人士提出反诉时，因本诉标的的交易或事件而获得担保的原告应当为反诉中要求的损害赔偿提供担保，除非法院在表明原因后另有指示。除法院另有指示外，在当事人为反诉提供担保之前，应当中止本诉的诉讼程序。

(2)当美国政府或者其法人机构提出反诉时，原告应当依据本条第7款第1项的规定提供担保；如果私法上的当事人基于法律的规定免除担保义务的，原告将被要求对损害赔偿提供担保。

8. 有限的出庭[①]

在已发出对物诉讼程序或者扣押财产令和扣押债权令通知的情形

---

① 有限的出庭(limited appearance)，是指被告在一起对物诉讼或准对物诉讼中出庭，对案件的实体问题进行辩论，但该出庭的效力范围仅限于与被法院扣押的财产相关的债务或责任。它不同于“特别出庭”(special appearance)。后者是指被告出庭是为了对法院的对人管辖权提出异议，因而不构成对法院管辖权的承认。

下，针对海事和海商请求出庭抗辩的当事人，可以明确地限于对该请求作出抗辩。在任何其他未适用该程序或者尚未送达有关通知的诉讼请求的情形下，不能认为当事人出于任何其他诉讼请求的目的而出庭。

9. 财产处置；售卖

(1)中间售卖；交付

A.在下列情形下，法院可以基于当事人、执行官或者其他财产保管人的请求，命令出售全部或部分财产，并将销售款项或者符合判决数额要求的收益交付给法院，以等待法院的进一步命令：

(a)被查封或扣押的财产在诉讼期间易于损毁，或在诉讼中由于被监管可能变质、腐烂或者受损的；

(b)保管该财产的费用过高或者不成比例的；或者

(c)在解除该财产的扣押时存在不合理的延误。

B.在本款第1A项所规定的情形下，法院可以根据被告的动议，或者依据本补充规则第3条第6款规定的提交利益声明的人士的动议，命令不进行售卖，而是在提供担保后将该财产交付给申请人。

(2)售卖；收益

所有财产的售卖应当由执行官或副执行官，或者持有扣押令的其他个人或组织进行。如果执行官或持有扣押令的其他个人或组织是利害关系人，售卖由法院指派的任何其他人士进行。售卖所得的款项应立即交由法院登记处依法处置。

10. 财产保全

依据本条第4款第2项的规定实施扣押时，如果船舶的船东或者其他人士仍然占有被扣押的财产，允许在不取得实际占有的情形下进行扣押程序。法院可以根据当事人的动议或者依职权签发任何必要的命令，以保全该财产并防止其被转移。

(本条文于1966年2月28日增设，同年7月1日生效；1985年4月29日修正，同年8月1日生效；1987年3月2日修正，同年8月1日生效；1991年4月30日修正，同年12月1日生效；2000年4月17日修正，同年12月1日生效；2006年4月12日修正，同年12月1日生效)

第6条【责任限制】

1. 提起诉讼的时间；担保

在收到书面请求后6个月内，任何船舶的船东都可以依据本条第9

款的规定,向适当的地区法院提起诉讼,要求根据制定法的规定进行责任限制。该船东应当:

(1)为了请求人的利益,向法院交存一笔数额或者价值等同于该船东在船舶和待付运费中所享有的权益的款项,或者经法院批准的担保。此外,法院可以随时根据实际需要确定,为执行制定法及其修订后的规定而必需增加的款项或者经其批准的担保;或者

(2)根据该船东的选择,为了请求人的利益,将船东对船舶和待付运费中所享有的利益转让给法院指定的受托人。此外,法院可以随时根据实际需要确定,为执行制定法及其修订后的规定而必需增加的款项或者经其批准的担保。原告还应当提供费用担保。如果原告选择提供担保,应当自担保之日起支付6%的年利息。

2. 起诉状

起诉状应当载明其主张责任限制的权利所依据的事实,以及所有使法院能够确定该船东所承担的责任限制的金额所需的事实。起诉状可以要求免除责任,也可以要求限制责任。如果有要求进行限制的航次,应当说明该航次终止的日期和地点。原告应当说明在其知悉的范围,在该航次中产生的所有要求的金额,包括在合同或侵权行为中产生的所有未实现的留置权或者对留置权的诉讼请求,以及就此未决的任何诉讼和程序;船舶是否遭受损坏、遗失或者遗弃,以及在何时何地遭遇上述情形;船舶在航行结束时的价值,或在失事时其残骸、碎片或者可能存在的收益的价值,以及其在何处和由谁拥有该价值,以及已收回或者可收回的任何待付运费的金额。如果原告选择将其在该船舶上的权益转让给受托人,起诉状还应当进一步阐明他在该船舶上的任何留置权,以及自要求限制责任的诉讼请求提出后所进行的航次(如果有),在任何此类后续的航行或履行中产生的任何现有留置权及其金额和原因;目前所知的留置权人的姓名和地址,以及该船舶是否在后续的航行或旅行中由此遭受的任何损害。

3. 针对船东的诉讼请求;禁令

在船舶的船东遵守本条第1款的要求后,针对该船东或该船东财产的所有诉讼请求和诉讼均应终止。法院应当根据原告的请求作出命令,禁止就诉讼中受限制的任何诉讼请求对原告或原告的财产提起进一步的诉讼。

4. 通知请求人

在船舶的船东遵守本条第1款的要求后,法院应当向所有被提出责

任限制的请求人发出通知，告诫他们向书记官提交各自的请求，并在通知指定日期（不得少于通知发出后 30 日）或之前向原告律师送达一份副本。如果存在适当的理由，法院可以延长提交请求的期限。该通知应当在法院指定的日期前连续四周、每周在法院指定的报纸上刊登一次。原告应当在不迟于第二次公布日之前，将通知的副本邮寄给已知曾因要求限制的航行或履行而向该船舶或原告提出诉讼请求的每一位人士。在涉及当事人死亡的案件中，应当将该通知的副本邮寄给死者最后已知的地址，以及已知的曾因该死者死亡事件而提交诉讼请求的任何人士。

5. 诉讼请求和答辩

当事人应当依据本条第 4 款的规定，在通知指定的日期之前提交并送达诉讼请求。每一项诉讼请求都应当载明请求人据以提出请求的事实、请求内容以及该请求所产生的日期。如果请求人希望对免除责任或限制责任的权利提出异议，请求人应当提交并送达针对起诉状的答辩，除非该诉讼请求已经包含了答辩的内容。

6. 向请求人提供的信息

在提交诉讼请求的通知中指定的日期后 30 日内，或者在法院允许的期限内，原告应当向每一名请求人的律师（如果请求人没有委托律师的，应当向请求人本人）邮寄一份包含下列事项的清单：

（1）每一个请求人的姓名；

（2）请求人的律师的姓名和地址（如果已知请求人委托代理律师的）；

（3）诉讼请求的性质，包括财产灭失、财产损坏、死亡、人身伤害等情形；以及

（4）诉讼请求的金额。

7. 资金或担保的不足

任何请求人都可以以提存或担保的数额低于原告在船舶和待付运费中的权益价值为由，提交要求原告增加向法院提存的资金或者增加担保金额的动议。据此，法院应当对原告对船舶和待付运费的权益价值作出适当的评估。如果法院认定提存的资金或者担保金不足或过多的，应当命令增加或减少提存的资金或者担保金额。同样地，任何请求人都可以向法院要求增加提存的资金或者担保金额，其理由是该款项不足以执行有关死亡或者人身伤害赔偿的制定法的规定。经通知和听证之后，法院同样可以命令增加或者减少提存的资金或者担保金额。

8. 对诉讼请求提出异议:金额的分配

任何利害关系人可以对任何诉讼请求提出质疑或者反驳,而无须提交异议。在确定责任之后,应当依据有关法律的规定,在若干诉讼请求人之间,根据其所请求并经适当证明的数额按比例分配已经提存或者担保的金额,或者船舶的收益和待付运费。但是,应当保留各方当事人在法律上可能享有的任何优先权。

9. 审理地点;案件移送

起诉状应当在船舶被扣押的任何地区提交,以便对原告寻求责任限制的任何诉讼请求作出回应。如果该船舶尚未被扣押或者监管,那么在船东已就任何此类诉讼请求而被起诉的任何地区都可以提起诉讼。如果该船舶未被扣押用以对上述诉讼请求作出回应,且尚未对该船舶的船东提起诉讼的,可以在该船舶所在的地区提起诉讼。但是,如果该船舶不在前述的任何地区内,也未有已经在前述任何地区提起的诉讼,原告可以在任何地区提起诉讼。为方便当事人和证人参加诉讼,法院可以基于司法的利益将案件移送到任何其他地区;如果审理地点错误,法院应当驳回起诉,或者基于司法的利益将案件移送到可以提起诉讼的任何地区。如果该船舶已经被出售,所得收益应当代表本条所指的该船舶。

(本条文于1966年2月28日增设,同年7月1日生效;1987年3月2日修正,同年8月1日生效)

第7条【对物没收诉讼】

1. 适用范围

本条的规定适用于因联邦制定法而产生的对物没收诉讼。如果存在本条未能解决的问题,可适用本补充规则第3条、第5条以及《联邦民事诉讼规则》的规定。

2. 起诉状

起诉状必须:

(1)经过核实;

(2)说明对标的物的管辖权、对被告财产的对物管辖权以及审理地点;

(3)以合理的特定性描述该项财产的性质;

(4)如果该项财产是一项有形财产,说明扣押发生时的位置;如果是一项无形财产,说明提起诉讼时的位置;

(5)确定提起没收诉讼所依据的联邦制定法;以及

(6)陈述充分详细的事实，以支持政府机构能够在审判过程中履行举证责任的合理信念。

3. 司法机关及其程序

(1)不动产

如果被告是一项不动产，政府机构应当依据《美国法典》第 18 编第 985 条的规定进行处理。

(2)其他财产；扣押令

如果被告不是一项不动产，应当根据下列情形分别处理：

(a)如果该财产由政府机构占有、保管或者控制，应当由书记官对该财产签发扣押令；

(b)如果该财产不由政府机构占有、保管或者控制，且不受司法限制令的约束，法院应当在具备合适的理由时签发扣押令；以及

(c)如果该财产已受司法限制令的约束，则不需要签发扣押令。

(3)扣押令状的执行

(a)扣押令和任何补充令状都应当交付被授权执行扣押令的个人或组织，他们可以是：(i)执行官或者任何其他联邦政府官员或雇员；(ii)与联邦政府订立合同的人士；或者(iii)法院为此目的而特别委任的人士。

(b)被授权的人员或组织应当在切实可行的情形下尽快对在美国境内的财产执行扣押令及任何补充令状，除非：(i)该财产由政府占有、保管或者控制；(ii)法院命令在另外的时间密封起诉状，并在执行扣押令及补充令状之前中止诉讼；或者(iii)法院基于其他适当的理由。

(c)扣押令和任何补充令状可在法院所在地区内执行，或者经联邦制定法的授权，在法院所在地区外执行。

(d)如果需要对美国境外的财产执行扣押令，可以将该扣押令转交该财产所在地的适当的机构并由其送达令状。

4. 通知

(1)公告通知

A.需要公告的情形。政府机构在提起诉讼后的合理期限内或者法院规定的期限内发布诉讼通知公告后，法院才能作出没收财产的判决。但是，如果出现下列情形，则无须刊登公告：

(a)被告的财产价值低于 1000 美元，并且依据本条第 4 款第 2 项的规定，直接向政府机构可以合理认定为潜在诉讼请求人的每一个人士发出通知；或者

(b)法院认定公告费用超出了该财产的实际价值，而其他通知方式将满足正当程序的要求。

B.通知的内容。除法院命令另有规定外，该通知应当：

(a)以合理的特定性描述该财产；

(b)说明依据本条第5款的规定提交诉讼请求和答辩的时间；以及

(c)指定拟接收起诉状和答辩状的政府律师的姓名。

C.发布公告的频率。已发布的公告应当符合下列频率要求：

(a)每周一次，连续进行三周；或者

(b)仅在提起诉讼前发布一次，同一财产的非司法没收通知应当在政府官方设定的财产没收网站上发布通知至少连续30日，或者依照补充规则第7条第4款第1D项的规定，在所在地区普遍发行的报纸上连续发布三周。

D.发布公告的方式。

政府机构应当从下列方式中选取一种经过合理考虑的发布方式，以通知潜在的请求人：

(a)如果该财产在美国境内，在通常提起诉讼的地区、财产被扣押的地区或者未被扣押的财产所在地普遍发行的报纸上发布公告；

(b)如果该财产在美国境外，在通常提起诉讼的地区普遍发行的报纸，财产所在国家普遍发行的报纸，或者在财产所在国普遍发行的法律公报发布公告；或者

(c)在政府官方设定的财产没收网站上至少连续30日发布通知书，以作为上述两种公告的替代方式。

(2)通知已知的潜在诉讼请求人

A.需要直接通知的情形。

政府机构应当在依据本条第5款第1B项(b)规定的提交诉讼请求的期限之前，向任何合理地依据已知事实认定为潜在请求人的人士发送诉讼通知和起诉状副本。

B.通知的内容。

通知中应当包含下列内容：

(a)发出通知的日期；

(b)提交诉讼请求的截止日期，至少在通知发出35日后；

(c)依据《联邦民事诉讼规则》第12条的规定提交的答辩或者动议，应当在提出诉讼请求后21日内提交；以及

(d)指定将接受起诉状和答辩状的政府律师的姓名。

C.发出通知。

(a)通知应当以经过合理考虑的方式发出,以便送达潜在的请求人。

(b)关于扣押财产的案件或者在相关调查、行政没收程序或者刑事案件中,可以向潜在请求人或者代表潜在请求人的律师发出通知。

(c)发送给被监禁的潜在请求人的通知应当送达被监禁的地点。

(d)向因导致没收的罪行而被拘押的人士发出通知,如果在发出通知时该人士未被监禁的,可以将通知送达至该人士最后一次被逮捕或者释放时向监禁机构所提供的地址。

(e)向财产被扣押的人士发出通知,且在发出通知时该人士未被监禁的,可以将通知送达至该人士提供给扣押该财产的机构的最后一个地址。

D.发出通知的时间。通过下列方式发出的通知,以邮寄、交付给商业承运人或者通过电子邮件发送的日期为发送的日期。

E.实际通知。已收到没收诉讼实际通知的潜在请求人不得因为政府机构未发出所需的通知而提出异议,或者寻求对没收行为的救济。

5. 应答答辩

(1)提交诉讼请求

A.主张对被告的财产享有一定权益的人士,可以向受理案件的法院提交诉讼请求,对所没收的财产提出异议。该诉讼请求应当包含下列内容:

(a)确定所主张的具体财产;

(b)确认请求人,并说明请求人在该财产中所享有的权益;

(c)由请求人签署一份声明,表明如果作伪证将承担伪证罪的处罚;以及

(d)送达依据本条第4款第1B项(c)或第2B项(d)指定的政府律师。

B.除非法院基于适当的理由设定了其他的期限,否则当事人应当在规定的时间内提交诉讼请求:

(a)在依据本条第4款第2项的规定发出的直接通知中规定的期限之前;

(b)如果通知已发布,但是未直接通知请求人或者请求人的代理律师,依据本条第4款第1项的规定,在发布最终公告或通知后的30日内或者在政府官方设定的财产没收网站发布首日后的60日内;或者

(c)如果通知尚未发布,且未直接通知请求人或其代理律师,应当区

分下列不同情形进行处理：

(i)如果在提起诉讼时该财产由政府拥有、保管或者控制，则在不迟于提起诉讼后60日内，但不包括起诉状被封存或者依据本条第3款第2项的规定发出的扣押令之前任何中止的时间；或者

(ii)如果在提起诉讼时该财产未由政府拥有、保管或者控制，则不迟于政府机构遵循《美国法典》第18编第985条关于不动产规定后60日内，或者依据本条第3款的规定对不动产进行执行程序后60日内。

C.作为受托人主张利益的人士提交的诉讼请求应当表明受托人的身份，如果代表受托人提交诉讼请求的，应当就所获得的授权进行说明。

(2)答辩

请求人应当在提交诉讼请求后21日内，依据《联邦民事诉讼规则》第12条的规定，提交针对起诉状或者动议的答辩。如果反对不是通过动议提交或者未在答辩状中陈述的，视为请求人放弃对对物管辖权或者审理地点的异议。

6. 特别质询

(1)时间和范围

政府机构无须经法院的许可，可以在诉讼请求提交后和质证结束前的任何时间，对请求人的身份及其与被告财产的关系进行特别质询。但是，如果请求人提出驳回起诉的动议，政府机构应当在请求送达后21日内送达质询。

(2)答辩或异议

针对质询的答辩或者异议，应当在质询送达后21日内送达。

(3)政府回复的延误

在请求人针对质询进行答辩后21日内，政府机构无须对请求人依据本条第8款第2项的规定所提交的驳回起诉的动议作出答辩。

7. 保护和防止犯罪使用和处置财产；销售

(1)保护和防止对财产的犯罪使用

当政府机构未实际占有被告的财产时，法院可以根据当事人的动议或者依职权发出任何必要的命令，以保全该财产，防止其被转移、遭受产权妨碍或者用于刑事犯罪。

(2)中间销售或交付

A.命令出售。经当事人或该财产的保管人提出动议，在下列情形下，法院可以命令出售全部或者部分财产：

(a)该财产易于腐烂或者因为在诉讼前被扣押而有变质、腐烂或者损坏的风险；

(b)保管该财产的费用过高或者与其在公允市场的价值不成比例；

(c)该财产需要缴纳抵押贷款或者所有权人违约的税款；或者

(d)法院认为存在其他适当的理由。

B.销售者。销售行为应当由有权售卖该财产的联邦政府机构、该机构的承包商或者法院指定的任何人士进行。

C.销售程序。应当依据《美国法典》第28编第2001条、第2002条和第2004条的规定进行销售，除非各方当事人在经法院批准后同意适用销售及销售方面的程序或者其他程序。

D.销售收益。销售收益属于可被没收的替代财产，用以取代被售卖的财产。在没收诉讼结束之前，销售收益应当存放在一个由联邦政府保管的有息账户中。

E.根据请求人的动议交付。如果请求人表明，依据本条第7款第2项的规定允许售卖并且依法提供担保的，法院可以命令在诉讼结束之前将该财产交付请求人。

(3)没收财产的处置

在没收判决生效后，应当依法处置该财产或者售卖该财产的收益。

8. 动议

(1)禁止将该财产作为证据的动议

如果被告的财产被扣押，有资格对扣押的合法性提出异议的当事人可以提出动议，禁止将该财产作为证据。该禁止并不影响基于独立的衍生证据而没收该财产。

(2)驳回起诉的动议

A.已确立对没收提出异议资格的请求人，可以依据《联邦民事诉讼规则》第12条第2款的规定提交驳回起诉的动议。

B.依据《美国法典》第18编第983条第1款第3D项的规定，请求人不得以政府机构在提起诉讼时未掌握充足的证据，用以作出财产没收决定为由请求驳回起诉。有关起诉状充分性的问题，适用本条第2款的规定。

(3)剔除请求或答辩的动议

A.在开庭审理前的任何时间，政府机构可以在下列情形下提交剔除请求或者答辩的动议：

(a)未能遵守本条第 5 款或第 6 款的规定;或者

(b)请求人不具有诉讼资格。

B.该动议:

(a)应当在请求人提交驳回起诉的任何动议之前作出决定;以及

(b)既可以作为请求根据诉答文书作出判决的动议提交,也可以在听证或者即决判决之后,作为确定请求人是否可以通过证据优势确立诉讼资格的动议提交。

(4)申请解除扣押的财产

A.如果一个政府机构或者该机构的承包商依据《美国法典》第 18 编第 983 条第 6 款的规定,持有基于司法没收或者非司法没收的财产,已对该财产提起诉讼的当事人,可以依据《美国法典》第 18 编第 983 条第 6 款的规定申请解除对该财产的扣押。

B.如果在对该财产提起司法没收诉讼之前,已提交解除扣押财产的申请的,该申请可以在财产被扣押地的地区法院或者发出扣押该财产的扣押令的地区法院提交。如果对该财产的司法没收诉讼其后在另一个地区的法院提起,或者如果政府机构表明该诉讼将在另一个地区的法院提起,可以依据《美国法典》第 28 编第 1404 条的规定将申请书移送到该地区的法院。

(5)超额罚款

在下列情形下,请求人可以依据《美利坚合众国宪法》第八修正案的禁止超额罚款条款,通过提交即决判决的动议或者在没收判决作出后提出动议,以寻求减轻财产没收的处罚:

A.请求人已经依据《联邦民事诉讼规则》第 8 条的规定进行抗辩;以及

B.当事人已经获得机会对抗辩进行民事证据开示。

9. 审理

案件的审理程序应由法院进行,除非任何当事人依据《联邦民事诉讼规则》第 38 条的规定,要求由陪审团进行审理。

(本条文于 2006 年 4 月 12 日增设,同年 12 月 1 日生效;2009 年 3 月 26 日修正,同年 12 月 1 日生效)

附录 美国联邦证据规则

（本规则于1975年7月1日生效，最新一次修订于2020年12月1日生效）

第一章 总则

第101条【范围；定义】

1. 范围

本证据规则适用于在联邦法院进行的诉讼程序。有关适用本证据规则的具体法院、程序及其例外，规定于第1101条。

2. 定义

在本规则中：

（1）“民事案件”是指民事诉讼或者民事程序；

（2）“刑事案件”包括刑事程序；

（3）“公共机关”包括公共机构；

（4）“记录”包括备忘录、报告和数据汇编；

（5）“联邦最高法院①制定的规则”是指由联邦最高法院根据法定权

---

① 美国联邦最高法院（Federal Supreme Court）是联邦的终审法院，拥有违宪审查权和联邦法院规则的制定权，由1名首席大法官和8名大法官组成。所有大法官均由总统提名并经参议院同意而任命。其受理的案件大致分为两类：一类是违宪审查案件，另一类是依法上诉的案件。向联邦最高法院提起上诉有两种方式：依据上诉权的上诉（appeal by right）和获得调取案件复审令状的上诉（appeal by application）。联邦最高法院兼具初审管辖权和上诉管辖权。根据《联邦宪法》第3条第2款的规定，联邦最高法院对以大使、公使、领事及州为当事人的案件拥有初审管辖权。除此之外，联邦最高法院的任务以受理上诉案件为限。联邦最高法院的上诉管辖权分为两类：第一类是针对联邦法院的裁判；第二类是针对州最高法院的裁判。一般而言，联邦最高法院对于上诉案件的受理与否拥有完全的自由裁量权，通常根据案件的重要性和统一判例的必要性决定是否受理。如果其中有4名以上法官同意，即可决定受理。但实际上，在所有寻求联邦最高法院复审的案件中，被受理的仅有1%左右。受理上诉后，由9名大法官全体审理案件，称为“满席审判”（en banc）。根据“遵循先例”（stare decisis）的原则，最高法院作出的判决对所有法院具有先例性的约束力，应作为审理同类案件的依据。

限制定的规则;以及

(6)论及任何形式的书面材料或者任何其他媒介时,都包括电子形式存储的信息。

(本条文于1987年3月2日修正,同年10月1日生效;1988年4月25日修正,同年11月1日生效;1993年4月22日修正,同年12月1日生效;2011年4月26日修正,同年12月1日生效)

第102条【目的】

对本规则的解释,应当充分保证每一项程序中的司法公平,消除不合理的耗费和迟延,促进证据法的发展,从而达到查明案情和公正裁判的目的。

(本条文于2011年4月26日修正,同年12月1日生效)

第103条【关于证据的裁定】

1. 保存关于裁定错误的主张

在当事人的实体权利遭受损害,并且符合下列条件时,当事人可以主张采纳或者排除证据的裁定存在错误:

(1)在采纳证据的裁定中,依据审理的记录,当事人:

A.已经及时提出异议或者申请删除该证据;并且

B.已阐明具体理由,除非该理由在具体情境中是显而易见的;或者

(2)在排除证据的裁定中,当事人已经通过提出证明的方式告知法院该证据的实质内容,除非该实质内容在具体情境中是显而易见的。

2. 无须重新提出异议或提出证明

无论在审判中还是审判前,一旦法院已经就采纳或者排除证据作出明确裁定并记录在案,当事人无须为上诉保存关于裁定错误的主张而重新提出异议或者提出证明。

3. 法院关于裁定的说明;对提供证明的指示

法院可以就证据的性质或者形式、提出的异议和关于证据的裁定作出说明,法院也可以指示以提问和回答的方式提供证明。

4. 防止陪审团听取不可采信的证据

在陪审团审理的情形下,法院应当在切实可行的范围内,防止以任何方式将不可采信的证据交给陪审团。

5. 对明显错误的司法认知

法院可以对影响当事人实体权利的明显错误进行司法认知,即使未

能适当保存当事人关于裁定错误的主张。

（本条文于 2000 年 4 月 17 日修正，同年 12 月 1 日生效；2011 年 4 月 26 日修正，同年 12 月 1 日生效）

第 104 条【先决问题】

1. 一般规定

法院应当就证人是否适格、是否存在特权①以及证据是否具有可采性等先决问题作出决定。在作出决定时，法院不受证据规则的约束，但有关特权的规则除外。

2. 取决于某一事实的相关性

当证据的相关性取决于某一事实是否存在时，要求采信证据的一方当事人应当提出足以支持认定该事实确实存在的证明。法院可以在认定该事实条件已经满足的情形下，采纳该项证据。②

3. 在听证时排除陪审团的听取

在下列情形下，法院对先决问题所举行的听证不得让陪审团听取：

---

① 特权(privilege)，又译为特免权、拒绝作证权、保密特权，在英美证据法上通常指证人免于作证的一项证据规则。根据该规则，凡是享有特权的人或者特定群体，有权在诉讼程序中拒绝作证，并且制止他人作证。受特权保护的文件和信息免于披露。由此可见，与其他证据规则相比，特权规则并不是为了促进事实发现程序或者保护程序的完整性，相反地，它往往具有明显的禁止性，旨在掩盖事实真相而不是发现事实真相。此类权利的赋予通常是出于公共政策的考虑，即为了保护某种社会关系或者信任关系，如律师与委托人之间的关系、夫妻之间的关系、医生与病人之间的关系等。这些关系的特殊性质被认为要求以信任、诚实以及信息沟通的保密作为其存在的关键。从公共政策的角度来看，这些关系具有特殊的价值。因此，法律认可这种特权的存在，以保护那些高于发现真实的社会价值需求。在美国，一些证据方面的特权是以宪法的规定为基础的，但这类特权的范围及名目在各州不尽相同。

② 在某些情形下，被提交的证据可能是有条件地具有相关性。如果当事人提交的证据的相关性取决于另一个事实即前提事实的存在，那么该证据就是有条件地具有相关性。例如，有关法律要求市政机关对由于道路危险状况所引起的损失承担法律责任，其前提是市政机关事先已实际察觉到这一危险的道路状况。原告起诉市政机关，宣称他的车子所受到的损害是因为撞到了路面的一个凹坑，要求市政机关承担相应的法律责任。为了证明市政机关对这一危险的路面凹坑已有所察觉，原告提交了一份来自该城市另一名司机的信，该信件的内容是抱怨同一段路面凹坑，落款时间为原告出事的前一个月。原告只有首先证明市政机关在自己出事前已经实际收到了这封信，才能有效地建立起这份证据的相关性。此时，这封信作为证据，所具有的就是有条件的相关性。

(1)审查涉及供认的可采性问题；

(2)刑事案件的被告人在作证时提出上述要求；或者

(3)基于公平正义原则的要求。

4. 对刑事案件被告人的交叉询问

刑事案件的被告人就先决问题作证时，无须就本案的其他问题接受交叉询问。

5. 与证明力①及可信性有关的证据

本条规则不限制当事人在陪审团面前提交与其他证据的证明力或者可信性相关的证据的权利。

（本条文于1987年3月2日修正，同年10月1日生效；2011年4月26日修正，同年12月1日生效）

第105条【对其他当事人或为其他目的不能采信的限制性证据②】

如果法院所采纳的证据对于反驳一方当事人或者出于某种目的而言具有可采性，但对于反驳其他当事人或者出于其他目的而言不具有可采性，法院应当根据当事人及时提出的请求，将该证据限制在适当的范围内，并就此对陪审团作出指示。

（本条文于2011年4月26日修正，同年12月1日生效）

第106条【其他的或相关的书面材料或录音证言】

如果一方当事人向法院提交了一份书面材料或者录音证言的全部或部分内容，对方当事人可以基于公平正义原则的要求，要求出示该书面材

---

① 证据的证明力(weight of evidence)，是指当事人所提交的证据对于认定案件事实的说服力或影响力，这种影响力不在于证据的数量，而在于它的重要性、一致性和可信性。在实践中，法官在对双方当事人提交的证据材料的证明力进行权衡判断后，依据影响力大的证据形成对案件事实的认定。如果陪审团作出的裁断与证据的证明力相违背，将导致对案件的重新审判。

② 限制性证据(limiting evidence)，是指一项证据可能对案件的某个问题而言是相关的，但若用以证明另一问题就不具有相关性。此时，一旦证据被采纳，法官就必须对陪审团作出说明，引导他们只能在判断特定的争议事实时考虑该证据。但在多数情况下，这种说明无法收到预期的效果，因为不管怎样，陪审团已经实际接触到该证据，要让他们理性地区别对待同一份证据是困难的。

料或者录音证言的任何其他部分，或者任何其他相关的书面材料或者录音证言。

（本条文于 1987 年 3 月 2 日修正，同年 10 月 1 日生效；2011 年 4 月 26 日修正，同年 12 月 1 日生效）

第二章　司法认知[①]

第 201 条【对裁判性事实[②]的司法认知】

1. 适用范围

本规则仅调整对裁判性事实的司法认知，而不调整对立法性事实的司法认知。

2. 可以进行司法认知的事实种类

法院可以对下列不存在合理的争议的事实进行司法认知：

(1)在审判法院辖区内众所周知的事实；或者

(2)通过某种其准确性不受合理质疑的来源而能够准确、迅速地确定的事实。

3. 进行司法认知

法院进行司法认知的情形包括：

(1)可以主动进行认知；或者

(2)在当事人提出司法认知请求并向法院提供必要信息的情形下，应当进行认知。

4. 适用阶段

法院可以在诉讼程序的任何阶段进行司法认知。

5. 听审机会

基于及时的请求，当事人有权对于法院进行司法认知的适当性和被认知的事实的性质获得听证的机会。如果法院在通知当事人之前进行了

---

① 司法认知(judicial notice)，又称为审判上的知悉，是指法官为审理上的便利，在审判过程中对众所周知且无争议的事实予以承认和接受，从而免除当事人对该事实的举证责任。司法认知建立在这样一种假定之上：特定事项是众所周知的，或者是没有争议的，因而不必通过在事实审理者面前提交证据来解决。当某一事项被司法认知之后，就意味着该事项的真实性已得到确认，无须当事人的证据证明，法庭也不接受当事人的反驳性证据。司法认知作为一种证据机制，不仅能够有效避免正式举证可能具有的困难和诉讼成本消耗，也有利于尽快明确案件争点，提高庭审效率。同时，由法庭对某一类事项作出确认，有助于法官对陪审团的控制和确保案件处理的一致性。

② 裁判性事实(adjudicative fact)，是指案件中决定性、关键性的事实，与司法程序或行政程序中的当事人密切相关，有助于法院或行政机关确定如何适用法律的事实。裁判性事实不同于立法性事实(legislative fact，又译为要件事实)，后者是指法律规定的、具有一般属性的社会、经济事实，通常不涉及特定案件当事人的具体问题。

司法认知，当事人仍有权基于请求获得听证的机会。

6. 指示陪审团

在民事案件中，法院应当指示陪审团将司法认知的事实作为结论性事实予以采纳。在刑事案件中，法院应当指示陪审团既可以将司法认知的事实作为结论性事实予以采纳，也可以拒绝将其作为结论性事实予以采纳。

（本条文于2011年4月26日修正，同年12月1日生效）

第三章　民事案件中的推定[①]

第301条【民事案件中推定的一般规定】

在民事案件中，除联邦制定法或者本规则另有规定外，推定所反对的当事人负有提供证据以反驳该推定的责任。但是，本条规则并未转移当事人的说服责任，该证明责任仍由原先负有说服责任的一方当事人承担。

（本条文于2011年4月26日修正，同年12月1日生效）

第302条【就民事案件中的推定适用州法律】

在民事案件中，如果州法律规定了当事人诉讼请求或者抗辩所适用的裁判规则，关于推定的效力由州法律调整。

（本条文于2011年4月26日修正，同年12月1日生效）

---

① 推定(presumption)作为证据法上的术语，阐述了"基础事实"(basic fact)与"推定事实"(presumed fact)之间的逻辑关系，是一种影响提供证据的责任或说服责任的法律设计，即从其他经司法认知或经证明或承认为真实的事实(一般称为基础事实)中推断出某一事实成立或为真实。"推定事实"从"基础事实"推定而来。一旦"基础事实"成立，"推定事实"也会成立或至少有可能成立。当一项事实(事实A)得到证明，法院将得出一个结论，并推定另一项事实(事实B)为真实。事实A被称为基础事实，事实B被称为推定事实。在民事案件中，如果事实A得到证明，将只能产生一项推定。如果能够提出充分的证据使事实A不能被证明，就没有推定产生的机会。推定具有减轻当事人举证责任或转移举证责任的作用，这种作用的效力强弱依推定的不同而有所不同。大部分推定是可以反驳的，允许当事人以相反的证据加以反驳，在被反证推翻之前，该推论成立，称为可反驳的推定(inconclusive or rebuttable presumption)；而有些推定不允许反驳，称为不可反驳的推定(conclusive or irrebuttable presumption)。后一种推定实际上是一种法律上的拟制(fiction of law)。在某些案件中，推定降低了对案件争点问题的证明要求；而在另一些案件中，推定甚至可能使当事人根本无须证明，或者阻止另一方当事人提出任何证据来进行反驳。根据法律的规定，尽管这项推定的事实对另一方不利，他也不得否认它的存在。在学理上，将推定分为事实的推定和法律的推定。

第四章　证据相关性及其限制

第 401 条【相关性证据[①]的审查】

在下列情形下，证据具有相关性：

1. 该证据具有这样一种倾向，使得任何一项事实的存在，若有此证据将比没有该证据时更有可能或更无可能；并且

2. 该事实对于确定诉讼结果至关重要。

（本条文于 2011 年 4 月 26 日修正，同年 12 月 1 日生效）

第 402 条【相关性证据可采性的一般规定】

除非下列法律或者规则另有规定，相关性证据一般都具有可采性：

- 《美利坚合众国宪法》；
- 联邦制定法；
- 本规则；或者
- 联邦最高法院所确立的其他规则。

不具有相关性的证据不能被采信。

（本条文于 2011 年 4 月 26 日修正，同年 12 月 1 日生效）

第 403 条【因偏见、混淆、不当拖延或其他原因而排除相关性证据】

如果具有相关性的证据的证明价值被以下一种或者多种危险因素所严重超过时，法院可以排除该证据：导致不公正的偏见，混淆争点，误导陪审团，不当拖延，浪费诉讼时间或者不必要地提交重复性证据。

（本条文于 2011 年 4 月 26 日修正，同年 12 月 1 日生效）

---

① 相关性证据(relevant evidence)，是指对于证明案件争议事实具有意义的证据。该证据与待证事实之间具有某种关系，这种关系实质上就是证据对待证事实的证明价值。学界倾向于认为相关性是一个事实问题，对该问题的判断无须借助技术性的手段，而仅仅有赖于人们的一般经验和常识。相关性证据具有可采性，但法官可以依据有关法律的明确规定，排除具有相关性的证据。“相关性的核心问题在于，一个证据性事实能否与事实认定者先前的知识和经验联系起来，从而允许该事实认定者理性地处理并理解该证据。如果一个正常人在处理该证据之后考虑该案要素性事实时受到了这个证据的影响，该证据就是相关的，否则，就是不相关的。”参见[美]罗纳德・J.艾伦：《证据的相关性和可采性》，张保生、强卉译，载《证据科学》2010 年第 3 期。

第 404 条【品格证据[①]；其他犯罪、不法行为或其他行为】

1. 品格证据

(1)禁止采信

有关一个人品格或品格特征的证据，不得用以证明该人在特定场合下的行为与其品格或者品格特征具有一致性。

(2)刑事案件被告人或被害人的例外情形

下列情形适用于刑事案件：

(a)被告人可以提供与其品格特征相关的证据，如果该证据被采纳，控方可以提供相应的反驳证据；

(b)依据本规则第 412 条规定的限制条件，被告人可以提供与所称被害人品格特征相关的证据，如果该证据被采纳，控方可以：

(i)提供相应的反驳证据；并且

(ii)提供被告具有相同品格特征的证据；以及

(c)在杀人案件中，控方可以提供有关所称被害人具有平和性格特征的证据，以反驳有关被害人是事端挑起者的证据。

(3)证人的例外情形

关于证人的品格证据，法院可以根据本规则第 607 条、第 608 条和第 609 条的规定予以采信。

2. 其他犯罪、不法行为或其他行为

(1)禁止采信

有关其他犯罪、不法行为或其他行为的证据，不得采纳用以证明某人

---

① 品格证据(character evidence)，是指涉及某人平时品格好坏的证据。在英美证据法上，"品格"一般指人的品性和声誉。英国证据法学者 Peter Murphy 认为，"品格"一词至少有三种不同的含义："第一，指一个人在其生活的社区中或工作环境中所享有的名声(reputation)。第二，指一个人所具有的某种行为倾向(disposition)。第三，指一件过去所发生的特定事件，主要指犯罪前科(previous conviction)。"(Peter Murphy, *Murphy on Evidence*, 10th edition, Oxford University Press, 2008, p.619.)在刑事诉讼中，根据品格证据的主体不同可以划分为被告人的品格证据和非被告人的品格证据。后者主要包括被害人的品格证据、证人的品格证据等。品格证据规则是指有关用于证明诉讼参与人品格的证据是否具有证据资格的规则。在美国，用于证明当事人或证人品格的证据一般不具有证据资格，不得采纳为诉讼中的证据，但法律另有规定的除外。此外，关于证人的可信性的品格证据可以受到评价证据(opinion evidence)或者名声证据(reputation evidence)的攻击或者支持。

的品格，以表明该人特定场合的行为与其品格具有一致性。

(2)允许采信

该证据可以出于其他目的而被采纳，例如证明动机、机会、意图、准备、计划、知识、身份、无过错，或者无事故发生等。

(3)刑事案件中的通知

在刑事案件中，控方应当：

(a)就控方拟在庭审中提出的任何此类证据发出合理的通知，使被告人有公平的机会获取上述证据；

(b)在通知中阐明控方拟在庭审中提出任何此类证据的目的和支持该目的的理由；以及

(c)在审理之前以书面形式发出通知，或者在审理期间以任何形式发出通知，如果法院基于适当的理由未能在审前阶段发出通知。

(本条文于 1987 年 3 月 2 日修正，同年 10 月 1 日生效；1991 年 4 月 30 日修正，同年 12 月 1 日生效；2000 年 4 月 17 日修正，同年 12 月 1 日生效；2006 年 4 月 12 日修正，同年 12 月 1 日生效；2011 年 4 月 26 日修正，同年 12 月 1 日生效；2020 年 4 月 27 日修正，同年 12 月 1 日生效)

第 405 条【证明品格的方法】

1. 用名声或意见证明品格

在关于某人的品格或品格特征的证据具有可采性的情形下，可以用与其名声相关的证言或者意见形式的证言加以证明。在对品格证人进行交叉询问的过程中，法院可以允许对相关的具体行为事例进行质询。

2. 用具体行为事例证明品格

当某人的品格或品格特征成为一项指控、请求或者辩护的基本要件时，也可以通过与该人相关的具体行为事例，对其品格或品格特征加以证明。

(本条文于 1987 年 3 月 2 日修正，同年 10 月 1 日生效；2011 年 4 月 26 日修正，同年 12 月 1 日生效)

第 406 条【习惯和例行做法】

关于某人的习惯或者某个组织通常做法的证据，可以采纳用以证明该人或者该组织在特定场合下的行为与该习惯或者通常做法一致，不论

该证据是否得到补强[①]或者是否有目击证人。

（本条文于2011年4月26日修正，同年12月1日生效）

第407条【事后补救措施】

在一起事故发生后，如果采取了可能避免此前的伤害或损害发生的措施，则关于这些事后补救措施的证据不得采纳用以证明：

- 过失；
- 罪错行为；
- 产品缺陷或者其设计缺陷；或者
- 缺乏警示或者说明。

但是，法院仍可以出于其他目的而采纳该证据，例如弹劾或者在有争议的情形下证明所有权、控制权或者预防性措施的可行性。

（本条文于1997年4月11日修正，同年12月1日生效；2011年4月26日修正，同年12月1日生效）

第408条【和解提议与谈判】

1. 禁止采信

关于下列事项的证据不具有可采性，不得为任何当事人用以证明或者否认存在争议的诉讼请求的有效性或其数额，或者质疑先前不一致、自相矛盾的陈述：

（1）在就诉讼请求进行和解或者试图和解时，给予、承诺或者提议——或者相对应地接受、承诺接受或者提议接受——一项有价值的对价；以及

（2）在就诉讼请求进行和解谈判的过程中所作出的行为或者陈述，但在刑事案件中提出该证据，且该谈判与某公共机构运用其监管权、调查权或者执法权而提出的诉讼请求有关时除外。

---

① 补强（corroboration），又译为佐证，是指以其他的证据确认、支持或者加强某一证据的效力，或者对主要证据起支持作用的独立证据。在诉讼程序中，某一证据可能由于其存在证据资格或证据形式上的某些瑕疵或弱点，不能单独作为认定案件事实的依据。在此情形下，它必须依靠其他证据的佐证，借以证明其真实性或补强其证据价值。例如，在普通法上，习惯证据需要补强，并且通常只有在没有目击证人的情形下才能予以采纳。

2. 例外情形

法院可以出于其他目的而采纳该证据，例如证明证人存在偏见或者成见，否定有关不当拖延的观点，或者证明某种妨碍刑事调查、刑事控诉的行为。

（本条文于 2006 年 4 月 12 日修正，同年 12 月 1 日生效；2011 年 4 月 26 日修正，同年 12 月 1 日生效）

第 409 条【提议支付医疗费与类似费用】

关于给予、承诺或者提议支付因伤害而引起的医药费、住院费或者类似费用的证据，不得采纳用以证明对该伤害负有责任。

（本条文于 2011 年 4 月 26 日修正，同年 12 月 1 日生效）

第 410 条【答辩、答辩讨论与相关陈述】

1. 禁止采信

在民事或者刑事案件中，关于下列事项的证据不得采纳用以反对作出过答辩或者参与了答辩讨论的被告：

（1）曾作出认罪答辩[①]后来又撤回的；

（2）作出不辩解又不认罪的答辩[②]的；

（3）依据《联邦刑事诉讼规则》第 11 条或者类似的州诉讼程序规定，所作出的关于上述任一答辩的陈述；或者

（4）在与检控机关的律师进行答辩讨论中所作出的、并未产生认罪答辩的后果的陈述，或者是在作出认罪答辩后又撤回的陈述。

---

① 认罪答辩（guilty plea），又译为有罪答辩，是指刑事案件的被告人在法庭上正式承认被指控的罪行。有罪答辩必须是自愿作出的，通常作为诉辩交易（plea bargain）的一部分，而且必须发生在被告人被充分告知他所享有的权利，并且由法庭认定其已明了此项权利之后作出。被告人作出的认罪答辩等同于法庭审理后的定罪，其法律上的效力等同于有罪判决，法庭可据此判处相应的刑罚。

② 不辩解又不认罪的答辩（nolo contendere plea），是指刑事诉讼中被告人针对起诉书的指控既不愿作辩解，又不承认被指控的罪行。在刑事诉讼中，被告人对于被指控的罪行可以作出三种答辩：认罪（guilty）、无罪（not guilty）和不辩解（no contest）。只有经过法庭的同意后，被告人才能作出既不辩护又不认罪的答辩。在法律后果上，它等同于作出认罪答辩，区别仅在于这种答辩在以后基于同一行为而对该被告人提起的民事诉讼中不能作为对其不利的证据使用。

2. 例外情形

在下列情形下，法院可以采纳本条第1款第3项或第4项所规定的陈述：

(1)在任何诉讼程序中，如果在同一项答辩或者答辩讨论中提出另一种陈述，应当将两种陈述予以同时考虑方为公平；或者

(2)在关于伪证或者虚假陈述的刑事诉讼中，如果该陈述是被告人在宣誓后作出的，记录在案并且有律师在场。

(本条文于1975年12月12日修正；1979年4月30日修正，1980年12月1日生效；2011年4月26日修正，同年12月1日生效)

第411条【责任保险】

关于某人是否购买责任保险的证据，不得采纳用以证明该人的行为存在过失或者其他错误。但是，法院可以出于其他目的采纳该证据，例如证明证人存在偏见或者成见，或者证明存在代理关系、所有权或者控制权。

(本条文于1987年3月2日修正，同年10月1日生效；2011年4月26日修正，同年12月1日生效)

第412条【性犯罪案件：被害人(受害人)[①]的性行为或性癖好】

1. 禁止采信

在涉及所称不端性行为的民事诉讼或者刑事诉讼程序中，下列证据不可采信：

(1)提供用以证明被害人(受害人)从事过其他性行为的证据；或者

(2)提供用以证明被害人(受害人)的性癖好的证据。

2. 例外情形

(1)刑事案件

在刑事案件中，法院可以采纳下列证据：

(a)用以证明被告人以外的他人是精液、伤害或者其他物证的来源，而提供的关于被害人性行为的具体实例的证据；

---

① 被害人(受害人)的英文为victim。在美国的法律制度中，victim是指因犯罪行为、侵权行为或其他不法行为而受到伤害的人，既包括刑事案件中的“被害人”，也包括民事案件中的“受害人”。在司法实践中，被害人(受害人)可以是自然人，也可以是公共或私人企业、政府、机关、合伙企业或者未组成法人的联合体。

(b)由控方提供的，或者被告人为证明被害人同意进行性行为而提供的，关于被害人与被指控有不端性行为的被告人发生性行为的具体实例证据；以及

(c)如果被排除则将侵犯被告人的宪法权利的证据。

(2)民事案件

在民事案件中，对于提供用以证明受害人的性行为或者性癖好的证据，如果其证明力显著超过了对任何受害人造成伤害和对任何当事人造成不公平损害的危害，法院可以采纳该证据。有关受害人名声的证据，只有在该受害人将其置于争议之中时，法院才可以采纳。

3. 确定可采性的程序

(1)动议

如果当事人拟依据本条第 2 款的规定提供证据，该当事人应当：

(a)提出具体描述该证据的动议，并且阐述提供该证据的目的；

(b)至少在审理开始 14 日前向法院提交该动议，除非法院出于适当的理由而另行规定了不同的期限；

(c)向所有当事人送达该动议；并且

(d)通知被害人(受害人)，或者在适当的情形下，通知被害人(受害人)的监护人或者代表人。

(2)听证

在适用本条的规定采纳证据之前，法院应当举行秘密听证，并使被害人(受害人)和各方当事人行使出席听证和申述的权利。除法院的命令另有规定外，上述动议、相关材料及听证记录都应当加以密封并密封存放。

4.“被害人(受害人)”的定义

在本条规则中，“被害人(受害人)”包括未经证实而声称的被害人(受害人)。

(本条文于 1978 年 10 月 28 日增设，同年 11 月 28 日生效；1988 年 11 月 18 日修正；1994 年 4 月 29 日和 9 月 13 日修正，同年 12 月 1 日生效；2011 年 4 月 26 日修正，同年 12 月 1 日生效)

第 413 条【性侵犯案件中的类似犯罪】

1. 允许采信

在被告人被指控性侵犯的刑事案件中，法院可以采纳关于被告人实施了任何其他性侵犯的证据。该证据可以在任何与之相关的事项上加以

考量。

2. 向被告人进行披露

如果控方意图在案件中提供该证据，控方至少应当于审理开始的15日前，或者法院基于适当的理由而另行规定的较晚期限内，向被告人披露该证据，包括证人陈述或者预期证言的概要。

3. 对其他规则的影响

本条规则并不限制依据任何其他规则对证据进行采纳或者考量。

4.“性侵犯”的定义

在本条及本规则第415条中，“性侵犯”是指依据联邦制定法或者州法律（对“州”的定义参见《美国法典》第18编第513条[①]）的规定涉及的下列犯罪：

（1）《美国法典》第18编第109A章所禁止的任何行为；

（2）未经同意，以被告人身体的任何部分或者物体接触另一个人的生殖器或者肛门；

（3）未经同意，以被告人的生殖器或者肛门接触另一个人身体的任何部分；

（4）从致使另一个人死亡、身体伤害或者身体痛苦中获得性快感或者性满足；或者

（5）企图或者合谋进行前述第1项至第4项所描述的行为。

（本条文于1994年9月13日增设，1995年7月9日生效；2011年4月26日修正，同年12月1日生效）

第414条【儿童性骚扰案件中的类似犯罪】

1. 允许采信

在被告人被指控儿童性骚扰的刑事案件中，法院可以采纳关于被告人实施了任何其他儿童性骚扰的证据。该证据可以与任何与之相关的事项一并考量。

2. 向被告人进行披露

如果控方拟在案件中提出该证据，它至少应当在审理开始的15日前，或者法院基于适当的理由而另行规定的较晚期限内，向被告人披露该

① 根据《美国法典》第18编第513条的规定，“州”包括合众国的州、哥伦比亚特区、波多黎各、关岛、维尔京群岛以及合众国的任何其他领土或者领地。

证据，包括证人陈述或者预期证言的概要。

3. 对其他规则的影响

本规则并不限制依据任何其他规则对证据进行采纳或考量。

4. “儿童”和“儿童性骚扰”的定义

在本条规则及本规则第 415 条中：

(1)“儿童”是指未满 14 周岁的人；

(2)“儿童性骚扰”是指依据联邦制定法或者州法律(对“州”的定义参见《美国法典》第 18 编第 513 条)的规定涉及的下列犯罪：

(a)《美国法典》第 18 编第 109A 章所禁止的对儿童实施的任何行为；

(b)《美国法典》第 18 编第 110 章所禁止的任何行为；

(c)以被告人身体的任何部分或者物体接触儿童的生殖器或者肛门；

(d)以被告人的生殖器或者肛门接触儿童身体的任何部分；

(e)从致使儿童死亡、身体伤害或者身体痛苦中获得性快感或者性满足；或者

(f)企图或者合谋进行前述第 a 项至第 e 项所描述的行为。

(本条文于 1994 年 9 月 13 日增设，1995 年 7 月 9 日生效；2011 年 4 月 26 日修正，同年 12 月 1 日生效)

第 415 条【涉及性侵犯或者儿童性骚扰的民事案件中的类似行为】

1. 允许采信

在声称一方当事人涉嫌实施了性侵犯或者儿童性骚扰而提出的救济请求的民事案件中，法院可以采纳关于该当事人实施了其他性侵犯或者儿童性骚扰的证据。该证据可以依据本规则第 413 条和第 414 条的规定加以考量。

2. 向被告人进行披露

如果一方当事人拟提供该证据，他至少应当在审理开始的 15 日前，或者法院基于适当的理由而另行规定的较晚的期限内，向该证据所指向的当事人披露该证据，包括证人陈述或者预期证言的概要。

3. 对其他规则的影响

本条规则并不限制根据任何其他规则对证据进行采纳或考量。

(本条文于 1994 年 9 月 13 日增设，1995 年 7 月 9 日生效；2011 年 4 月 26 日修正，同年 12 月 1 日生效)

第五章　特权

第 501 条【特权的一般规定】

除下列法律或者规则另有规定外，联邦法院将适用普通法原则处理特权请求，并按照理性和经验加以解释：

- 《美利坚合众国宪法》；
- 联邦制定法；或者
- 联邦最高法院制定的规则。

但是在民事案件中，如果州法律规定了可适用的裁判规则，有关特权问题的请求或者抗辩由州法律调整。

（本条文于 2011 年 4 月 26 日修正，同年 12 月 1 日生效）

第 502 条【律师-委托人特权与工作成果；对弃权的限制】

以下规定适用于所列情形下对律师-委托人特权或者工作成果保护所涵盖的交流或者信息的披露：

1. 在联邦诉讼程序中或向联邦部门或机构进行披露；弃权的范围

如果在联邦诉讼程序中或者向某个联邦部门或机构进行披露，并且放弃了律师-委托人特权或者工作成果保护，只有在下列情形下该弃权才延伸至联邦或者州诉讼程序中未披露的交流或者信息：

（1）放弃特权是有意的行为；

（2）已披露和未披露的交流或者信息涉及相同的事项；并且

（3）遵循公平原则的要求，应当对它们一并加以考虑。

2. 无意的披露

在下列情形下，如果披露是在联邦诉讼程序中或者向某个联邦部门或机构所作出的，该披露不能作为联邦或者州诉讼程序中的弃权：

（1）披露是无意的行为；

（2）特权或者受保护的工作成果的持有者采取了合理的措施来防止披露；并且

（3）该持有者在事后迅速地采取合理的措施纠正错误，包括在可适用的情形下适用《联邦民事诉讼规则》第 26 条第 2 款第 5B 项的规定。

3. 在州诉讼程序中进行披露

如果披露是在州诉讼程序中进行的，而并非基于州法院关于弃权的命令所作出的，在下列情形下，该披露并不作为联邦诉讼程序中的弃权：

(1)如果披露在联邦诉讼程序中作出，根据本条规则的规定，该披露不是弃权；或者

(2)根据披露发生地的州法律，该披露不是弃权。

4. 法院命令的控制效力

联邦法院可以作出命令，不因披露与法院正在审理的诉讼有关的信息而放弃特权或者工作成果保护。在此情形下，该披露在任何其他的联邦或者州诉讼程序中也不是弃权。

5. 当事人协议的控制效力

除非双方当事人的协议为法院的命令所采纳，否则，关于联邦诉讼程序中披露效力的协议，仅对签订该协议的当事人具有约束力。

6. 本条规则的控制效力

在本条规则所列情形下，尽管本规则第101条和第1101条有所规定，本条规则仍适用于州诉讼程序以及联邦法院附设仲裁程序①与联邦法院委任仲裁程序②。尽管本规则第501条有所规定，但即使州法律规定了裁判规则，本条规则也同样适用。

7. 定义

在本条规则中：

(1)“律师-委托人特权”是指有关法律为律师-委托人秘密交流所提供的保护；以及

---

① 联邦法院附设仲裁程序(federal court-annexed arbitration procedure)，是指联邦法院根据法律的授权，对于在一定诉讼标的额以下的特定类型的案件，在进入审判程序之前强制性付诸仲裁处理。法院附设仲裁的仲裁员可能是法官、律师或者某一领域的专家。仲裁过程通常需要几个月的时间。在美国，为了避免引起违宪问题，强制仲裁的结果往往不具有拘束力(unbinding)，即任何一方当事人都可以拒绝接受仲裁结果并要求重新开始审判所有的问题。但如果当事人经由审判获得的利益并不大于仲裁裁决所作出的裁决，那么拒绝接受仲裁结果并要求重新开始审判的当事人将被处以罚款，罚款项目包括仲裁费、诉讼费乃至对方当事人的律师费。

② 联邦法院委任仲裁程序(federal court-mandated arbitration procedure)，是指联邦法院根据法律的授权，对于在一定诉讼标的额以下的特定类型的案件，在进入审判程序之前委托仲裁机构加以处理的一种非诉讼纠纷解决方式。与联邦法院附设仲裁程序不同，联邦法院委任仲裁程序以当事人的授权适用为前提和基础，不具有法律上的强制性。该制度在缓解法院案件压力，促进案件繁简分流，提高纠纷解决效力等方面发挥了重要的作用。

(2)“工作成果保护”是指有关法律为预期诉讼或者为案件审理所准备的实物材料(或者其无形的同等物)所提供的保护。

(本条文于 2008 年 9 月 19 日增设;2011 年 4 月 26 日修正,同年 12 月 1 日生效)

第六章　证人

第601条【证人资格的一般规定】

除本证据规则另有规定外,每个人都有资格作为证人。但是,在民事案件中,如果州法律规定了可适用的裁判规则,有关证人资格问题的请求或抗辩由州法律调整。

(本条文于2011年4月26日修正,同年12月1日生效)

第602条【需要证人的亲身感知】

只有在提交的证据足以支持认定证人就某一待证事项具有亲身感知的情形下,证人才可以就该事项作证。证明证人亲身感知的证据可以包括证人自身的证言。本条规则不适用于专家证人依据本规则第703条作出的证言。

(本条文于1987年3月2日修正,同年10月1日生效;1988年4月25日修正,同年11月1日生效;2011年4月26日修正,同年12月1日生效)

第603条【如实作证的宣誓或郑重确认】

在作证之前,证人应当宣誓或者郑重确认将如实作证。该宣誓或者确认的形式应当能够体现证人对这一义务的良知。

(本条文于1987年3月2日修正,同年10月1日生效;2011年4月26日修正,同年12月1日生效)

第604条【翻译人员】

翻译人员应当具有相应的职业资格,并且宣誓或者郑重确认他将如实翻译。

(本条文于1987年3月2日修正,同年10月1日生效;2011年4月26日修正,同年12月1日生效)

第605条【法官充任证人的资格】

主持案件审理的法官不得在该审判中作为证人作证。当事人无须以提交异议的方式主张这一争点问题。

（本条文于 2011 年 4 月 26 日修正，同年 12 月 1 日生效）

第 606 条【陪审员充任证人的资格】

1. 在法庭审理中

在法庭审理中，陪审员不得在其他陪审员面前作为证人作证。如果陪审员被传唤作证，法院应当给予当事人在陪审团不在场的情形下提交异议的机会。

2. 在调查陪审团裁决或起诉书的有效性期间

(1)被禁止的证言或其他证据

在调查陪审团裁决或者起诉书的有效性期间，陪审员不得就陪审团评议期间作出的任何陈述或者发生的任何事件作证，或者就影响该陪审员或者其他陪审员投票的任何事项作证；或者就该陪审员与裁决或者起诉书有关的任何心理过程作证。法院不得接受陪审员针对上述事项所作出的宣誓书或者相关陈述的证据。

(2)例外情形

陪审员可以就下列事项作证：

(a)是否存在不当地引起陪审团注意的无关的有害信息；

(b)是否存在不当地施加于任何陪审员的外部影响；或者

(c)在将裁决表格制作成裁决书时，是否存在错误。

（本条文于 1975 年 12 月 12 日修正；1987 年 3 月 2 日修正，同年 10 月 1 日生效；2006 年 4 月 12 日修正，同年 12 月 1 日生效；2011 年 4 月 26 日修正，同年 12 月 1 日生效）

第 607 条【可以质疑证人的人员】

包括传唤证人一方在内的任何当事人，都可以对证人的可信性提出质疑。

（本条文于 1987 年 3 月 2 日修正，同年 10 月 1 日生效；2011 年 4 月 26 日修正，同年 12 月 1 日生效）

第 608 条【证人诚实与否的品格证据】

1. 名声或意见证据

关于证人诚实与否的名声证言，或者关于该品格的以意见形式作出的证言,可以用以攻击或者支持证人的可信性。但是,只有在证人的诚实品格遭受攻击后,关于诚实品格的证据才具有可采性。

2. 具体行为实例

除本规则第609条规定的刑事定罪判决外,与证人的具体行为实例有关的外部证据不具有可采性,不得用以攻击或者支持证人的诚实品格。但是,在交叉询问中,如果证人的具体行为实例对下列人士诚实与否的品格具有证明作用,法院可以允许对其进行调查:

(1)证人;或者

(2)曾对正在接受交叉询问的证人的品格作证的另一位证人。

当证人就其他事项作证时,如果其证言仅与该证人的诚实与否的品格相关,证人并没有放弃免于自证其罪的特权。

(本条文于1987年3月2日修正,同年10月1日生效;1988年4月25日修正,同年11月1日生效;2003年3月27日修正,同年12月1日生效;2011年4月26日修正,同年12月1日生效)

第609条【使用刑事定罪判决证据提出质疑】

1. 一般规定

下列规则适用于使用刑事定罪判决证据攻击证人的诚实品格:

(1)在作出判决的司法管辖区,对应当被判处死刑或者1年以上监禁的犯罪而言:

(a)在民事案件或者该证人不是被告人的刑事案件中,在遵守本规则第403条规定的前提下,应当采纳该证据;并且

(b)在该证人是被告人的刑事案件中,如果证据的证明价值大于其对被告人的不利影响,应当采纳该证据;以及

(2)对于任何犯罪,无论其刑罚如何,如果法院能够很容易地确定所需要证明的犯罪要件,或者该证人对其不诚实的行为或者虚假陈述予以承认,应当采纳该证据。

2. 10年后使用证据的限制

如果自证人被定罪之日或者证人依据判决刑满释放之日起计算(以时间在后者为准)已逾10年,适用本款的规定。只有在下列情形下,定罪判决证据才具有可采性:

(1)由具体事实和情形支持的定罪判决的证明价值实质性地大于其不利影响;并且

(2)证据提出者已就使用该证据的意图，向对方当事人发出了合理的书面通知，并为其提供了就该证据的使用进行反驳的公平机会。

3. 赦免、撤销或改过自新证明书的效力

在下列情形下，定罪判决证据不具有可采性：

(1)根据对被定罪或者改过自新的认定，对该定罪已经适用赦免、撤销，或者已经颁发了改过自新证明书或适用其他相当的程序，并且此后该人未被判处犯有可判处死刑或者1年以上监禁的罪行；或者

(2)根据无罪认定，对该定罪已经适用赦免、撤销，或者适用其他相当的程序。

4. 未成年人的判决

根据本条的规定，关于未成年人判决的证据仅在下列情形下才具有可采性：

(1)该证据是在刑事案件中提出的；

(2)该判决是对除被告人之外的证人所作出的；

(3)关于该定罪判决的证据可被采纳用以攻击犯有同一罪行的成年人的可信性；并且

(4)采纳该证据对于法院公正地裁断被告人是否有罪这一问题是必需的。

5. 上诉未决

符合本条规则的定罪判决（即使处于上诉未决阶段）具有可采性。上诉未决的证据也具有可采性。

（本条文于1987年3月2日修正，同年10月1日生效；1990年1月26日修正，同年12月1日生效；2006年4月12日修正，同年12月1日生效；2011年4月26日修正，同年12月1日生效）

第610条【宗教信仰或者见解】

关于证人宗教信仰或者见解的证据，不可采纳用以攻击或者支持该证人的可信性。

（本条文于1987年3月2日修正，同年10月1日生效；2011年4月26日修正，同年12月1日生效）

第 611 条【询问证人和提出证据的方式与顺序】

1. 法院的控制；目的

法院应当对询问证人和提出证据的方式和顺序予以合理控制，以达到下列目的：

（1）使这些程序能够有效地查明真相；

（2）避免浪费时间；以及

（3）保护证人免受骚扰或者不当困窘。

2. 交叉询问的范围

交叉询问不应当超出直接询问的事项和影响证人可信性的事项。法院可以允许像在直接询问中那样，对其他附加事项进行询问。

3. 诱导性问题①

在直接询问中不应当使用诱导性问题，除非为展开证人作证所必须。在下列情形下，法院通常应当允许提出诱导性问题：

（1）在进行交叉询问时；以及

（2）一方当事人传唤敌意证人②、对方当事人或者等同于对方当事人的证人时。

（本条文于 1987 年 3 月 2 日修正，同年 10 月 1 日生效；2011 年 4 月 26 日修正，同年 12 月 1 日生效）

① 诱导性问题（leading question），是指向证人提出的、意在引导其作出提问方想要得到的回答的问题，尤其是只需证人回答“是”或者“不是”的问题。诱导性问题的内容一般具有指示性，并且包含有暗示答案的问题。在充分了解对方当事人的观点、对方证人的情况以及本方当事人优势和弱点的基础上，提出诱导性问题实际上是一种本方当事人的陈述，即询问者将这种陈述以提问的形式表达出来。如果这种陈述得到对方证人的肯定，则必将起到加倍的证明效果，因为它几乎相当于对方当事人的自认。

② 敌意证人（hostile witness），是指在主动询问中对传唤其作证的本方当事人表现出敌意或者偏见，或不愿意作证或者已提供对本方当事人不利证据的证人。在此情形下，传唤方律师可以请求法官宣告该证人“怀有敌意”（hostile），并在经法庭的许可后，可以对敌意证人提出诱导性问题，或者运用其他交叉询问技术指出该证人的陈述与其先前陈述的不一致之处。参见王进喜：《美国〈联邦证据规则〉（2011 年重塑版）条解》，中国法制出版社 2012 年版，第 188 页。

第612条【用于唤起证人记忆[①]的书面材料】

1. 适用范围

在下列情形下，证人使用书面材料来唤起记忆时，本条规则将为对方当事人提供某些选项：

(1)在作证时；或者

(2)在作证前，如果法院基于公平正义的要求认为赋予当事人某些选项是必要的。

2. 对方当事人的选项；删除不相关的事项

除非《美国法典》第18编第3500条就刑事案件另有规定，对方当事人有权要求在听证时出示该书面材料，有权对该书面材料进行检查，有权就该书面材料对证人进行交叉询问，并且有权将其中与证人证言有关的任何部分提出作为证据。如果出示该书面材料的当事人提出，该书面材料中包含与案件不相关的事项，法院应当在对其进行秘密审查后，删除任何无关的部分，并命令将剩余部分移交给对方当事人。因当事人的异议而删除的任何部分都应当留存在案件卷宗中。

3. 未能出示或移交书面材料

如果当事人未能出示或者按法院的命令移交书面材料，法院可以发出任何适当的命令。但是，如果在刑事案件中控方不遵守上述命令，法院应当撤销该证人证言，或者基于公平正义的要求宣布审判无效。

(本条文于1987年3月2日修正，同年10月1日生效；2011年4月26日修正，同年12月1日生效)

---

① 唤起证人记忆(refresh witness's memory)，是指在法庭上，通过向证人出示能够触动证人记忆的文件或者其他物品，旨在唤起证人记忆的过程。该文件本身不是证据，只是用来唤醒证人的记忆。该文件必须先做上标记(在这个阶段它还没有被采纳为证据)，然后向证人出示。在证人读完该文件之后，记忆得到了恢复，可以不再借助先前的文书而继续回答问题。根据《联邦证据规则》第612条的规定，如果证人声称"我不记得了"或者"我记不清了"，法庭一般允许使用书面材料来唤醒或者恢复证人的记忆。在证人查阅用于恢复其记忆的材料后，可能出现两种情况：(1)证人的当前记忆得到恢复，该证人可以继续作证；(2)证人的记忆没有得到恢复，该证人一般不会被允许对其个人曾经知悉的事实作证，也不能以宣读用于恢复记忆的文件的内容的方式作证。其原因在于，这些文件尚未得到确认，不是证据，使用的目的仅仅在于恢复证人的记忆。

第 613 条【证人的先前陈述】

1. 在询问过程中出示或披露陈述

在就证人先前所作的陈述而对证人进行询问时，当事人无须向证人出示或者披露该陈述的内容。但是根据请求，当事人应当向对方当事人的律师出示该陈述或者披露该陈述的内容。

2. 与先前陈述不一致的外部证据

只有在为证人提供了对先前陈述进行解释或者予以否认的机会，并且为对方当事人提供了就此询问该证人的机会的情形下，或者法院基于公平正义的要求，才可以采纳与证人先前陈述不一致的外部证据。本款规定不适用于本规则第 801 条第 4 款第 2 项所规定的对方当事人的陈述。

（本条文于 1987 年 3 月 2 日修正，同年 10 月 1 日生效；1988 年 4 月 25 日修正，同年 11 月 1 日生效；2011 年 4 月 26 日修正，同年 12 月 1 日生效）

第 614 条【法院传唤或询问证人】

1. 传唤

法院可以自行决定或者根据当事人的请求传唤证人。所有的当事人都有权对证人进行交叉询问。

2. 询问

无论哪一方当事人传唤的证人，法院都可以对其进行询问。

3. 异议

对于法院传唤或者询问的证人，当事人可以在当时或者在此后陪审团不在场的时机提出异议。

（本条文于 2011 年 4 月 26 日修正，同年 12 月 1 日生效）

第 615 条【证人退庭】

法院应当基于当事人的请求命令证人退庭，以使得他们不能听到其他证人的证言。法院也可以依职权作出该命令。但是，本条规则并不要求下列人士退庭：

(1)属于自然人的当事人；

(2)非自然人当事人的职员或者雇员，在被其律师指定为该方当事人的代表人后；

(3)经一方当事人表明，其在场对于提出该当事人的请求或者抗辩至关重要的人士；或者

(4)经制定法授权在场的人士。

(本条文于 1987 年 3 月 2 日修正，同年 10 月 1 日生效；1988 年 4 月 25 日修正，同年 11 月 1 日生效；1998 年 4 月 24 日修正，同年 12 月 1 日生效；2011 年 4 月 26 日修正，同年 12 月 1 日生效)

第七章　意见和专家证言

第701条【普通证人[①]的意见证言】

如果证人不是作为专家出庭作证，他以意见形式作出的证言限于下列情形：

(1)合理地建立在该证人的感知之上；

(2)有助于清晰地理解证人证言或者有助于确定争议事实；并且

(3)不属于本规则第702条规定范围内的科学、技术或其他专门知识。

(本条文于1987年3月2日修正，同年10月1日生效；2000年4月17日修正，同年12月1日生效；2011年4月26日修正，同年12月1日生效)

第702条【专家证人[②]证言】

在下列情形下，因知识、技能、经验、训练或者教育背景而具备专家资

---

① 普通证人(lay witness)，又称为外行证人，与专家证人(expert witness)相对应，它是指对其所要证明的事项缺乏专业知识的人。此类证人以意见或推论形式作出的证言限于法律规定的范围和条件。一个证人可以以普通证人和专家证人的身份在同一个案件中作证。例如，如果医生作证原告咳嗽并且发烧，这属于《联邦证据规则》第701条调整范围内的外行意见；但是如果医生作证他诊断病人因为接触有毒化学物质而得了某种疾病，则属于基于科学、技术或者其他专门知识提供的证言，应受《联邦证据规则》第702条的调整。

② 专家证人(expert witness)，是指对诉讼中的争议事项具有专门的知识、经验、技能，并被法庭允许作为特别证人参加诉讼，旨在帮助事实裁判者理解复杂的专业性问题的人士。专家证人所提供的证言称为专家证据(expert evidence)。专家证人制度的目的是帮助事实裁判者理解证据或者裁决争议事实。在专业分工日益细化、科学技术日新月异的当今时代，事实裁判者不可能知悉案件中的所有问题，专家证人的价值日益显现。在某些特定类型的案件中，如果缺乏专家证人的帮助，事实裁判者将陷入无法准确地认定事实的困境。一般而言，受教育程度可以成为一个人提供专家证言的基础，但是基于经验的特殊技能或知识也可能使一个人成为专家证人。专家证人并不限于取得某种专门技术资格或职称的人，也不限于受过高等教育或具有较高专业水平的专业人士。例如，一个在相关领域内工作20年的技工与受过正式训练的机械工程师一样，都可以被法院认定为具有专家资格，只要其专业知识、技术或经验对法院认定案件事实有帮助。在司法实践中，对于专家证人资格的判断标准一向是法官和学者争论较多的问题，也是证据开示和质证的焦点之一。

格的证人，可以以意见或者其他形式就此作证：

(1)该专家的科学、技术或者其他专门知识，有助于事实审理者理解证据或者确定争议事实；

(2)该证言基于充分的事实或者数据；

(3)该证言是可靠的原理和方法的产物；以及

(4)该专家已将上述原理和方法可靠地应用于案件事实。

(本条文于2000年4月17日修正，同年12月1日生效；2011年4月26日修正，同年12月1日生效)

第703条【专家意见证言的基础】

专家意见所依据的事实或者数据，可以是在其知晓或者亲自观察到的案件中的事实或者数据。如果某一特定领域的专家合理地依赖某些事实或者数据以形成针对某一事项的意见，则该事实或者数据不需要具有可采性以使得该意见被采纳。但是，如果所涉事实或者数据本身不具有可采性，只有在法院确定其在帮助陪审团评价专家意见方面的证明价值显著大于其不利后果的情形下，提出该意见的专家才可以向陪审团披露上述事实或者数据。

(本条文于1987年3月2日修正，同年10月1日生效；2000年4月17日修正，同年12月1日生效；2011年4月26日修正，同年12月1日生效)

第704条【有关基本争点[①]问题的意见】

1. 一般规定：并非自动受到异议

专家意见并不仅仅因其涉及基本争点问题而受到异议。

---

① 基本争点(ultimate issue)，又称为基本问题(ultimate question)，是指诉讼中必须作出确定性回答的问题。《联邦证据规则》没有对基本争点作出界定，但通常认为基本争点仅指事实问题，而不包括法律问题。例如在人身伤害案件中，被告是否存在过失就是一个基本争点问题。依据普通法上的基本争点规则(ultimate issue rule)，证人不得就案件的基本争点作证，但也不得以证人证言及于案件基本争点为根据排除该证言。本条规定摒弃了普通法禁止关于基本争点意见的限制，但是关于刑事案件被告人精神状态的意见除外。在司法实践中，专家证人所作出的关于基本争点的意见相较于普通证人的意见更可能具有帮助作用，因而具有可采性。

2. **例外情形**

在刑事案件中，专家证人不得就被告人是否具有构成被指控犯罪因素或者辩护的精神状态或者状况陈述意见。上述事项只能由事实审理者认定。

（本条文于1984年10月12日修正，增设第2款；2011年4月26日修正，同年12月1日生效）

第705条【披露专家意见所依据的事实或数据】

除法院的命令另有要求外，专家可以陈述意见并且说明作出该意见的理由，而无须事先就所依据的事实或者数据作证。但是在交叉询问中，可以要求专家披露其意见所依据的事实或者数据。

（本条文于1987年3月2日修正，同年10月1日生效；1993年4月22日修正，同年12月1日生效；2011年4月26日修正，同年12月1日生效）

第706条【法院指定的专家证人】

1. **指定程序**

法院可以根据当事人的动议或者依职权作出命令，要求当事人说明不应当指定专家证人的理由，并可以要求各方当事人提出专家证人的人选。在征得专家本人同意的情形下，法院可以指定经各方当事人同意的任何专家证人，也可以指定自行选任的任何专家证人。

2. **专家的角色**

法院应当告知专家其所承担的相应职责。法院既可以以书面形式进行告知并将通知书副本交由法院书记官存档，也可以在所有当事人都有机会参加的会议上以口头形式进行告知。该专家：

(1)应当将其作出的任何调查结果告知当事人；

(2)可以被任何一方当事人录取证言；

(3)可以经法院或者任何一方当事人传唤作证；以及

(4)可以接受包括传唤该专家的当事人在内的各方当事人的交叉询问。

3. **报酬**

专家证人有权获取法院确定的合理报酬。该报酬按下列要求支付：

(1)在刑事案件或者涉及宪法第五修正案规定的公平补偿的民事案件中，由法定基金支付；以及

(2)在其他民事案件中，由当事人依照法院规定的比例和时间支付，其支付方式与其他费用的支付方式相同。

4. 向陪审团披露法院指定的专家证人

法院可以授权向陪审团披露法院指定的专家证人的相关信息。

5. 由当事人选任自己的专家证人

本条规则并不限制当事人传唤自己聘请的专家证人。

(本条文于1987年3月2日修正，同年10月1日生效；2011年4月26日修正，同年12月1日生效)

第八章　传闻①

第 801 条【适用本章的定义;传闻的排除】

1. 陈述

"陈述"是指一个人的口头主张、书面主张或者该人意图作出一项主张的非言语行为。

2. 陈述人

"陈述人"是指作出陈述的人士。

3. 传闻

"传闻"是指满足下列条件的陈述:

(1)该陈述并非由陈述人在本案的审理或者听证作证时作出的;并且

(2)当事人将其作为证据提出,用以证明该陈述所主张事项的真实性。

4. 非传闻的陈述

符合下列条件的陈述不是传闻:

(1)陈述人-证人的先前陈述。陈述人在作证时接受关于其先前陈述的交叉询问,并且该陈述:

(a)与陈述人的证言不一致,并且是在此前的审判、听证或者其他程序,或是在录取证言的过程中受伪证处罚后作出的;

(b)与陈述人的证言一致,并且作出该陈述的目的在于:

---

① 传闻(hearsay),是指证人作证不是以自己对某事实的亲身感知为基础,而是就自己从他人那里听说的事实所作的陈述。因此,其内容通常最初是在法庭外未经宣誓作出的,而在庭审时被作为证据提出来证明其所称之事实为真实。特定证据被视为传闻的主要因素包括:(1)传闻证据通常未经宣誓;(2)信息的口头传输存在错误的可能性;(3)陪审团不能观察传闻陈述者陈述时的举止;(4)采纳陈述者的传闻陈述将剥夺对方当事人就该陈述对陈述者进行交叉询问的机会。根据英美法的证据规则,传闻证据一般不具有可采性(admissibility),因为对于这种证据不能通过在公开法庭上交叉询问的方式来验证其真实性。所以,为了确保提供给法庭的证词的可信性,对传闻应予以排除。但是,传闻规则也存在一些例外情形。例如,临终前的陈述(dying declarations),在此后的诉讼中可以作为证据被采纳。多数英美法学者认为,传闻规则的产生应归因于陪审制,它是陪审制的产物。这是因为陪审员并非法律专家,不具备正确评定传闻证据所含证明力的能力。因此,在诉讼中原则上禁止将传闻证据作为正常的证据加以使用,只有在例外的情况下,即不会对陪审团产生误导的传闻证据,才有可能在一定条件下被作为证据使用。

(ⅰ)反驳一项明示或者暗示的指控,即陈述人近期在作证时捏造,或者受不当影响或动机所作出的;或者

(ⅱ)在陈述人受到其他理由攻击时,恢复其作为证人的可信性;或者

(c)将某个人辨认为陈述人先前感知的人士。

(2)对方当事人的陈述。提供该陈述旨在反对对方当事人,并且属于下列情形之一:

(a)该当事人以个人身份或者代表人身份作出的陈述;

(b)当事人已表明采纳或者认可其真实性的陈述;

(c)获得当事人授权的个人或者代表人,在授权范围内就该事项所作出的陈述;

(d)当事人的代理人或者雇员在代理或者雇佣关系存续期间,就该关系范围内事项作出的陈述;或者

(e)当事人的合谋犯罪行为人在合谋过程中,为促进合谋所作出的陈述。

法院对于上述陈述应当加以考虑,但仅此不足以证明以(c)项规定的陈述人的授权;(d)项规定的代理或者雇佣关系的存在及其范围;或者(e)项规定的合谋或者参与关系的存在。

(本条文于1975年10月16日修正,同年10月31日生效;1987年3月2日修正,同年10月1日生效;1997年4月11日修正,同年12月1日生效;2011年4月26日修正,同年12月1日生效;2014年4月25日修正,同年12月1日生效)

第802条【反对传闻规则】

除下列法律或者规则另有规定外,传闻不具有可采性:

- 联邦制定法;
- 本证据规则;或者
- 联邦最高法院制定的其他规则。

(本条文于2011年4月26日修正,同年12月1日生效)

第803条【反对传闻规则的例外——无论陈述人是否能够出庭作证】

无论陈述人是否能够作为证人到庭作证,下列证据不受反对传闻规则的排除:

(1)即时感觉印象

陈述人在感知有关事件或者情况的同时或者随即作出的，对该事件或者情况进行描述或者解释的陈述。

(2)激奋的话语

陈述人因受到某一事件或者情况的刺激而引起的压力或激奋状态下作出的，与该事件或者情况有关的陈述。

(3)当时存在的精神、情绪或身体状况

陈述人对当时的心理状态(例如动机、意图或者计划)、情绪、感觉或者身体状况(例如精神感受、疼痛或者健康状况)的陈述。但是，该陈述不包括为证明其记得或者相信的事实而作出的有关记忆或者信念的陈述，除非其与陈述人意愿的有效性或者其中的条款相关。

(4)为医学诊断或者治疗目的所作出的陈述

符合下列条件的陈述：

(a)该陈述是为医学诊断或者治疗目的所作出，因而与此目的合理相关；并且

(b)该陈述描述了医疗史、过去或者现在的症状或者感觉，或者病因，或者它们的一般病原。

(5)被记录的回忆

符合下列条件的记录：

(a)该记录所涉及的是证人曾经知晓，但现在因为不能充分地回忆而无法就此进行全面、准确地作证的事项；

(b)该记录是在证人对该事项仍然记忆犹新时制作或者采用的；以及

(c)该记录准确地反映出证人所知晓的情况。

如果被采用，该记录可以被认定为证据。但是，只有在对方当事人提出的情形下，才可以作为证物而被接受。

(6)日常活动的记录

符合下列条件的关于行为、事件、状况、意见或者诊断的记录：

(a)该记录是由有关行为、事件、状况、意见或者具有诊断知识的人，在当时或者其后不久的时间内制作的，或者其内容来自该人所传递的信息；

(b)该记录是由某个商家、组织、职业或者行业在日常业务活动中保存的，而不论其是否以营利为目的；

(c)制作记录是该活动的日常惯例；

(d)上述条件可以由保管人或者其他适格证人的证言所证实，或者由符合本规则第902条第11款或第12款规定的证明书，或符合其他制定法允许的证明书所证实；以及

(e)对方当事人没有证据表明该记录的信息来源、制作方法或者其他方面的情况缺乏可信性。

(7)缺乏日常活动记录

在下列条件下，关于某一事项没有包括在前述第6项所规定的记录中的证据：

(a)采纳该证据用以证明该事项未发生或者不存在；

(b)按照常规对该事项有定期记录；以及

(c)对方当事人没有证据表明该记录的可能信息来源或者其他方面的情况缺乏可信性。

(8)公共记录

符合下列条件的公共机构的记录或者报告：

(a)该记录或者报告列明：

(ⅰ)该公共机构的活动；

(ⅱ)其所观察并依法就此有报告义务的事项，但不包括刑事案件中执法人员所观察到的事项；

(ⅲ)在民事案件或者针对政府的刑事案件中，根据法律授权进行调查活动所获得的事实认定；以及

(b)对方当事人没有证据表明该记录或者报告的信息来源或者其他方面的情况缺乏可信性。

(9)人口统计公共记录

依据法定职责而向公共机构报告的关于出生、死亡或者婚姻的记录。

(10)缺乏公共记录

以证言或者本规则第902条规定的证明书形式作出的，用以证明经过勤勉的调查仍无法获取公共记录或者报告：

(a)该记录或者陈述是为了证明：

(ⅰ)该记录或者陈述并不存在；或者

(ⅱ)公共机构通常保存此类事项的记录或者陈述，该事项并未发生或者并不存在；以及

(b)在刑事案件中，如果控方意图提交证明书，应当至少在开庭审理14日前就其意图作出书面通知，并且被告人在收到通知后7日内未以书

面方式提出异议，除非法院为该通知或者提交异议规定了不同的时间。

(11)宗教组织关于个人或家族史的记录

宗教组织日常保存的记录中所包含的关于出生、合法性、家世、婚姻、离婚、死亡、血缘或者婚姻关系，以及有关个人或者家族史的类似事实的陈述。

(12)结婚、洗礼或类似仪式的证明书

包含在符合下列条件的证明书中的事实陈述：

(a)该证明书由宗教组织或者法律授权主持被证明行为的人制作的；

(b)该证明书见证了该人履行了婚礼或者类似仪式，或者施行了洗礼；并且

(c)该证明书声称是在该行为发生时或者其后的合理时间内签发的。

(13)家庭记录

家庭记录中包含的关于个人或者家庭史的事实的陈述，例如圣经、宗谱、图册、戒指铭文、家庭肖像题字、骨灰盒或者墓碑铭文等。

(14)反映财产权益的文件记录

符合下列条件的旨在确认或者反映财产权益的文件记录：

(a)该记录被采纳用以证明被记录的原始文件的内容，以及宣称签发该文件的每个人签发和交付该文件的情况；

(b)该记录被保存在公共机构；并且

(c)制定法授权该机构制作此类文件。

(15)反映财产权益的文件中的陈述

包含在前款文件记录中的、并且与文件制作目的有关的陈述，除非在该文件制作后，关于相关财产的处置与该陈述的真实性或者该文件的制作目的不一致。

(16)陈年文件中的陈述

已存在至少20年(即在1998年1月1日之前起草)的文件中的陈述，并且该陈述的真实性已得到确认。

(17)市场报告和类似的商业出版物

为公众或者特定行业的从业人员所通常依据的市场报价、表册、目录或者其他汇编。

(18)学术论文、期刊或者手册中的陈述

包含在论文、期刊或者手册中的符合下列条件的陈述：

(a)该陈述是在交叉询问中为引起专家证人的注意而提出的，或者在

直接询问中作为专家证言的根据；并且

(b)根据专家证人的自认或者证言、其他专家证人的证言或者司法认知，该出版物已经被证实为一个可靠的权威文本。

如果被采纳，该陈述可以作为证言被宣读，但不得作为证物被接受。

(19)关于个人或家族史的声誉

在某人因血缘、收养或者婚姻形成的家庭关系中，或者是在该人的同事或者社群关系中，有关该人的出生、收养、合法性、家世、婚姻、离婚、死亡、血缘关系、收养关系、婚姻关系，以及其他关于个人或者家族历史事实的声誉。

(20)关于边界或者一般历史的声誉

在发生争议之前，关于社群中的土地边界或者影响土地的习俗在社群内的声誉，以及对于该社群、州或者国家而言具有重要影响的一般历史事件的声誉。

(21)品格声誉

某人在其同事或者社群中关于品格方面的声誉。

(22)先前定罪判决

符合下列条件的生效定罪判决：

(a)该判决是在审判或者被告人认罪答辩后作出的，但不属于被告人不愿辩解又不认罪的情形；

(b)该判决判处的是被指控应判处死刑或者1年以上监禁刑的罪行；

(c)被法院所采纳的证据用以证明对该判决至关重要的任何事实；并且

(d)当控方在刑事案件中出于控告以外的目的而提出时，该判决对被告人不利的。

可以说明该案件正处于上诉期间，但这并不影响证据的可采性。

(23)涉及个人、家族或一般历史、边界的判决

符合下列条件，采纳用以证明个人、家族、一般历史或者边界事项的判决：

(a)该事项对于判决的作出至关重要；并且

(b)该事项可以通过声誉证据加以证明。

(24)其他例外情形(已移至本规则第807条)

(本条文于1975年12月12日修正；1987年3月2日修正，同年10月1日生效；1997年4月11日修正，同年12月1日生效；2000年4月17

日修正，同年12月1日生效；2013年4月13日修正，同年12月1日生效；2014年4月25日修正，同年12月1日生效；2017年4月27日修正，同年12月1日生效）

第804条【反对传闻规则的例外——陈述人不能作为证人到庭】

1. 不能到庭的标准

在下列情形下，陈述人被视为不能作为证人到庭：

(1)因法院裁定适用特权规则，陈述人免于就其陈述的内容作证；

(2)不顾法庭命令，陈述人拒绝就其所陈述的内容作证；

(3)陈述人声称不再记得所陈述的内容；

(4)陈述人因死亡或者当时患有身体或精神上的疾病，或者因为身体虚弱无法在审理或者听证过程中出庭或者作证；或者

(5)陈述人缺席审理或者听证，并且陈述的提出者无法通过传票或者其他合理手段：

(a)在本条第2款第1项或第6项规定的传闻例外情形下，促使陈述人出庭；或者

(b)在本条第2款第2项、第3项、第4项规定的传闻例外情形下，促使陈述人出庭或者取得其证言。

但是，如果陈述的提出者为了阻止陈述人出庭或者作证，进而采取了促成或者错误地致使陈述人不能作为证人到庭的行为，则本款规定不再适用。

2. 例外情形

如果陈述人不能作为证人到庭，下列陈述不受反对传闻证据规则的排除：

(1)先前证言

该证言包括：

(a)在审理、听证或者其他合法进行的录取证言活动中作为证人所作出的，无论该行为是正在进行的程序或者其他先前程序中作出的；并且

(b)现在提交该证言所要反对的当事人，或者在民事案件中该当事人的先前利害关系人，已有机会和类似动机通过直接询问、交叉询问或者再直接询问的方式来展开该证言。

(2)临终前的陈述

在指控杀人的刑事案件或者在民事案件中，陈述人在相信其死亡迫

近时，就其死亡原因或者有关情况所作出的陈述。

(3)于己不利的陈述

该陈述包括：

(a)处于陈述人地位的理性人，只会在其认为该陈述是真实的情形下才会作出的陈述，因为该陈述在作出时与陈述人的财产或者金钱利益相悖，或者具有导致陈述人反对他人的主张无效，或者具有使其承担民事或刑事责任的重大影响；或者

(b)在刑事案件中，作出该陈述很可能会使陈述人承担刑事责任，如果该陈述得到补强事实①的支持，可以明确地说明其可信性。

(4)关于个人或家庭史的陈述

该陈述包括：

(a)关于陈述人自己的出生、收养、合法性、祖先、结婚、婚姻、离婚、血缘、收养、婚姻关系，或者其他类似的关于个人或者家族史的事实陈述，即使陈述人对该事实不具备亲身经历；或者

(b)如果陈述人与他人存在血缘、收养或者婚姻关系，或者与该他人的家庭有亲密关系，使得陈述人有可能在获得准确信息的情形下，作出关于该他人的上述事实及死亡的陈述。

(5)其他例外(已移至本规则第807条)

(6)提出用以反对其不法行为致使陈述人不能到庭的当事人的陈述

用来反对因不法行为致使或者默许不法行为致使陈述人不能作为证人到庭，并且在从事该行为时有阻止该陈述人到庭意图的当事人陈述。

(本条文于1975年12月12日修正；1987年3月2日修正，同年10月1日生效；1987年4月11日修正；1997年4月11日修正，同年12月1日生效；2010年4月28日修正，同年12月1日生效；2011年4月26日修正，同年12月1日生效)

第805条【多重传闻】

对于多重传闻，即包含在传闻中的传闻，如果合并陈述的每个部分都

---

① 补强事实(corroborating circumstances)，是指支持或确认已提交的证人证言或其他证据的事实，尤其是指增强证人中对某一特定事件的印象的情节。补强(corroboration)的目的在于通过提供独立来源的事实，使他人所作之陈述的真实性得到信任。如果证人的证言与其他证人的表述相符合，或者与其他已知事实相符合，即视为得到证实和确认。

符合本规则规定的传闻规则的例外情形，则不适用反对传闻规则对其加以排除。

（本条文于 2011 年 4 月 26 日修正，同年 12 月 1 日生效）

第 806 条【质疑和支持陈述人的可信性】

当一项传闻陈述或者依据本规则第 801 条第 4 款第 2 项(c)、(d)或(e)所规定的陈述被采纳为证据时，如果陈述人作为证人作证，可以为这些目的而采纳的任何证据对陈述人的可信性提出质疑，并且随后以这些证据对陈述人的可信性加以支持。法院可以采纳关于陈述人的不一致陈述或行为的证据，无论这种情况何时发生，或者陈述人是否有机会解释或否认。如果为被采纳的陈述所反对的当事人传唤陈述人作为证人，该当事人可以采取类似交叉询问的方式，就该陈述对陈述人进行询问。

（本条文于 1987 年 3 月 2 日修正，同年 10 月 1 日生效；1997 年 4 月 11 日修正，同年 12 月 1 日生效；2011 年 4 月 26 日修正，同年 12 月 1 日生效）

第 807 条【其他例外情形】

1. 一般规定

在下列情形下，传闻陈述不受反对传闻规则的排除，即使该陈述没有明确地为本规则第 803 条或第 804 条所规定的反对传闻规则的例外情形所涵盖：

(1)在考虑了作出该陈述的全部情形以及可以佐证该陈述的证据后，该陈述有充分的可信性保证；并且

(2)与陈述人通过合理的努力所能获得的任何其他证据相比，该陈述在其所要证明的问题上具有更强的证明力。

2. 通知

只有当证据提出者就提供该陈述的意图，包括陈述的实质内容及陈述人的姓名，向对方当事人发出合理通知，以便该方当事人有公平的机会对该陈述作出答辩时，该陈述才具有可采性。该通知应当在审理或者听证之前以书面形式作出，或者在法院有充分的理由未能提前通知的情形下，在审理或者听证过程中以任何形式作出。

（本条文于 1997 年 4 月 11 日增设，同年 12 月 1 日生效；2011 年 4 月 26 日修正，同年 12 月 1 日生效；2019 年 4 月 25 日修正，同年 12 月 1 日生效）

第九章　验真与辨认

第 901 条【证据验真与辨认】

1. 一般规定

为满足对证据进行验真或者辨认的要求，证据提出者应当提出足以支持该证据是证据提出者所主张进行证据认定的证据。

2. 示例

下列为若干满足本条第 1 款要求的证据的示例。这些示例并非完整清单：

(1)知情人的证言

关于某一证据是知情人所主张的证言。

(2)关于笔迹鉴定的非专家意见

该意见是基于对笔迹的熟悉程度作出的非专家意见，并非基于当前诉讼所获得。

(3)专家证人或事实审理者的比较

专家证人或者事实审判者之间就经过验证的样本进行的比对。

(4)显著特征及类似特征

证据与环境相联系的外观、实质、内部结构或者其与众不同的特征。

(5)关于声音辨认的意见

根据在任何时候讲某声音与所称说话者联系在一起的环境中听过该声音的意见而进行的声音辨认，无论是直接聆听的，或者通过机械、电子传输或者录音等方式听到的。

(6)关于电话交谈的证据

在电话交谈中，有证据表明当时曾经拨打某一个特定的电话号码：

(a)就特定自然人而言，情况表明接电话的人正是电话交谈的对象；或者

(b)就特定单位而言，电话是打给该单位的，并且交谈与通过电话合理地处理的业务有关。

(7)关于公共记录的证据

用以证明下列情形的证据：

(a)该文件是公共机构依法记录或者存档的；或者

(b)所声称的公共记录或者陈述源于保管此类文件的公共机构。

(8)关于陈年文件或数据汇编的证据

符合下列情形的证明文件或者数据汇编：

(a)在真实性不容置疑的状态下保存；

(b)存放在可靠的地点；以及

(c)在提出证据时已经保存了至少20年。

(9)关于过程或系统的证据

描述某一过程或者系统，并且标明该过程或者系统产生了准确结果的证据。

(10)关于制定法或规则所规定的方法

由联邦制定法或者联邦最高法院制定的规则所允许的任何验真或者辨认的方法。

(本条文于2011年4月26日修正，同年12月1日生效)

第902条【自我验真的证据】

下列证据能够自我验真，无须通过提供外在证据进行真实性验真即可被法院采纳：

(1)加盖公章和签名的国内公文

带有下列印章和签名的文件：

(a)声称是合众国、美国的任何州、地区、联邦、领地或者岛屿属地；前巴拿马运河区；太平洋群岛托管领地；上述任何实体的政治分支机构；或者上述任何实体的部门、机构或者官员的印章；并且

(b)声称作为签署或者见证的签名。

(2)未加盖公章但经核实带有签名的国内公文

符合下列条件的不加盖公章的文件：

(a)带有本条第1项中指定的实体的公职人员或者雇员的签名；并且

(b)在同一实体中拥有印章和官方职责的另一名公职人员，加盖印章或者用其他同等形式证明签名者具有官方身份及其签名的真实性。

(3)外国公文

声称由外国法律授权的人士签署或者见证的文件。该文件应当附有最终证明文件，证明签署人或者见证人的签名与官方身份的真实性；或者附有与签署或者认证文件环节中有关的外国官员的签名与官方身份真实性的最终证明。该证明可以由美国大使馆或者公使馆的秘书，或者外国委派或者任命驻美国的外交或者领事馆官员作出。如果已经向所有当事

人提供调查该外国公文真实性和准确性的合理机会，法院可以基于正当理由：

(a)在没有最终证明的情形下命令推定该外国公文具有的真实性；或者

(b)无论是否有最终证明，允许以经过证实的证明概要将该外国公文作为证据。

(4)经核证的公共记录副本

经下列人员或者证明文件核证为真实的公共记录副本，或者由公共机构依据法律授权记录或者存档的文件的副本：

(a)保管人或者经授权进行核证的其他人员；或者

(b)符合本条第 1 项、第 2 项和第 3 项的规定，联邦制定法或者最高法院制定的规则的证明文件。

(5)官方出版物

声称由公共机构发行的书籍、手册或者其他出版物。

(6)报纸和期刊

声称为报纸或者期刊的印刷材料。

(7)贸易标识及类似物

声称在商业活动中添附的用以表明原产地、所有权或者控制权的铭文、标识、标签或者标贴。

(8)经公证确认的文件

由公证人或者法律授权进行公证的其他官员依法签署的附有公证书的文件。

(9)商业票据及相关文件

在一般商法允许范围内的附有签名的商业票据及相关文件。

(10)联邦制定法规定的推定

根据联邦制定法的规定，推定或者初步证明为真实的签名、文件或者其他事项。

(11)关于常规活动经核证的国内记录

符合本规则第 803 条第 6 项(a)至(c)要求的国内记录的原件或副本，并且通过保管人的证明文件，或者根据联邦制定法的规定或联邦最高法院制定的规则而取得资格的其他人员的证明文件得以证明。在审判或者听证之前，证据提出方应当就提出该记录的意图，向对方当事人进行合理的书面通知，并为其提供相关记录和证明文件以便查阅，使得对方当事人有对其提出异议的公平机会。

(12)关于常规活动经核证的外国记录

在民事案件中,符合本条第 11 项要求的外国记录的原件或者副本,但受到下列限制:证明文件如果不符合联邦制定法或者联邦最高法院制定的规则,应当以特定方式签署,即如果该外国记录系伪造,制作者将会在证明文件的签署国受到刑事处罚。此外,证据提出者还应当履行本条第 11 项规定的通知义务。

(13)由电子过程或系统生成的经认证记录

由产生准确结果的电子过程或者系统生成的认证记录,并且由符合本条第 11 项或第 12 项认证要求的合格人员所认证。此外,证据提出者还必须履行本条第 11 项规定的通知义务。

(14)从电子设备、存储介质或相关文件中复制的经认证的数据

从电子设备、存储介质或者相关文件复制的数据,如果通过数字识别技术进行认证,则由符合本条第 11 项或第 12 项认证要求的合格人员所认证。此外,证据提出者还应当履行本条第 11 项规定的通知义务。

(本条文于 1987 年 3 月 2 日修正,同年 10 月 1 日生效;1988 年 4 月 25 日修正,同年 11 月 1 日生效;2000 年 4 月 17 日修正,同年 12 月 1 日生效;2011 年 4 月 26 日修正,同年 12 月 1 日生效;2017 年 4 月 27 日修正,同年 12 月 1 日生效)

第 903 条【署名见证人的证言】

有关书面资料验真的问题,只有当规定书面资料效力的司法管辖区的法律要求时,署名见证人的证言才具有必要性。

(本条文于 2011 年 4 月 26 日修正,同年 12 月 1 日生效)

第十章　书面材料、录制品和影像资料

第 1001 条【适用于本章的定义】

在本章中：

(1)"书面材料"包括以任何形式记录下的字母、文字、数字或者其他等同物。

(2)"录制品"包括以任何形式录制的字母、文字、数字或者其他等同物。

(3)"影像资料"包括以任何形式存储的摄影图像或者其他等同物。

(4)书面材料或者录制品的"原件"是指该书面材料或者录制品本身，或者由其签发者、发行者意图具有同等效力的任何对等物。对于以电子形式存储的信息而言，"原件"是指能够准确反映该信息的任何打印输出，或者其他可以目读的输出形式。影像资料的"原件"包括负片或者由此冲印出来的胶片。

(5)"副本"是指通过机械、影像、化学、电子或者其他等效工艺或者技术制作手段，能够准确复制原件的等同物。

(本条文于 2011 年 4 月 26 日修正，同年 12 月 1 日生效)

第 1002 条【提供原件的要求】

为证明书面材料、录制品或者影像资料的内容，应当提供其原件，本规则或者联邦制定法另有规定的除外。

(本条文于 2011 年 4 月 26 日修正，同年 12 月 1 日生效)

第 1003 条【副本的可采性】

副本与原件具有同等程度的可采性，除非当事人对原件的真实性产生质疑，或者在有关情形下，采纳副本作为证据将会导致不公平。

(本条文于 2011 年 4 月 26 日修正，同年 12 月 1 日生效)

第 1004 条【其他内容证据的可采性】

在下列情形下，关于书面材料、录制品或者影像资料内容的其他证据具有可采性，而不要求提供原件：

(1)并非因为证据提出者的恶意行为,导致所有原件均已丢失或者损坏;

(2)通过任何可利用的司法程序均无法获得原件;

(3)原件处于提供该证据所要反对的当事人的控制之下,且该当事人已经通过起诉状或者其他方式获得通知,即该原件将在开庭审理或者听证过程中作为证明对象,但该当事人未能在开庭审理或者听证过程中提供该原件;或者

(4)书面材料、录制品或者影像资料与案件的关键问题不存在密切联系。

(本条文于1987年3月2日修正,同年10月1日生效;2011年4月26日修正,同年12月1日生效)

第1005条【用于证明内容的公共记录副本】

在符合下列条件的情形下,证据提出者可以使用副本来证明官方记录的内容,或者公共机构依法记录或者存档的文件的内容:该记录或者文件本身具有可采性;并且该副本依据本规则第902条第4项的规定核实为正确的,或者由将其与原件进行比对的证人作证证明为正确的。如果经过合理的努力仍无法获取上述副本,则证据提出者可以使用其他证据加以证明。

(本条文于2011年4月26日修正,同年12月1日生效)

第1006条【用于证明内容的概要】

证据提出者可以使用概要、图表或者计算分析的方式,用以证明不便于在法庭上加以审查的大量书面材料、录制品或者影像资料的内容。证据提出者应当将上述证据的原件或其副本准备就绪,以供其他当事人在合理的时间和地点予以审查或者复制。同时,法院可以命令证据提出者将上述证据的原件或其副本在法庭上出示。

(本条文于2011年4月26日修正,同年12月1日生效)

第1007条【用于证明内容的当事人证言或者自认】

证据提出者可以使用对方当事人的证言、证言笔录或者书面陈述来证明书面材料、录制品或者影像资料的内容。证据提出者无须考虑能否提出原件的问题。

（本条文于1987年3月2日修正，同年10月1日生效；2011年4月26日修正，同年12月1日生效）

第1008条【法院与陪审团的职能[①]】

在通常情形下，由法院依据本规则第1004条或第1005条的规定，决定证据提出者是否满足关于采纳书面材料、录制品或者影像资料内容的其他证据的事实条件。但是在陪审团审判中，陪审团有权根据本规则第104条第2款的规定决定下列问题：

（1）证据提供者所声称的书写材料、录制品或者影像资料是否曾经存在；

（2）证据提供者在审理时提交的另一份书面材料、录制品或者影像资料是否为原件；或者

（3）关于同一内容的其他证据是否准确地反映了该内容。

（本条文于2011年4月26日修正，同年12月1日生效）

---

① 陪审团的职能（functions of jury），是指陪审团在审判程序中发挥的作用。在美国，陪审团具有以下三种主要职能：（1）判定事实；（2）依据主审法官给予陪审团的指示中所阐释的法律后果对事实进行评价；（3）以裁决的形式提出其评议结论。可见，陪审团只负责事实方面的审理，法官则主要负责法律方面的审理。具体地说，在刑事案件的审判中，有罪无罪问题由陪审团作出判定，而量刑问题则由法官作出判决；在民事案件的审理中，陪审团只是对纠纷的事实作出认定，而法官则在事实认定的基础上就纠纷作出判决。陪审团和法官之间的上述职责分工除了具有相互制约的意义外，还具有合理分配资源以最大限度地求得正当性的价值：陪审团成员以普通人的知识对事实作出的判断最有可能获得社会公众的认同，而法官作为法律专家对于法律问题的判断显然具有更高的正确率。

第十一章　其他规则

第1101条【本证据规则的适用】

1. 适用本证据规则的法院和法官

本规则适用于下列法院和法官主持的诉讼程序：

- 联邦地区法院；
- 联邦破产法官和治安法官；
- 联邦上诉法院；
- 联邦索赔法院①；以及
- 关岛、维京群岛和北马里亚纳群岛地区法院。

2. 适用本证据规则的案件和程序

本规则适用于下列案件和程序：

- 民事诉讼案件及其程序，包括破产、海事和海商案件；
- 刑事诉讼案件及其程序；
- 藐视法庭罪的诉讼程序，但法院可以简易处罚的除外。

3. 特权规则

特权规则适用于上述案件或者诉讼程序的所有阶段。

4. 例外情形

除特权规则外，本规则不适用于：

（1）法院根据本规则第104条第1款确定的关于可采性的先决性事实问题；

① 联邦索赔法院（the United States Court of Federal Claims）是根据《联邦宪法》第1条的规定，于1982年设立的联邦专门法院，位于华盛顿特区。它对以美国政府或其政治分支机构为被告的如下案件具有初审管辖权：基于联邦宪法、联邦制定法、联邦条例、与美国政府签订的合同而提出的索赔请求；其他非基于侵权行为而产生的损害赔偿请求。该法院由16名法官组成。法官由总统任命，并经参议院批准，任期为15年。当事人如果不服该法院作出的判决，可以向联邦巡回上诉法院提起上诉。

(2)大陪审团[①]程序；以及

(3)其他程序，例如：

- 跨国引渡或者州际引渡；
- 签发逮捕令、刑事传票和搜查令；
- 刑事案件的预审；
- 量刑；
- 批准、撤销缓刑或者监督释放[②]；以及
- 考虑对某人是否准许保释或者根据其他原因予以释放。

5. 其他制定法和规则

联邦制定法或者联邦最高法院制定的规则，可以作出独立于本规则的关于证据采纳或者排除的规定。

(本条文于1975年12月12日修正；1978年11月6日修正，1979年10月1日生效；1982年4月2日修正，同年10月1日生效；1987年3月2

---

① 大陪审团(grand jury)，又称为控诉陪审团(accusing jury)，区别于小陪审团(petit jury，即普通陪审团)，是指由16位至23位普通公民组成的调查性的团体，其职责是参与联邦地区法院刑事案件的审理，听取控方提出的证据，根据检察官、当事人以及证人的陈述，决定是否有合理的理由对被告人提起公诉。美国宪法第五修正案规定，对可能判处死刑的犯罪和不名誉罪(即重罪)的指控，原则上必须由大陪审团起诉。在美国的刑事诉讼中，陪审团有大陪审团和小陪审团之分，二者存在显著的区别：(1)职责不同。大陪审团负责审查重罪案件的起诉，小陪审团的职责则是出席法庭审理并作出是否有罪的裁决。(2)组成人数不同。大陪审团一般由23人组成，小陪审团一般由12人组成。(3)对陪审员的要求不同。大陪审团的陪审员一般从退休人员中挑选，小陪审团的组成人员则无此限制。(4)活动方式不同。大陪审团的全部活动都是秘密的，小陪审团在法庭审理时是公开的，只有在评议时才是秘密的。(5)表决要求不同。大陪审团表决，只要简单多数同意起诉即可作出同意起诉的裁决，小陪审团通常需要一致同意才能作出有罪判决。(6)任期不同。大陪审团的任期相对比较固定(至少为1个月，有时为1年)，在任期内可以审查若干起案件；小陪审团因案件而临时组成，一旦案件审结，小陪审团随即解散，即"一案一组"。参见程荣斌主编：《外国刑事诉讼法教程》，中国人民大学出版社2002年版，第419～420页。

② 监督释放(supervised release)，其功能类似于假释，是指罪犯在其所判刑期届满前有条件地被释放出狱并在狱外服完余刑的一种行刑制度。假释犯人出狱之后被置于有权机构的监督之下，如果违反监督条件，假释委员会有权撤销假释，命令假释犯人回到监狱继续服刑。监督释放是联邦法院及州法院系统使用的一种非监禁刑措施，包括对罪犯的直接监督，对禁止和强制行为的监督，以及法院命令的其他监督形式。虽然监督释放在联邦制定法层面属于一种单独的判决形式，但是大部分州仍将其作为一种假释的形式。

日修正,同年 10 月 1 日生效;1988 年 4 月 25 日修正,同年 11 月 1 日生效;1988 年 11 月 18 日修正;1993 年 4 月 22 日修正,同年 12 月 1 日生效;2011 年 4 月 26 日修正,同年 12 月 1 日生效)

第 1102 条【修正】

对本证据规则的修正,可以依据《美国法典》第 28 编第 2072 条的规定进行。

(本条文于 1991 年 4 月 30 日修正,同年 12 月 1 日生效;2011 年 4 月 26 日修正,同年 12 月 1 日生效)

第 1103 条【名称】

本规则可以被引用为《联邦证据规则》。

(本条文于 2011 年 4 月 26 日修正,同年 12 月 1 日生效)